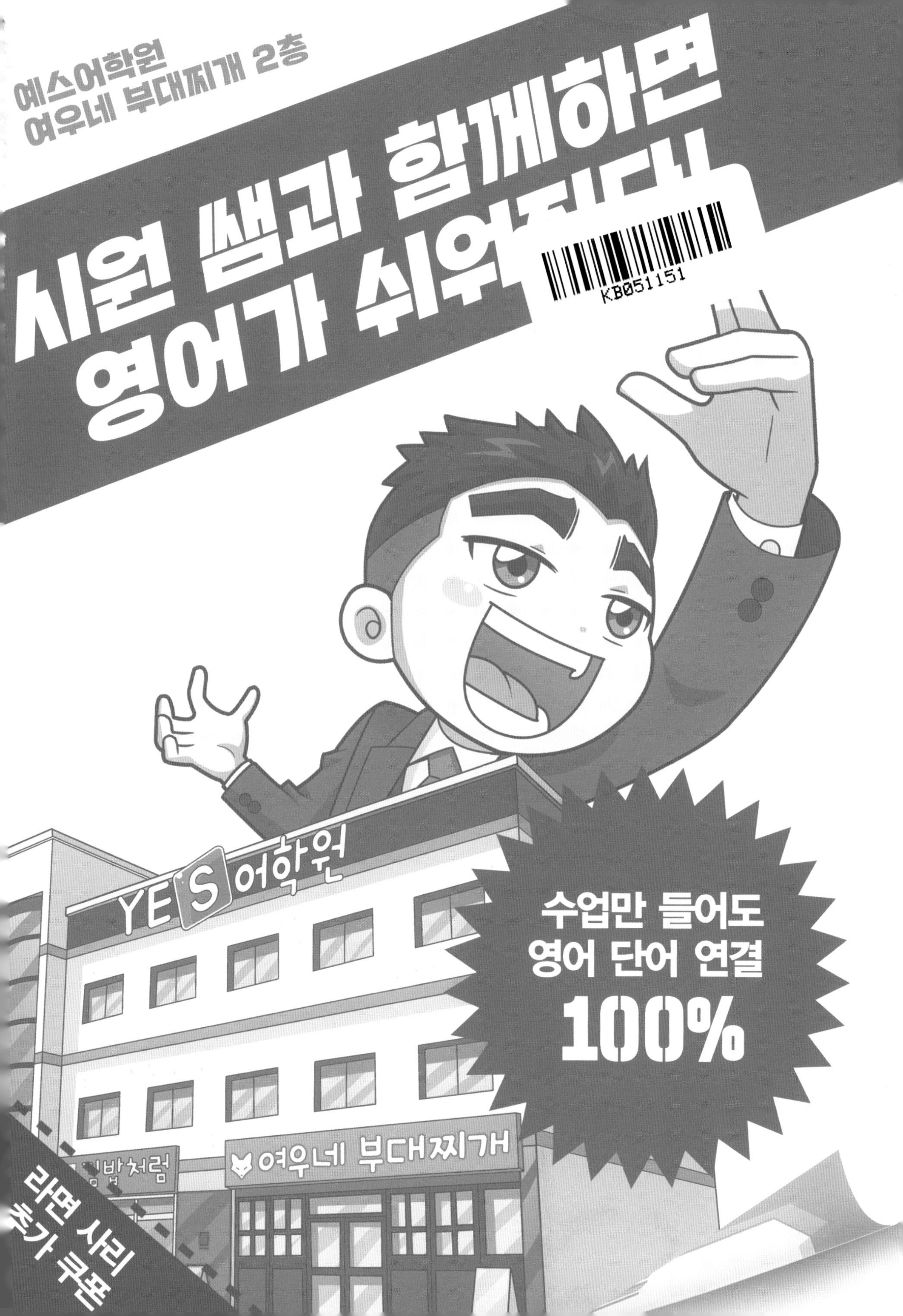
예스어학원
여우네 부대찌개 2층
시원 쌤과 함께하면
영어가 쉬
YES어학원
수업만 들어도
영어 단어 연결
100%
여우네 부대찌개
라면 사리
추가 쿠폰

예스잉글리시
신입 단원 모집

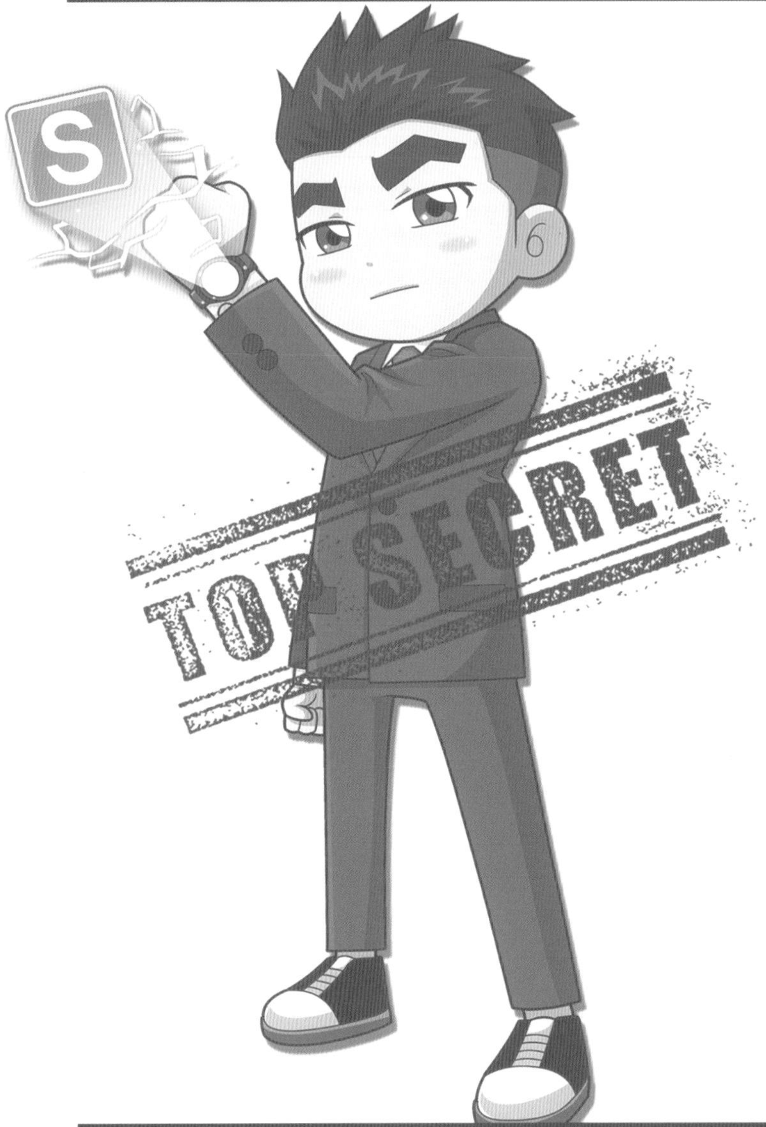
S
TOP SECRET

코드 네임 : 에스원 요원과
영어 유니버스를 구하라!

English Adventure
이시원의 영어 대모험

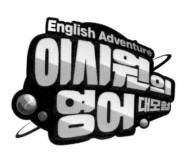

일러두기

이 책의 만화에 나오는 영어 문장 중 일부는 이야기의 자연스러운 이해를 위해 의역했습니다.
그 외의 영어 문장은 학습적인 이해를 돕기 위해 직역했습니다.

이시원의 영어 대모험 ⑭

to부정사

기획 시원스쿨 | **글** 박시연 | **그림** 이태영

1판 1쇄 인쇄 | 2022년 3월 11일
1판 1쇄 발행 | 2022년 3월 23일

펴낸이 | 김영곤
이사 | 은지영
키즈스토리본부장 | 김지은
키즈스토리2팀장 | 윤지윤 **기획개발** | 고아라
아동마케팅영업본부장 | 변유경
아동마케팅팀 | 김영남 원정아 이규림 고아라 이해림 최예슬 황혜선
아동영업1팀 | 이도경 오다은 김소연 **아동영업2팀** | 한충희 오은희
디자인 | 리처드파커 이미지웍스 **윤문** | 이선지

펴낸곳 | (주)북이십일 아울북
등록번호 | 제406-2003-061호
등록일자 | 2000년 5월 6일
주소 | 경기도 파주시 회동길 201(문발동) (우 10881)
전화 | 031-955-2155(기획개발), 031-955-2100(마케팅·영업·독자문의)
브랜드 사업 문의 | license21@book21.co.kr
팩시밀리 | 031-955-2177
홈페이지 | www.book21.com

ISBN 978-89-509-8505-9
ISBN 978-89-509-8491-5(세트)

* 잘못 만들어진 책은 **구입하신 서점**에서 교환해 드립니다.
* 가격은 책 뒤표지에 있습니다.

⚠ 주의 1. 책 모서리가 날카로워 다칠 수 있으니 사람을 향해 던지거나 떨어뜨리지 마십시오.
2. 보관 시 직사광선이나 습기 찬 곳을 피해 주십시오.

- **제조자명** : (주)북이십일
- **주소 및 전화번호** : 경기도 파주시 회동길 201(문발동) / 031-955-2100
- **제조연월** : 2022.3.23
- **제조국명** : 대한민국
- **사용연령** : 3세 이상 어린이 제품

만화로 시작하는 이시원표 초등영어

English Adventure 이시원의 영어 대모험 14

기획 시원스쿨
글 박시연
그림 이태영

to부정사

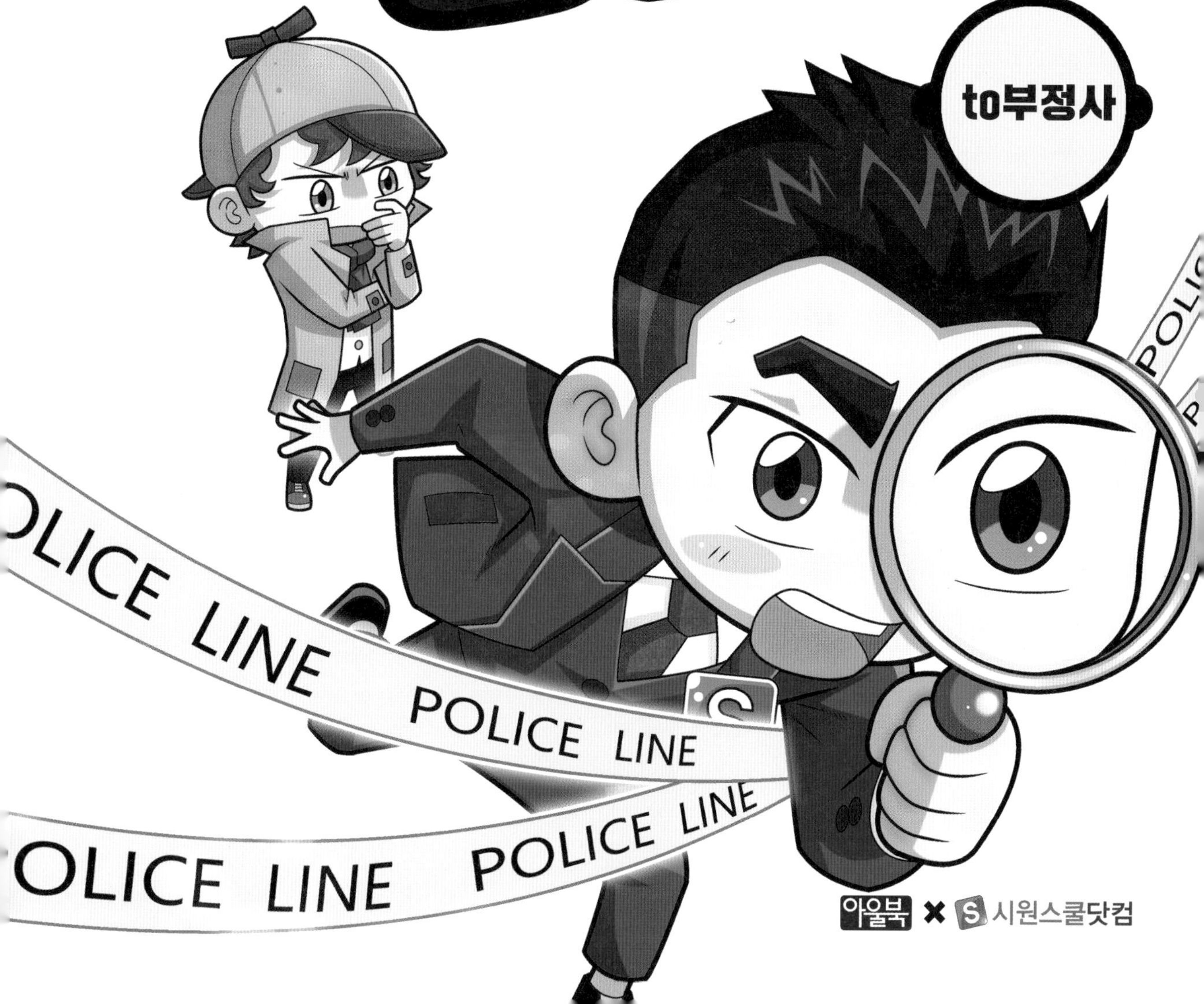
POLICE LINE
POLICE LINE
POLICE LINE
POLICE LINE

아울북 × 시원스쿨닷컴

작가의 말

안녕하세요? 시원스쿨 대표 강사 이시원 선생님이에요. 여러분은 영어를 좋아하나요? 아니면 영어가 어렵고 두려운가요? 혹시 영어만 생각하면 속이 울렁거리고 머리가 아프진 않나요? 만약 그렇다면 지금부터 선생님이 영어와 친해지는 방법을 가르쳐 줄게요.

하나, 지금까지 배운 방식과 지식을 모두 지워요!

보기만 해도 스트레스를 받고, 나를 힘들게 만드는 영어는 이제 잊어버려요. 선생님과 함께 새로운 마음으로 영어를 다시 시작해 봐요.

둘, 하나를 배우더라도 정확하게 습득해 나가요!

눈으로만 배우고 지나가는 영어는 급할 때 절대로 입에서 나오지 않아요. 하나를 배우더라도 완벽하게 습득해야 어디서든 자신 있게 영어로 말할 수 있어요.

셋, 생활 속에서 자주 쓰이는 표현을 배워요!

우리 생활에서 쓸 일이 별로 없는 단어를 오래 기억할 수 있을까요? 자주 사용하는 단어 위주로 영어를 배워야 쓰기도 쉽고 잊어버리지도 않겠죠? 자연스럽게 영어가 튀어나올 수 있도록 여러 번 말하고, 써 보면서 잊지 않게 하는 것이 중요해요.

이 세 가지만 지키면 어느새 영어가 정말 쉽고, 재밌게 느껴질 거예요. 그리고 이 세 가지를 충족시키는 힘이 바로 이 책에 숨어 있어요. 여러분이 〈이시원의 영어 대모험〉을 읽는 것만으로도 최소한 영어 한 문장을 습득할 수 있어요.

단어와 단어를 연결하는 방법도 자연스럽게 익히게 될 거예요. 게다가 영어에 관련된 흥미로운 이야기들을 알게 되면 영어가 좀 더 친숙하고 재미있게 다가올 거라 믿어요!

자, 그럼 만화 속 '시원 쌤'과 신나는 영어 훈련을 하면서 모두 함께 영어의 세계로 떠나 볼까요?

시원스쿨 기초영어 대표 강사 **이시원**

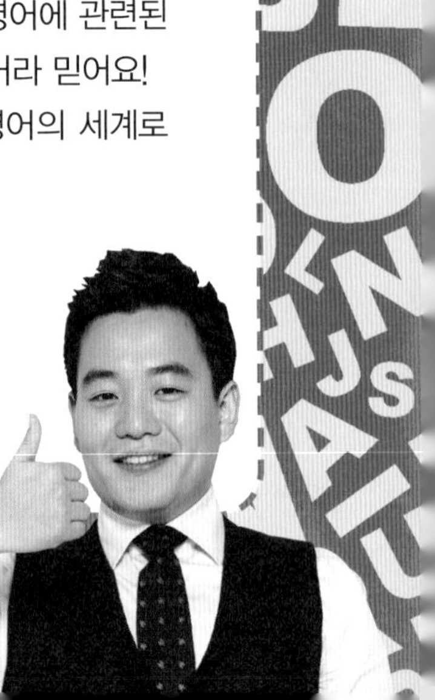

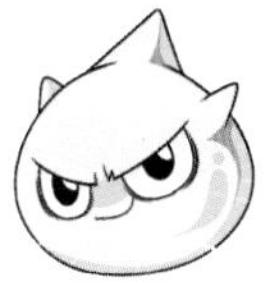

영어와 친해지는 영어학습만화

영어는 이 자리에 오기까지 수많은 경쟁과 위험을 물리쳤답니다. 영어에는 다른 언어와 부딪치고 합쳐지며 발전해 나간 강력한 힘이 숨겨져 있어요. 섬나라인 영국 땅에서 시작된 이 언어가 어느 나라에서든 통하는 세계 공용어가 되기까지는 마치 멋진 히어로의 성장 과정처럼 드라마틱하고 매력적인 모험담이 있었답니다. 이 모험담을 듣게 되는 것만으로도 우리 어린이들은 영어를 좀 더 좋아하게 될지도 몰라요.

영어는 이렇듯 강력하고 매력적인 언어지만 친해지기는 쉽지 않아요. 우리 어린이들에게 영어는 어렵고 힘든 시험 문제를 연상시키지요. 영어를 잘하면 장점이 많다는 것은 알지만 영어를 공부하는 과정은 어렵고 힘들어요. 이 책에서 시원 쌤은 우리 어린이 주인공들과 영어 유니버스라는 새로운 세계로 신나는 모험을 떠난답니다.

여러분도 엄청난 비밀을 지닌 시원 쌤과 미지의 영어 유니버스로 모험을 떠나 보지 않을래요? 영어 유니버스의 어디에선가 영어를 좋아하게 된 자신의 모습을 발견하게 될지도 몰라요.

글 작가 **박시연**

영어의 세계에 빠져드는 만화

영어 공부를 시작하는 어린이들은 모두 자기만의 목표를 가지고 있을 거예요. 영어를 잘해서 선생님께 칭찬받는 모습부터 외국 친구들과 자유롭게 영어로 소통하는 모습, 세계적인 유명인이 되어서 영어로 멋지게 인터뷰하는 꿈까지도요.

이 책에서는 어린이들이 공감할 수 있도록 영어를 배우며 느끼는 기분, 상상한 모습들을 귀엽고 발랄한 만화로 표현했어요. 이 책을 손에 든 어린이들은 만화 속 인물들에게 무한히 공감하며 이야기에 빠져들 수 있을 거예요. 마치 내가 시원 쌤과 함께 멋진 모험을 떠나는 것 같은 기분을 느낄 수 있도록요.

보는 재미와 읽는 재미를 함께 느낄 수 있는 만화를 통해 영어의 재미도 발견하기를 바라요!

그림 작가 **이태영**

차례

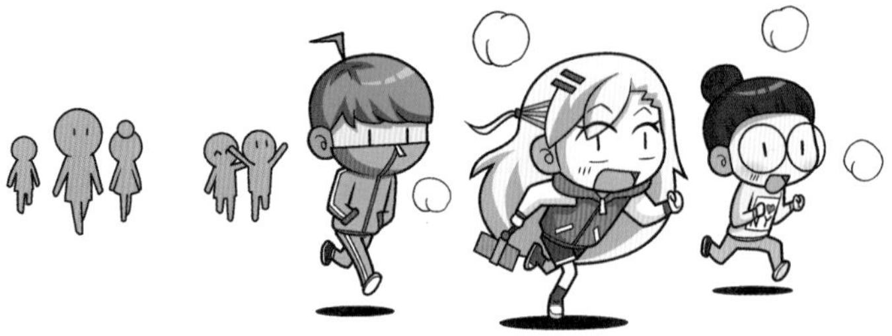

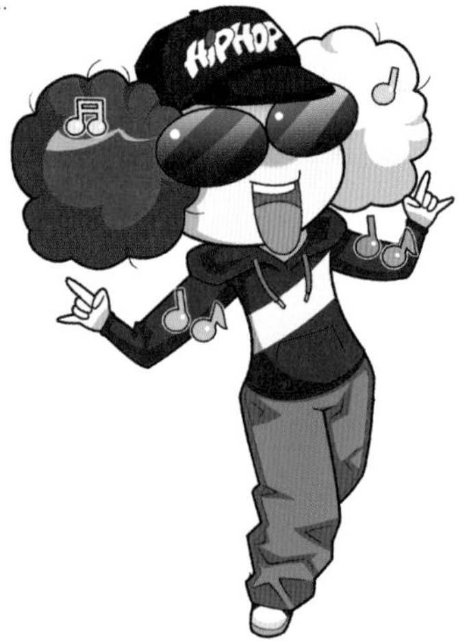

HIPHOP

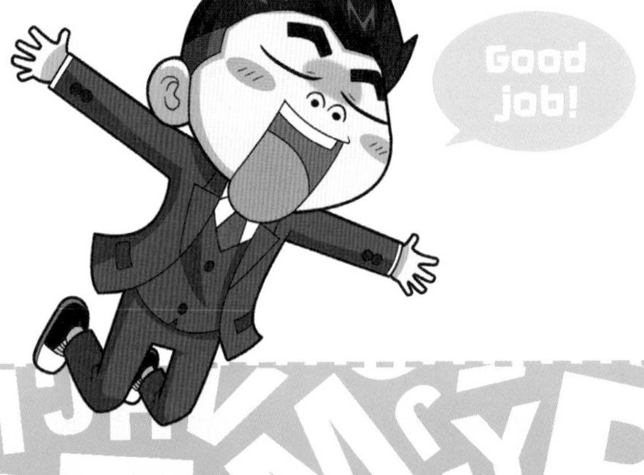

Good job!

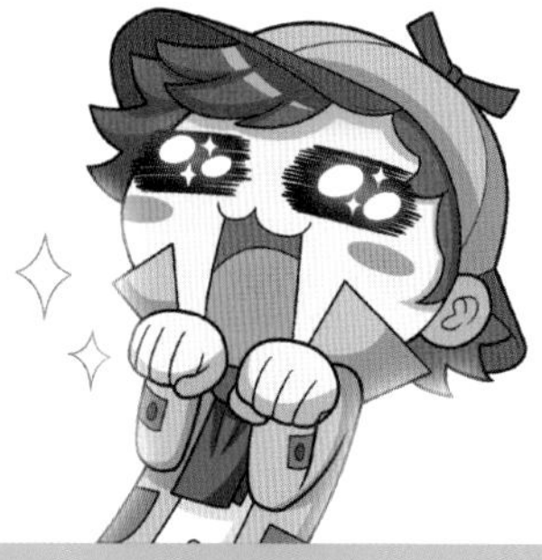

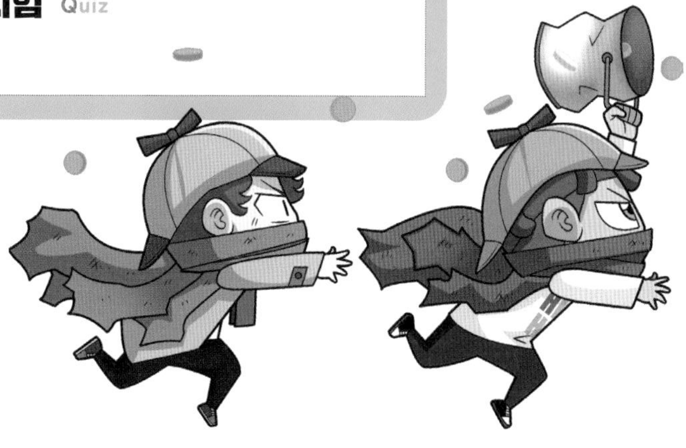

등장인물

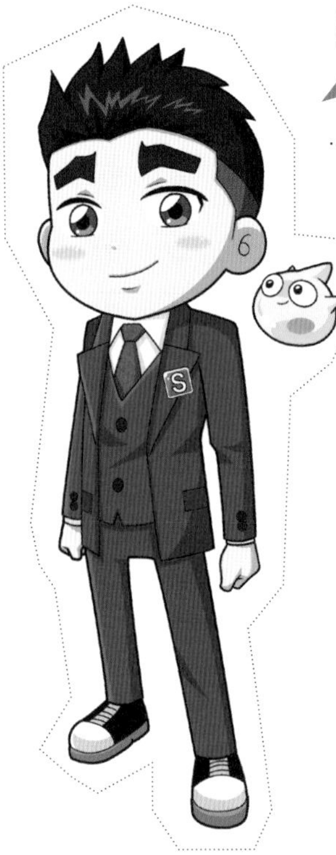

영어를 싫어하는 자,
모두 나에게로 오라!
굿 잡!

시원 쌤

비밀 요원명 에스원(S1)
직업 영어 선생님
좋아하는 것 영어, 늦잠, 힙합
싫어하는 것 노잉글리시단
취미 송진 가루 묻혀 손가락 튕기기
특기 굿 잡 외치기
성격 귀차니스트 같지만 완벽주의자
좌우명 영어는 내 인생!

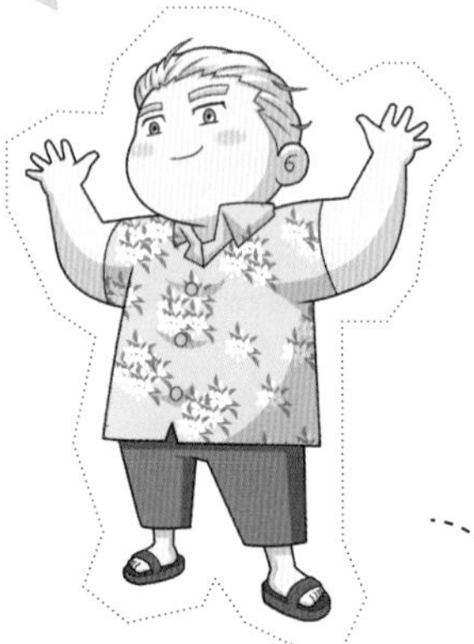

부대찌개 먹으러
우리 가게에 와용,
오케이?

폭스

비밀 요원명 에프원(F1)
직업 여우네 부대찌개 사장님

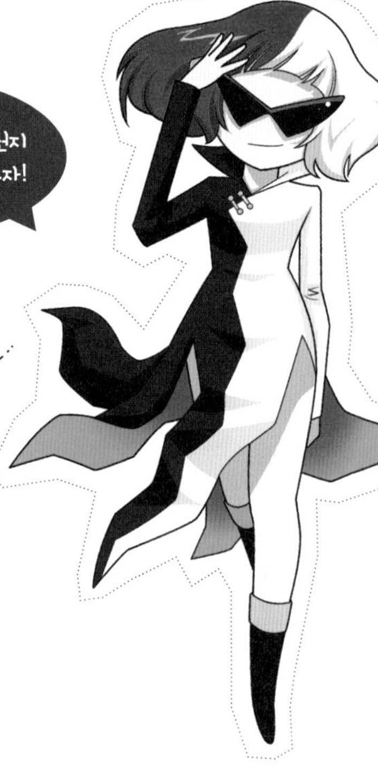

러브, 진짜 악당이 뭔지
우리 실력을 보여 주자!

스마일

직업 노잉글리시단의 중간 보스
좋아하는 것 부대찌개, 힙합
싫어하는 것 예스잉글리시단
취미 마법의 인벤토리 쓰기
특기 거짓말하기
성격 잘난 척쟁이
좌우명 악독한 악당이 되자!

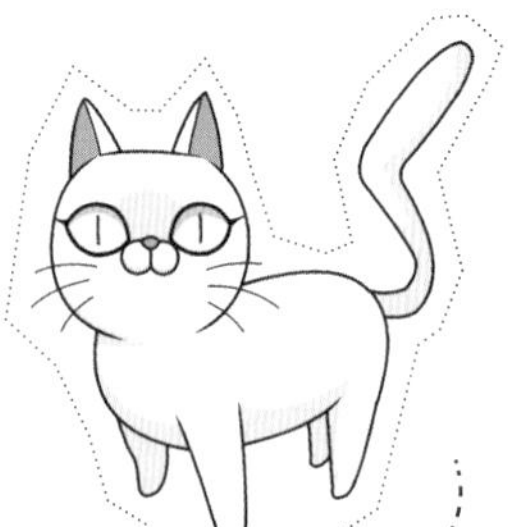

애오오옹~.

러브

좋아하는 것 근육 트레이닝
싫어하는 것 빅캣

내 방송 꼭 구독 눌러 줘!

루시

좋아하는 것 너튜브 방송
싫어하는 것 나우, 우쭐대기
좌우명 일단 찍고 보자!

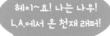

헤이~요! 나는 나우! L.A.에서 온 천재 래퍼!

나우

좋아하는 것 랩, 힙합, 추리하기
싫어하는 것 영어로 말하기, 혼자 놀기
좌우명 인생은 오로지 힙합!

…

후

좋아하는 것 축구
싫어하는 것 말하기
좌우명 침묵은 금이다!

역시 예스어학원으로 옮기길 잘했어!

리아

좋아하는 것 시원 쌤 따라 하기
싫어하는 것 빅캣 타임
좌우명 최선을 다하자!

범인을 꼭 찾고야 말겠어!

셜록

우리는 보석을 훔치지 않았어요. 그렇지?

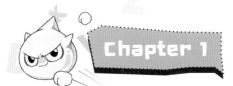

Chapter 1

정체불명의 사건 의뢰서

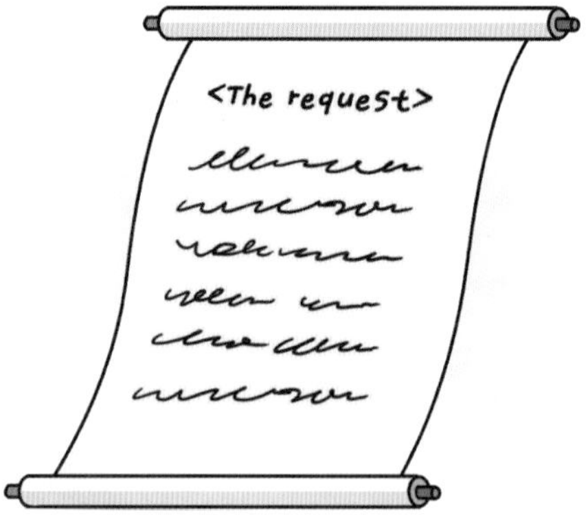
<The request>

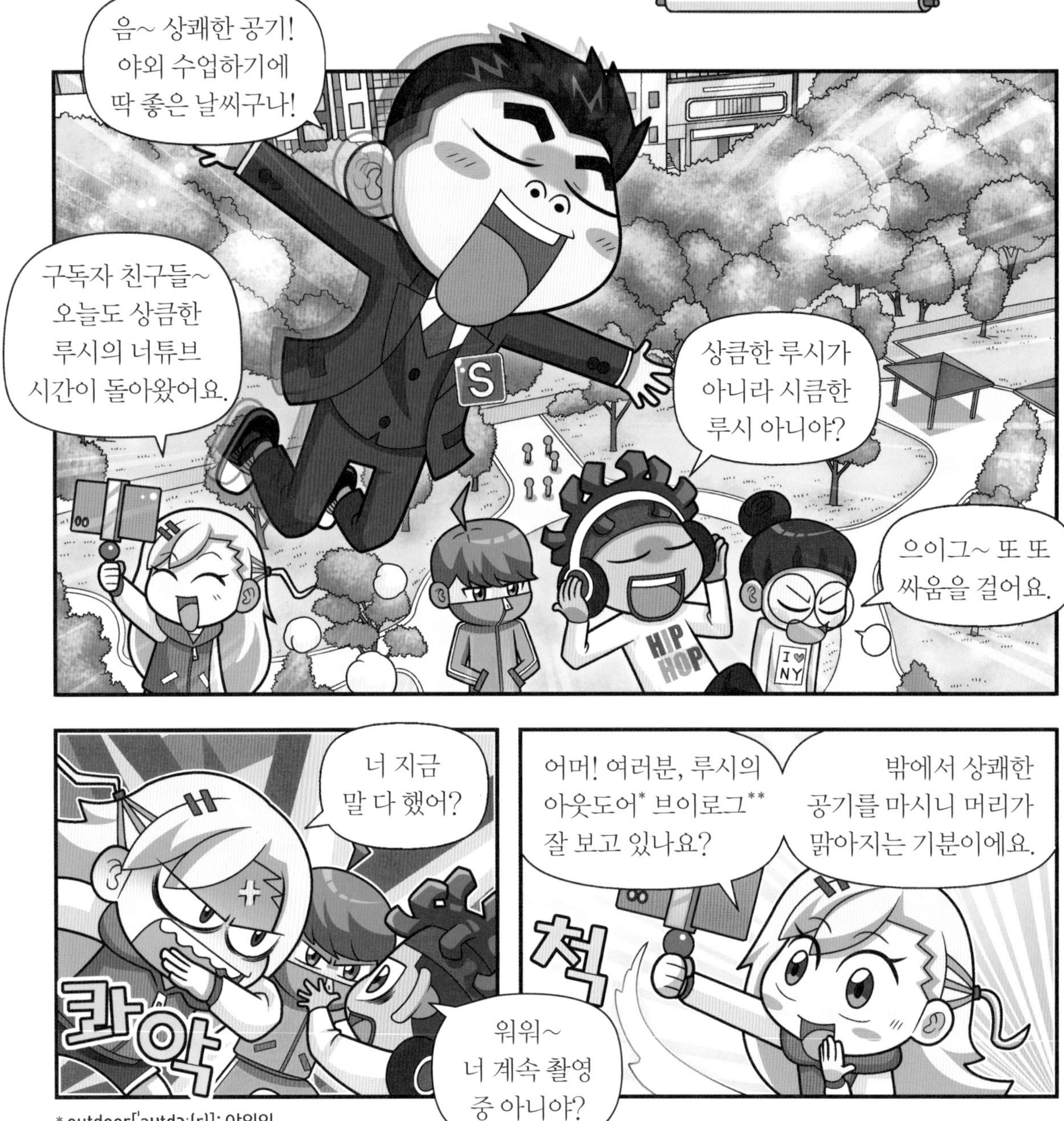
음~ 상쾌한 공기! 야외 수업하기에 딱 좋은 날씨구나!
구독자 친구들~ 오늘도 상큼한 루시의 너튜브 시간이 돌아왔어요.
상큼한 루시가 아니라 시큼한 루시 아니야?
으이그~ 또 또 싸움을 걸어요.
HIP HOP
I ♥ NY
너 지금 말 다 했어?
콰악
워워~ 너 계속 촬영 중 아니야?
어머! 여러분, 루시의 아웃도어* 브이로그** 잘 보고 있나요?
밖에서 상쾌한 공기를 마시니 머리가 맑아지는 기분이에요.
척

* outdoor[ˈaʊtdɔː(r)]: 야외의.

** vlog[vlɑːg]: 자신의 일상을 직접 찍은 동영상 콘텐츠.

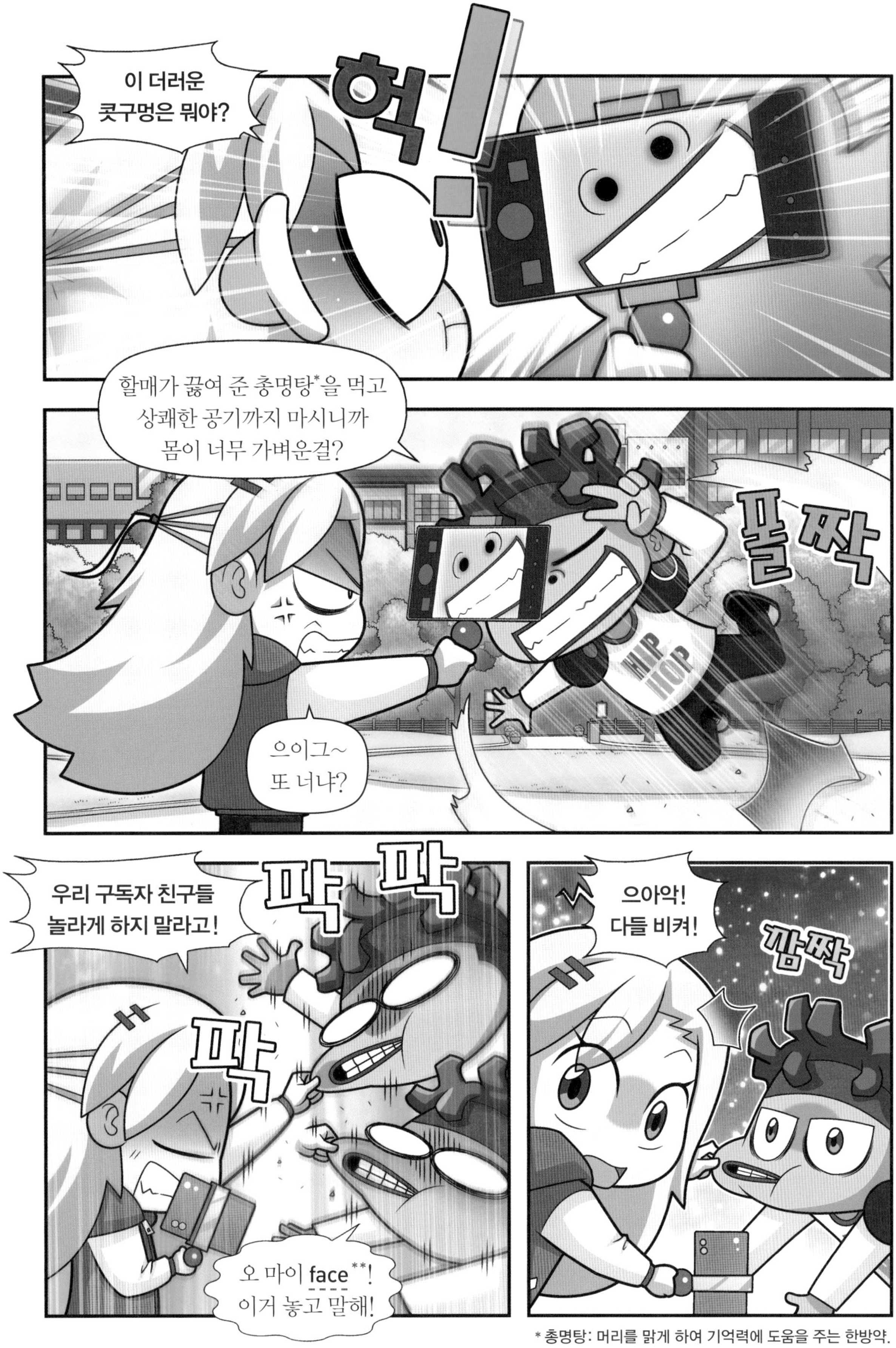
이 더러운
콧구멍은 뭐야?
헉!
할매가 끓여 준 총명탕*을 먹고
상쾌한 공기까지 마시니까
몸이 너무 가벼운걸?
폴짝
HIP HOP
으이그~
또 너냐?
우리 구독자 친구들
놀라게 하지 말라고!
팍
팍
팍
오 마이 face**!
이거 놓고 말해!
으아악!
다들 비켜!
깜짝

* 총명탕: 머리를 맑게 하여 기억력에 도움을 주는 한방약.

** face[feɪs]: 얼굴.

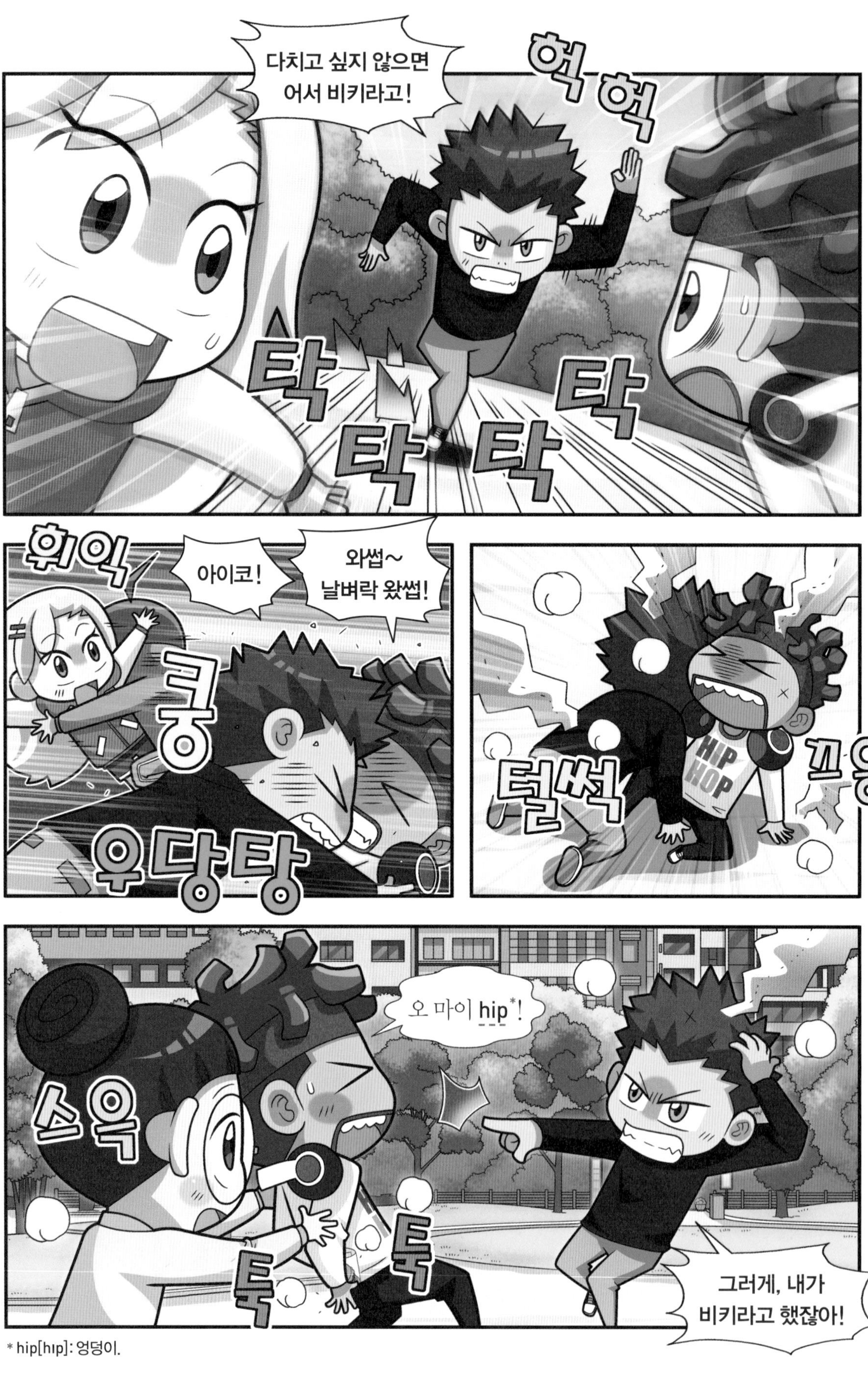
다치고 싶지 않으면
어서 비키라고!
헉헉
탁
탁
탁
탁
휘익
아이코!
와썹~
날벼락 왔썹!
쿵
우당탕
털썩
HIP HOP
끄응
스윽
오 마이 hip*!
툭
툭
그러게, 내가
비키라고 했잖아!

* hip[hɪp]: 엉덩이.

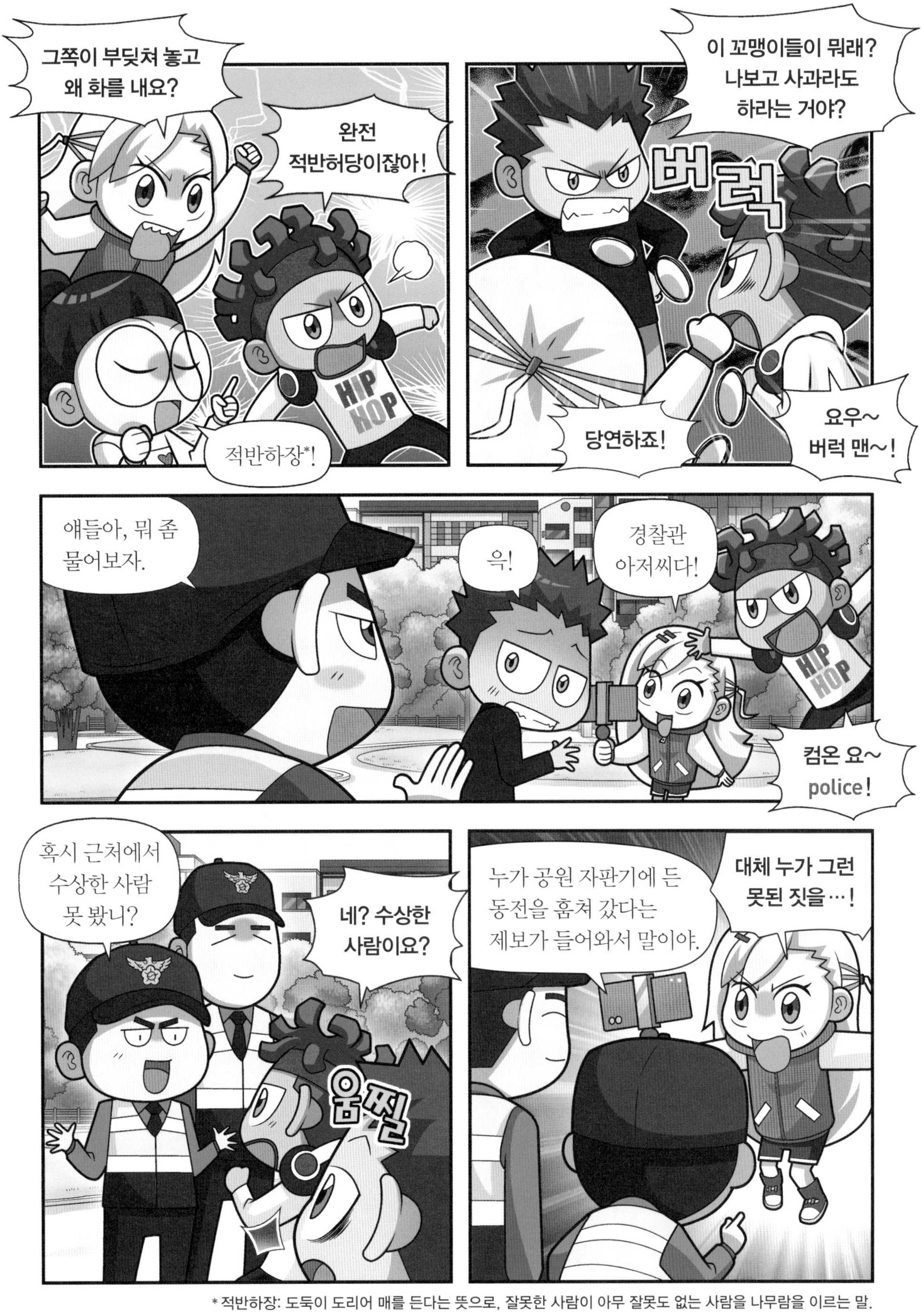
그쪽이 부딪쳐 놓고 왜 화를 내요?
완전 적반허당이잖아!
적반하장*!
이 꼬맹이들이 뭐래? 나보고 사과라도 하라는 거야?
버럭
당연하죠!
요우~ 버럭 맨~!
얘들아, 뭐 좀 물어보자.
윽!
경찰관 아저씨다!
컴온 요~ police!
혹시 근처에서 수상한 사람 못 봤니?
네? 수상한 사람이요?
움찔
누가 공원 자판기에 든 동전을 훔쳐 갔다는 제보가 들어와서 말이야.
대체 누가 그런 못된 짓을…!

* 적반하장: 도둑이 도리어 매를 든다는 뜻으로, 잘못한 사람이 아무 잘못도 없는 사람을 나무람을 이르는 말.

* 분홍색 단어의 발음이 궁금하다면 143쪽을 펼쳐 보세요.

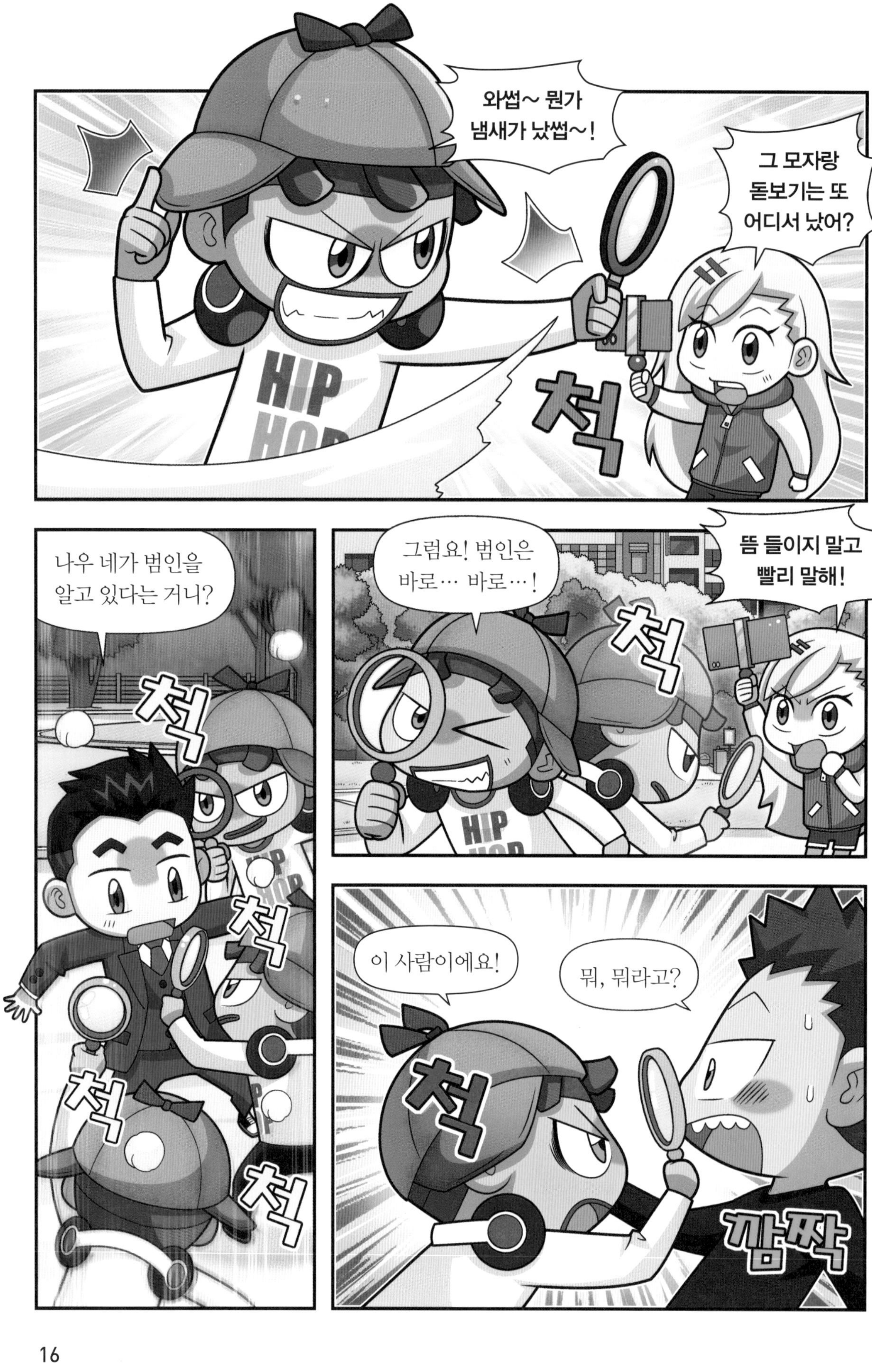

와썹~ 뭔가
냄새가 났썹~!
그 모자랑 돋보기는 또 어디서 났어?
척
나우 네가 범인을 알고 있다는 거니?
척
척
척
척
그럼요! 범인은 바로… 바로…!
뜸 들이지 말고 빨리 말해!
척
이 사람이에요!
뭐, 뭐라고?
척
깜짝

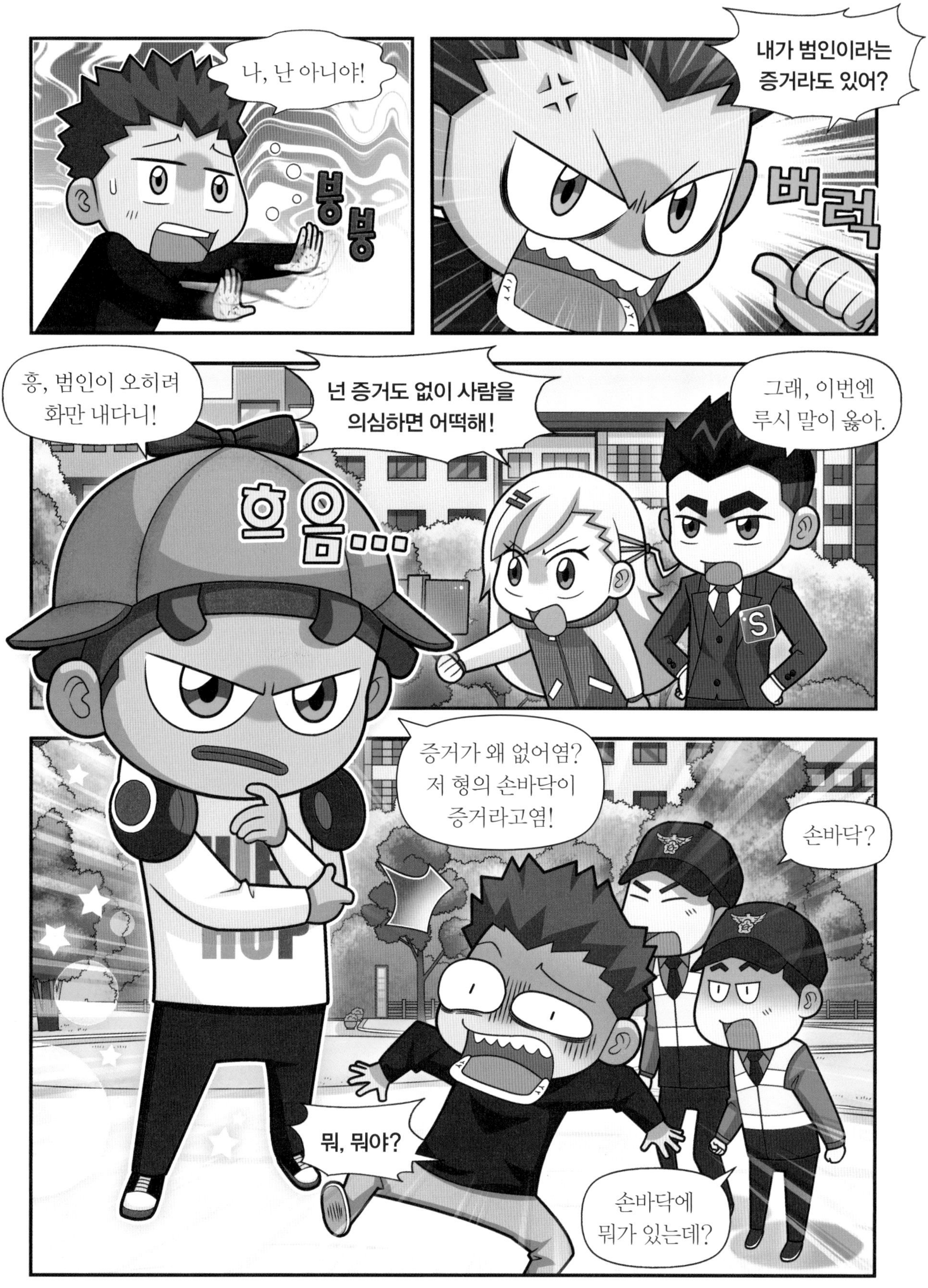

나, 난 아니야!
붕붕
내가 범인이라는 증거라도 있어?
버럭
흥, 범인이 오히려 화만 내다니!
넌 증거도 없이 사람을 의심하면 어떡해!
그래, 이번엔 루시 말이 옳아.
흐음...
증거가 왜 없어염? 저 형의 손바닥이 증거라고염!
손바닥?
뭐, 뭐야?
손바닥에 뭐가 있는데?

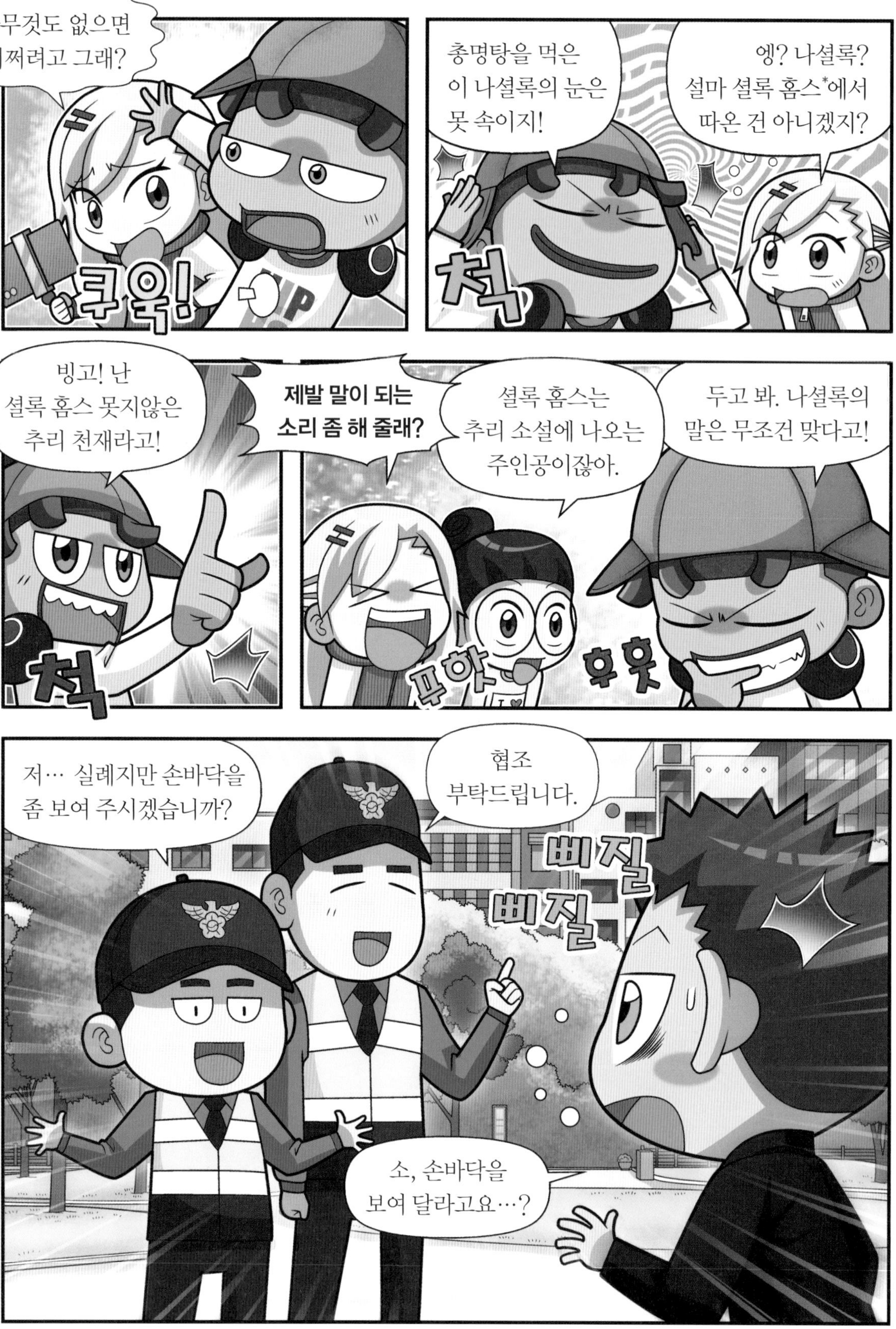
아무것도 없으면
어쩌려고 그래?
쿠욱!
총명탕을 먹은
이 나셜록의 눈은
못 속이지!
척
엥? 나셜록?
설마 셜록 홈스*에서
따온 건 아니겠지?
빙고! 난
셜록 홈스 못지않은
추리 천재라고!
척
제발 말이 되는
소리 좀 해 줄래?
셜록 홈스는
추리 소설에 나오는
주인공이잖아.
푸하
두고 봐. 나셜록의
말은 무조건 맞다고!
후훗
저… 실례지만 손바닥을
좀 보여 주시겠습니까?
협조
부탁드립니다.
삐질
삐질
소, 손바닥을
보여 달라고요…?

* 셜록 홈스: 영국의 추리 소설가 아서 코난 도일의 소설에 나오는 명탐정.

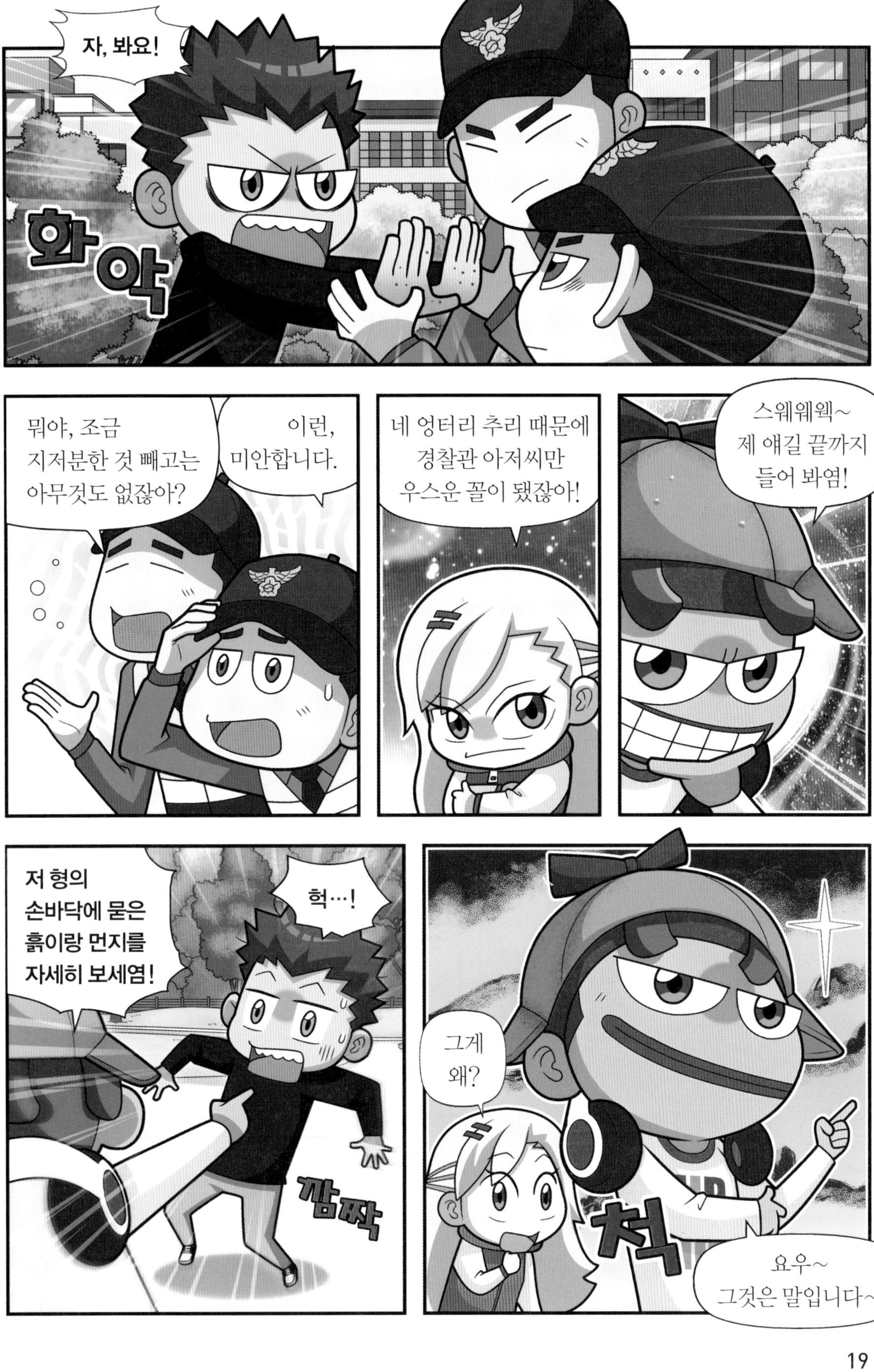
자, 봐요!
화악
뭐야, 조금 지저분한 것 빼고는 아무것도 없잖아?
이런, 미안합니다.
네 엉터리 추리 때문에 경찰관 아저씨만 우스운 꼴이 됐잖아!
스웨웨웩~ 제 얘길 끝까지 들어 봐염!
저 형의 손바닥에 묻은 흙이랑 먼지를 자세히 보세염!
헉…!
깜짝
그게 왜?
척
요우~ 그것은 말입니다~.

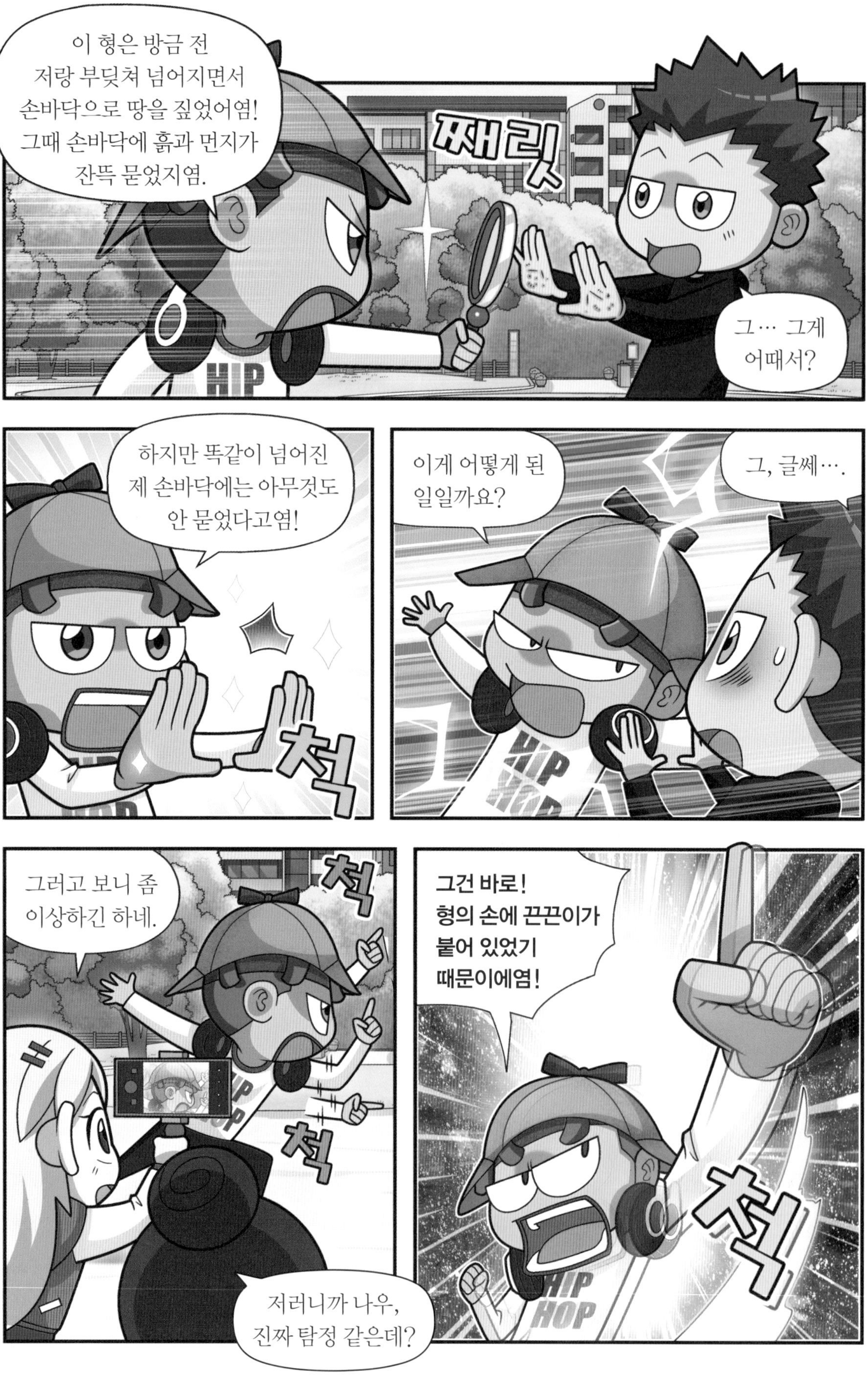

이 형은 방금 전 저랑 부딪쳐 넘어지면서 손바닥으로 땅을 짚었어염! 그때 손바닥에 흙과 먼지가 잔뜩 묻었지염.
째릿
그… 그게 어때서?
하지만 똑같이 넘어진 제 손바닥에는 아무것도 안 묻었다고염!
척
이게 어떻게 된 일일까요?
그, 글쎄….
HIP HOP
그러고 보니 좀 이상하긴 하네.
척
척
그건 바로! 형의 손에 끈끈이가 붙어 있었기 때문이에염!
척
저러니까 나우, 진짜 탐정 같은데?

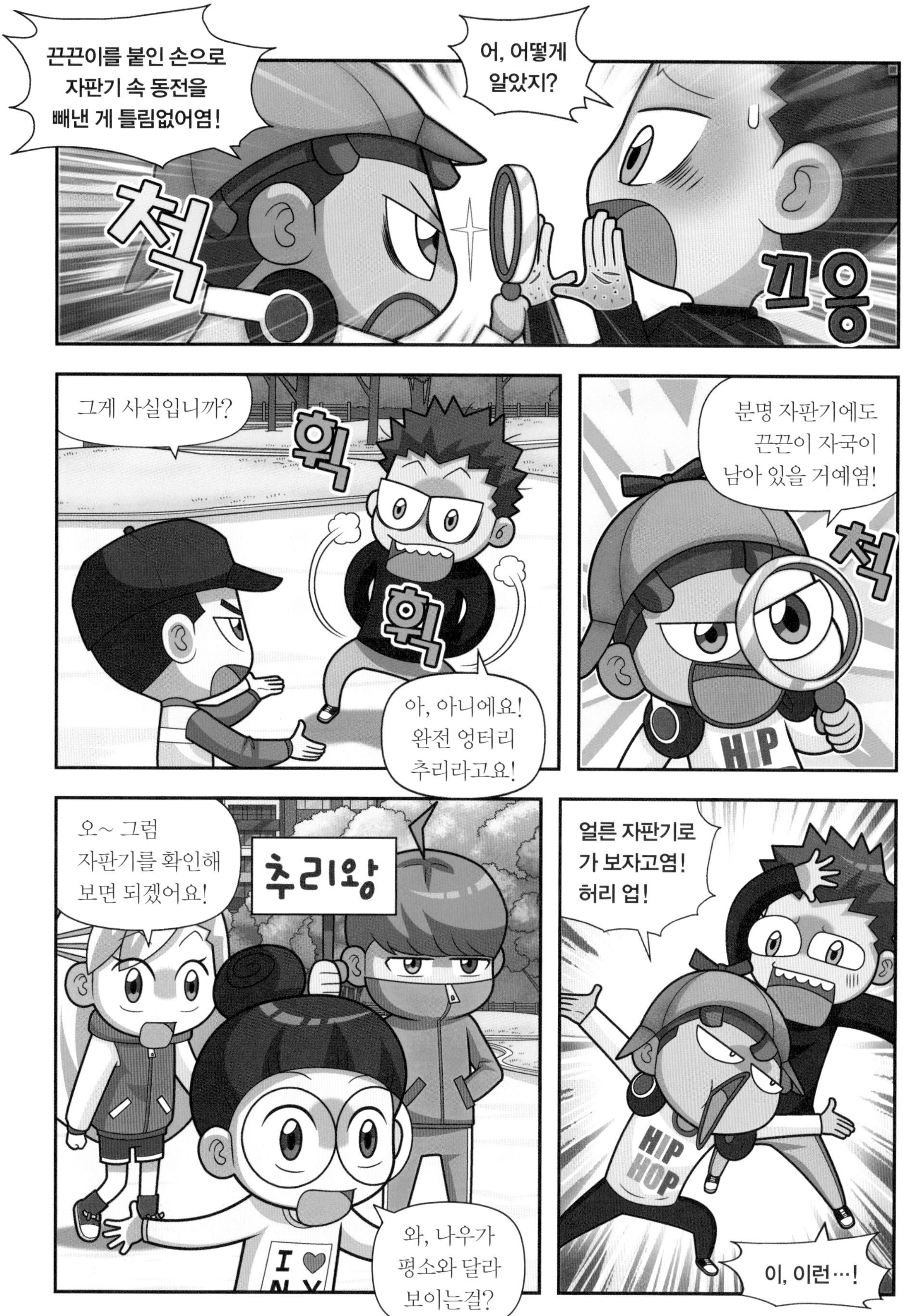
끈끈이를 붙인 손으로 자판기 속 동전을 빼낸 게 틀림없어염!
척
어, 어떻게 알았지?
끄응
그게 사실입니까?
휙
휙
아, 아니에요! 완전 엉터리 추리라고요!
분명 자판기에도 끈끈이 자국이 남아 있을 거예염!
척
HIP
오~ 그럼 자판기를 확인해 보면 되겠어요!
추리왕
와, 나우가 평소와 달라 보이는걸?
얼른 자판기로 가 보자고염! 허리 업!
HIP HOP
이, 이런…!

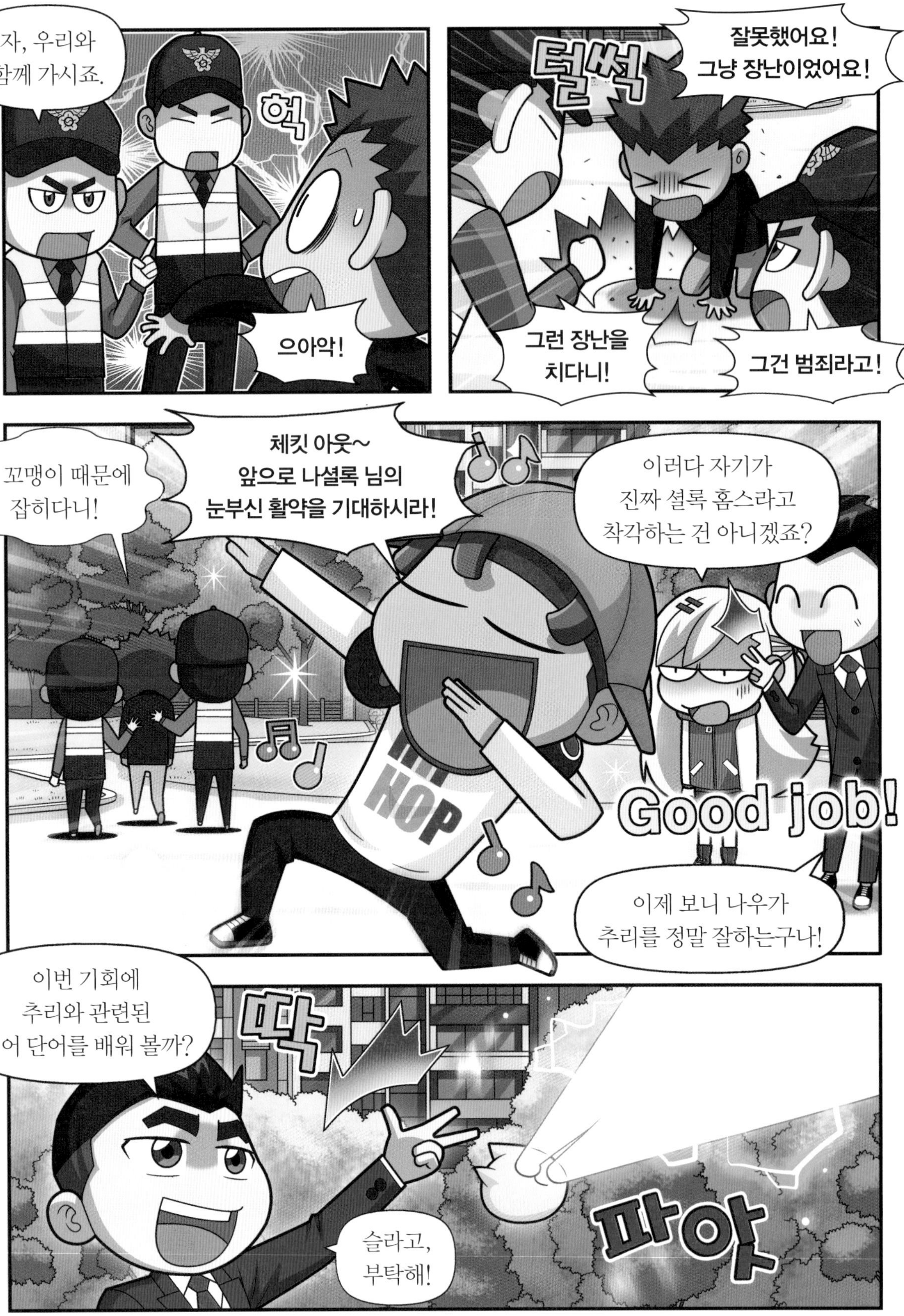

자, 우리와 함께 가시죠.
헉
으아악!
털썩
잘못했어요! 그냥 장난이었어요!
그런 장난을 치다니!
그건 범죄라고!
저 꼬맹이 때문에 잡히다니!
체킷 아웃~ 앞으로 나셜록 님의 눈부신 활약을 기대하시라!
이러다 자기가 진짜 셜록 홈스라고 착각하는 건 아니겠죠?
HOP
Good job!
이제 보니 나우가 추리를 정말 잘하는구나!
이번 기회에 추리와 관련된 영어 단어를 배워 볼까?
딱
파아
슬라고, 부탁해!

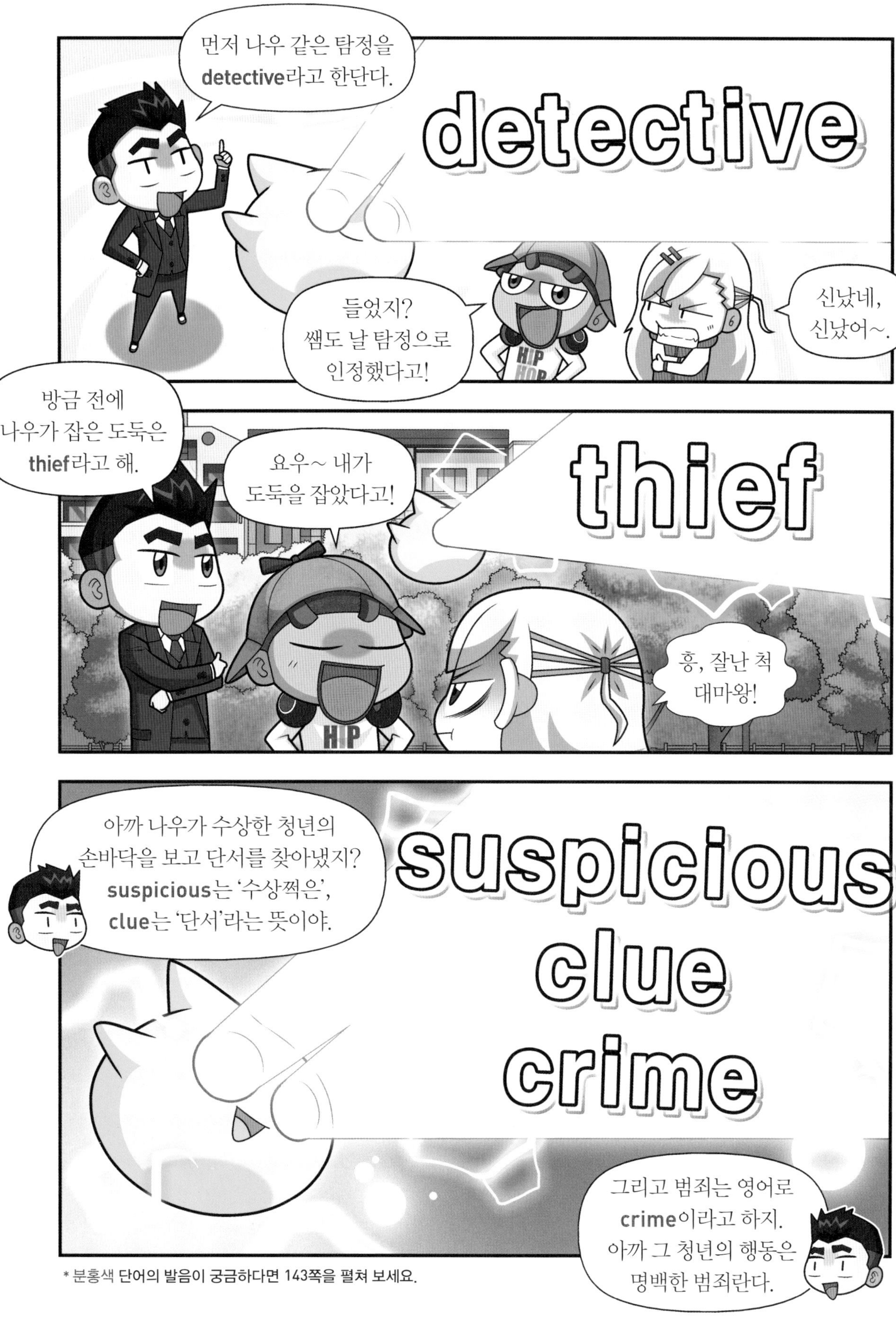
먼저 나우 같은 탐정을 detective라고 한단다.
detective
들었지? 쌤도 날 탐정으로 인정했다고!
신났네, 신났어~.
방금 전에 나우가 잡은 도둑은 thief라고 해.
요우~ 내가 도둑을 잡았다고!
thief
흥, 잘난 척 대마왕!
아까 나우가 수상한 청년의 손바닥을 보고 단서를 찾아냈지? suspicious는 '수상쩍은', clue는 '단서'라는 뜻이야.
suspicious
clue
crime
그리고 범죄는 영어로 crime이라고 하지. 아까 그 청년의 행동은 명백한 범죄란다.

* 분홍색 단어의 발음이 궁금하다면 143쪽을 펼쳐 보세요.

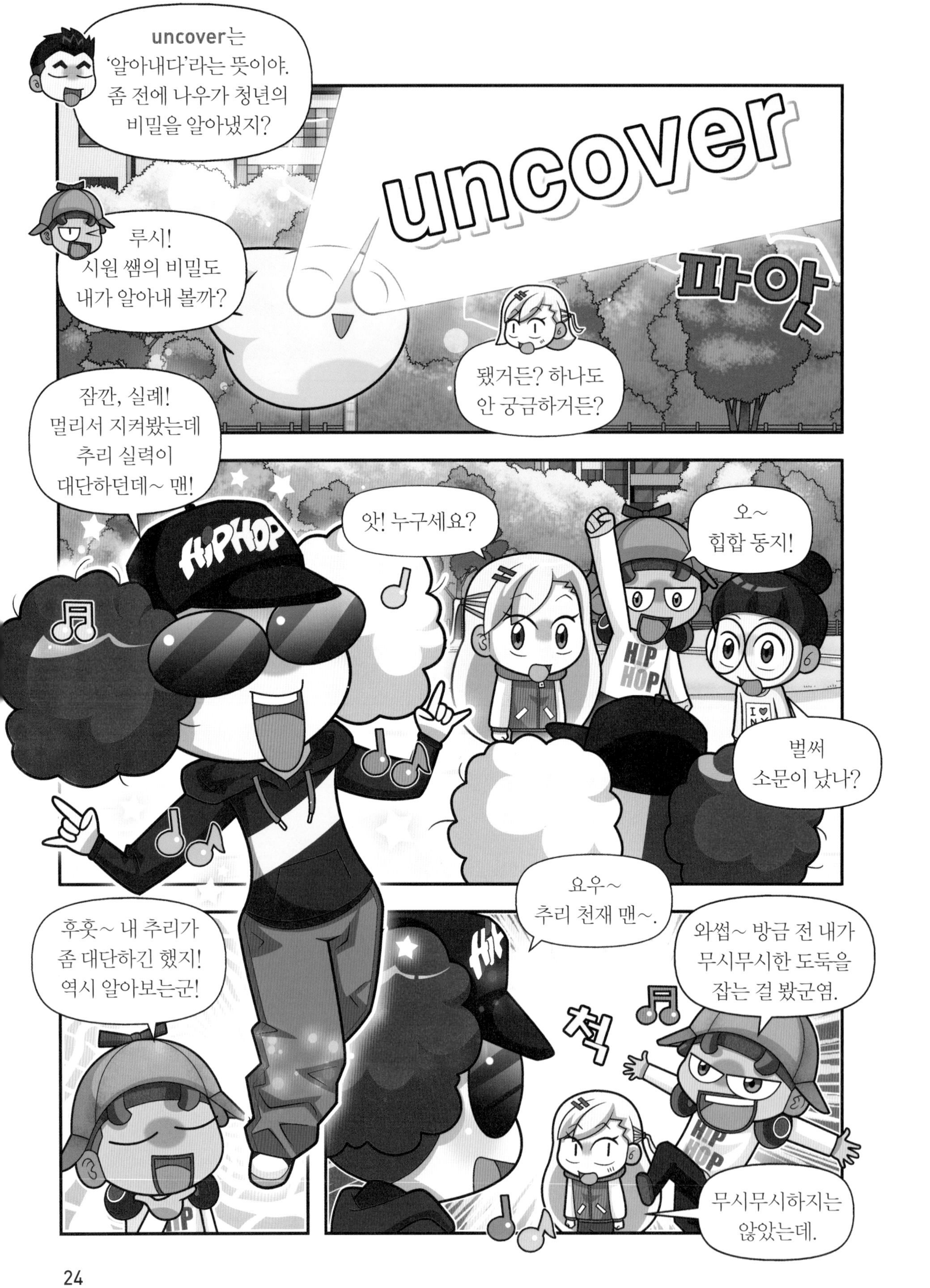
uncover는 '알아내다'라는 뜻이야. 좀 전에 나우가 청년의 비밀을 알아냈지?
uncover
루시! 시원 쌤의 비밀도 내가 알아내 볼까?
파앗
됐거든? 하나도 안 궁금하거든?
잠깐, 실례! 멀리서 지켜봤는데 추리 실력이 대단하던데~ 맨!
HIPHOP
앗! 누구세요?
오~ 힙합 동지!
HIP HOP
벌써 소문이 났나?
요우~ 추리 천재 맨~.
후훗~ 내 추리가 좀 대단하긴 했지! 역시 알아보는군!
와썹~ 방금 전 내가 무시무시한 도둑을 잡는 걸 봤군염.
척
무시무시하지는 않았는데.

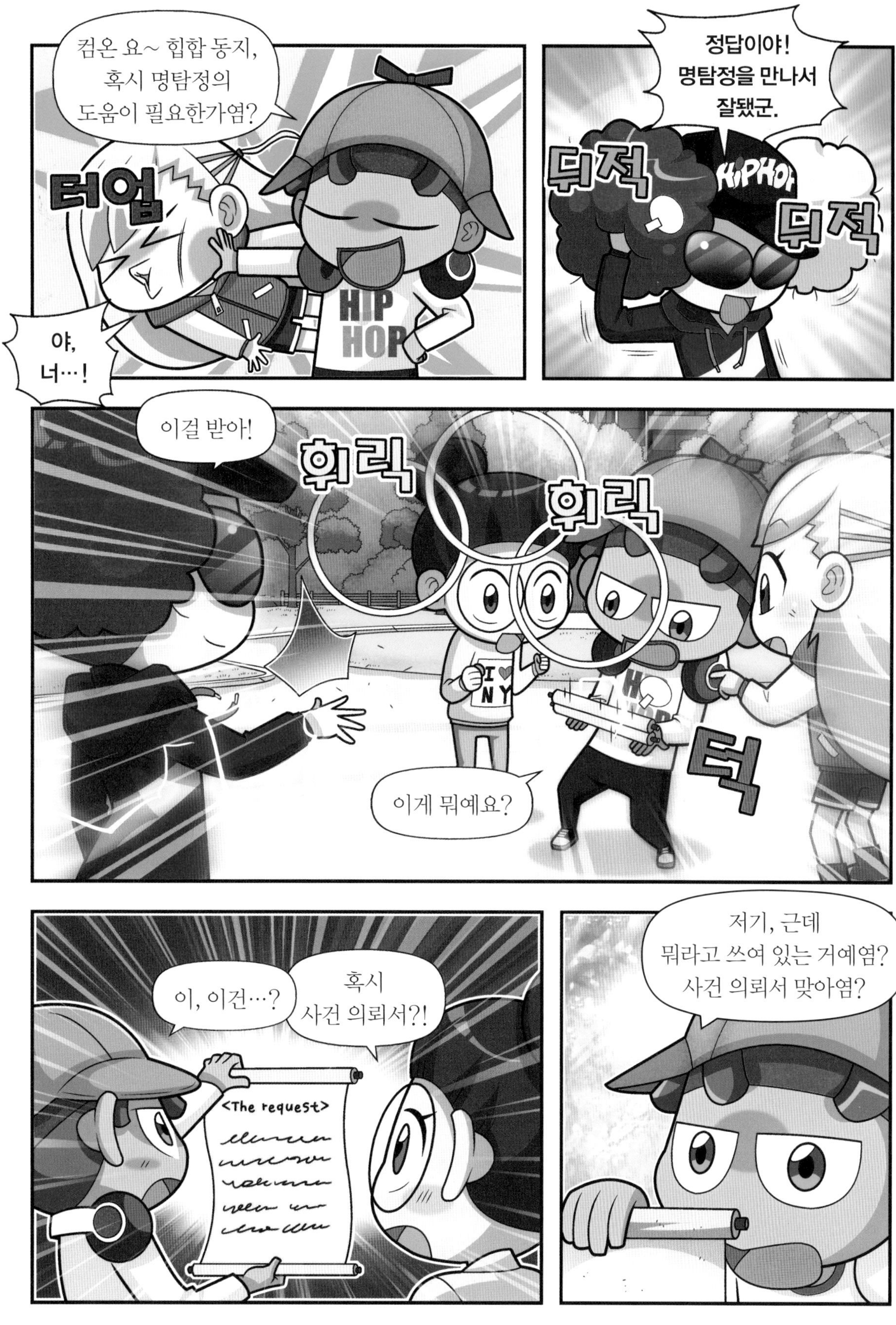
컴온 요~ 힙합 동지,
혹시 명탐정의
도움이 필요한가염?
터업
HIP HOP
야,
너…!
정답이야!
명탐정을 만나서
잘됐군.
뒤적
HIPHOP
뒤적
이걸 받아!
휘릭
휘릭
턱
이게 뭐예요?
이, 이건…?
혹시
사건 의뢰서?!
<The request>
저기, 근데
뭐라고 쓰여 있는 거예염?
사건 의뢰서 맞아염?

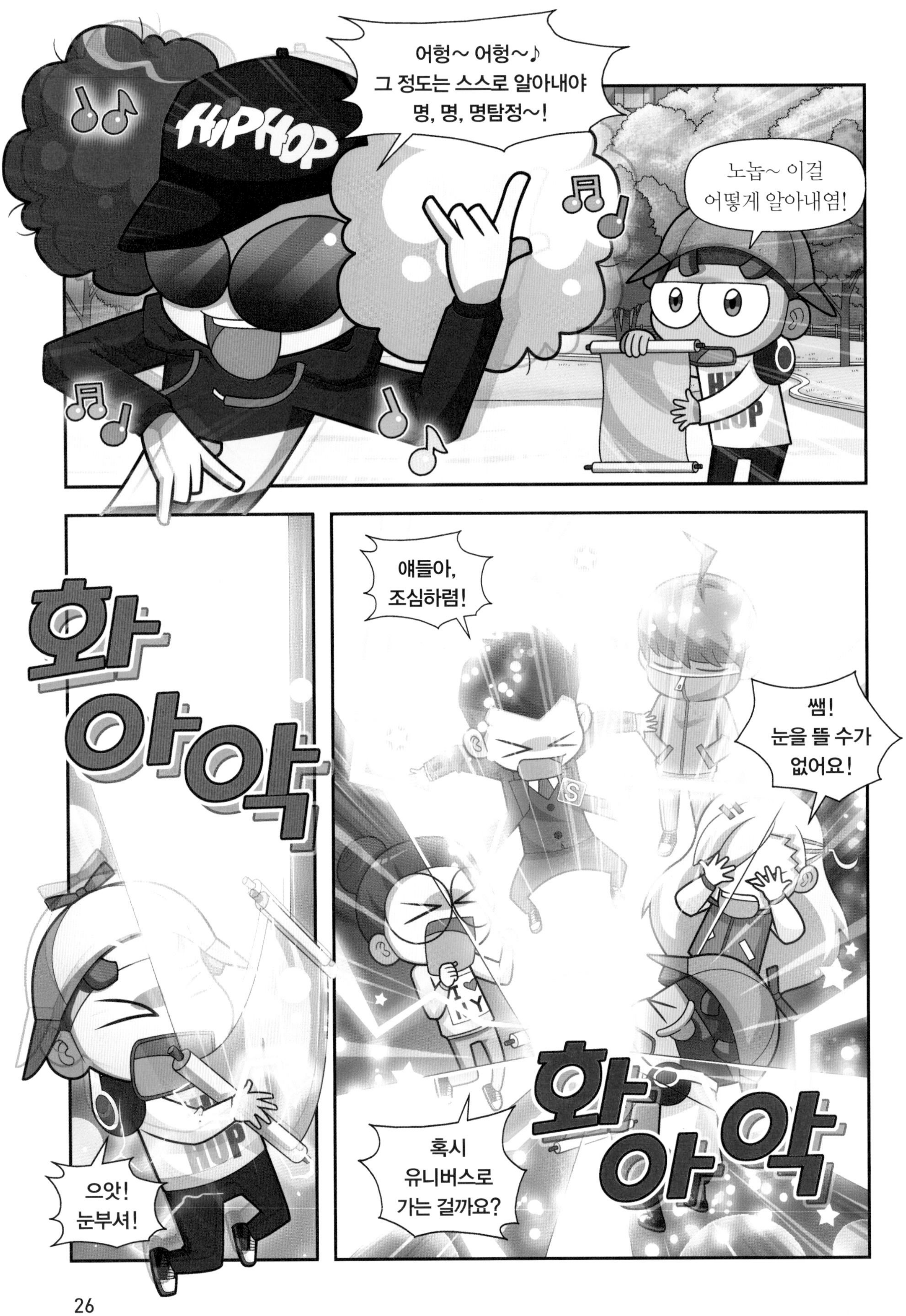

어헝~ 어헝~♪
그 정도는 스스로 알아내야
명, 명, 명탐정~!
노놉~ 이걸
어떻게 알아내염!
화아악
애들아,
조심하렴!
쌤!
눈을 뜰 수가
없어요!
으앗!
눈부셔!
혹시
유니버스로
가는 걸까요?
화아악

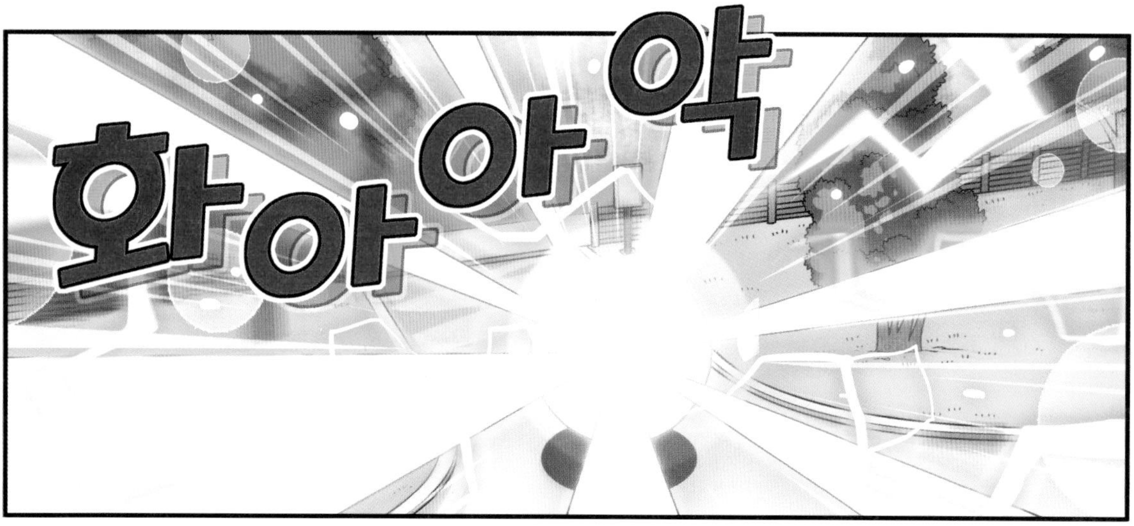
화아아악

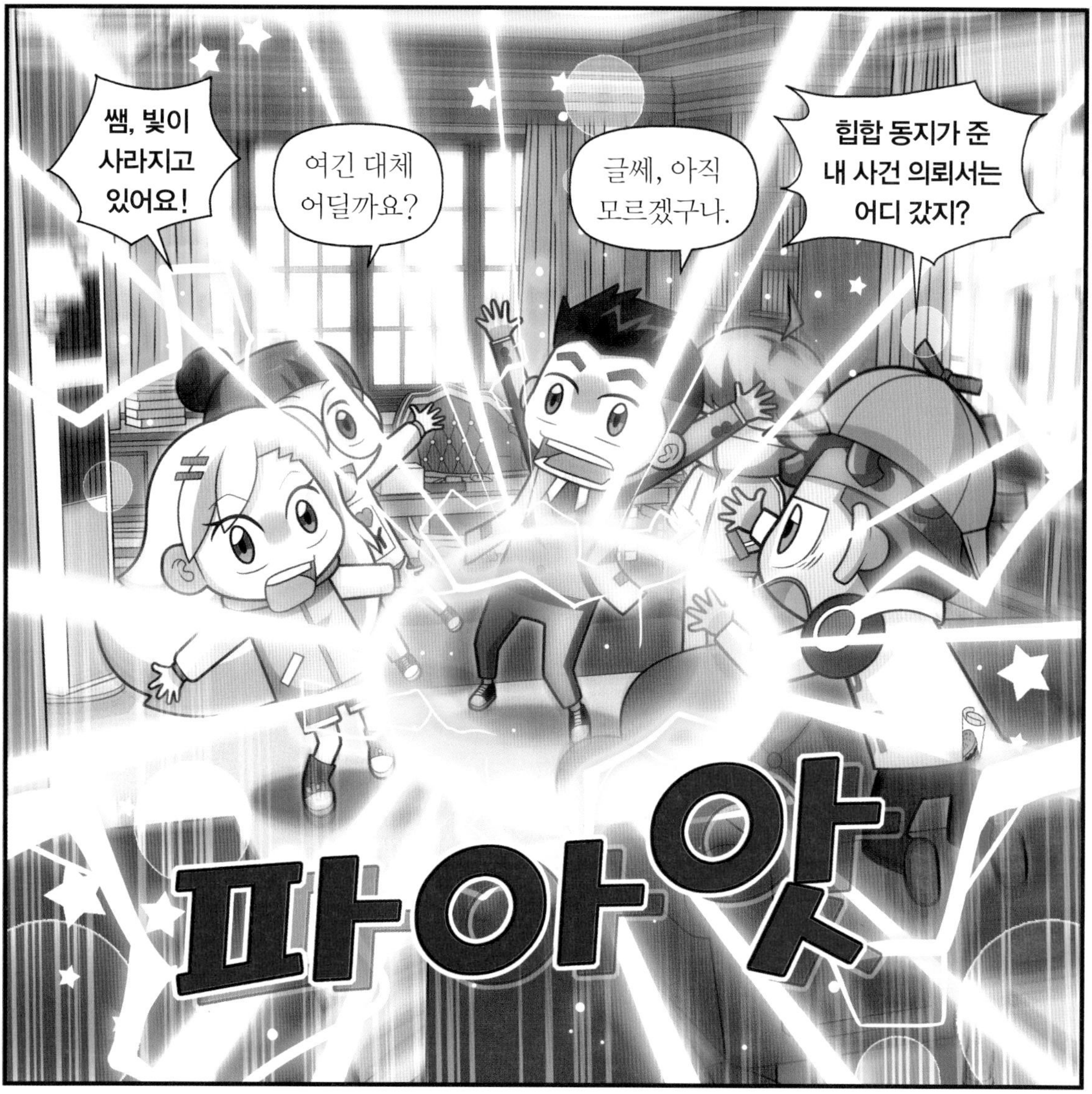
쌤, 빛이 사라지고 있어요!
여긴 대체 어딜까요?
글쎄, 아직 모르겠구나.
힙합 동지가 준 내 사건 의뢰서는 어디 갔지?
파아앗

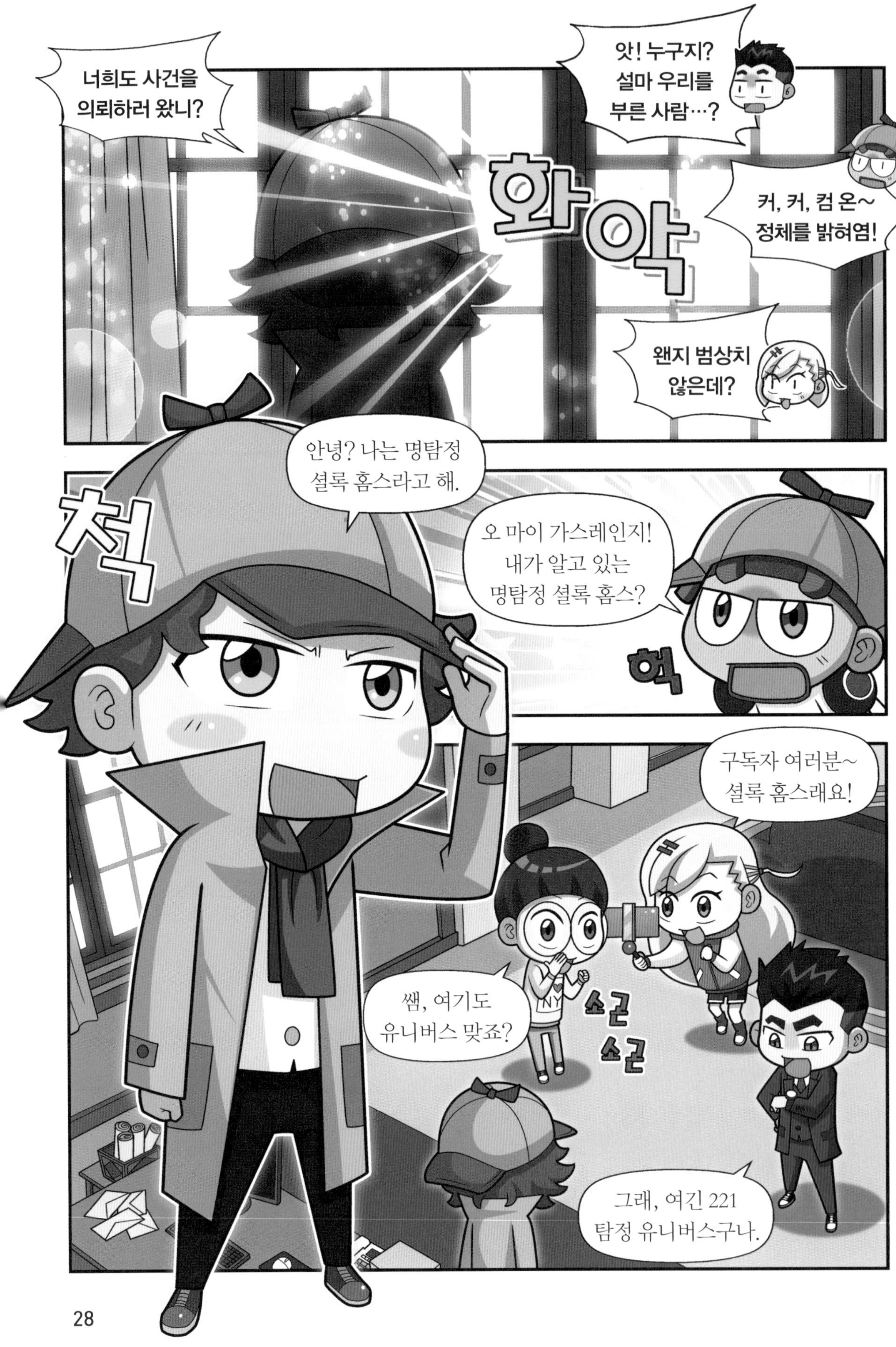

너희도 사건을 의뢰하러 왔니?
앗! 누구지? 설마 우리를 부른 사람…?
화악
커, 커, 컴 온~ 정체를 밝혀염!
왠지 범상치 않은데?
안녕? 나는 명탐정 셜록 홈스라고 해.
척
오 마이 가스레인지! 내가 알고 있는 명탐정 셜록 홈스?
헉
구독자 여러분~ 셜록 홈스래요!
쌤, 여기도 유니버스 맞죠?
소곤 소곤
그래, 여긴 221 탐정 유니버스구나.

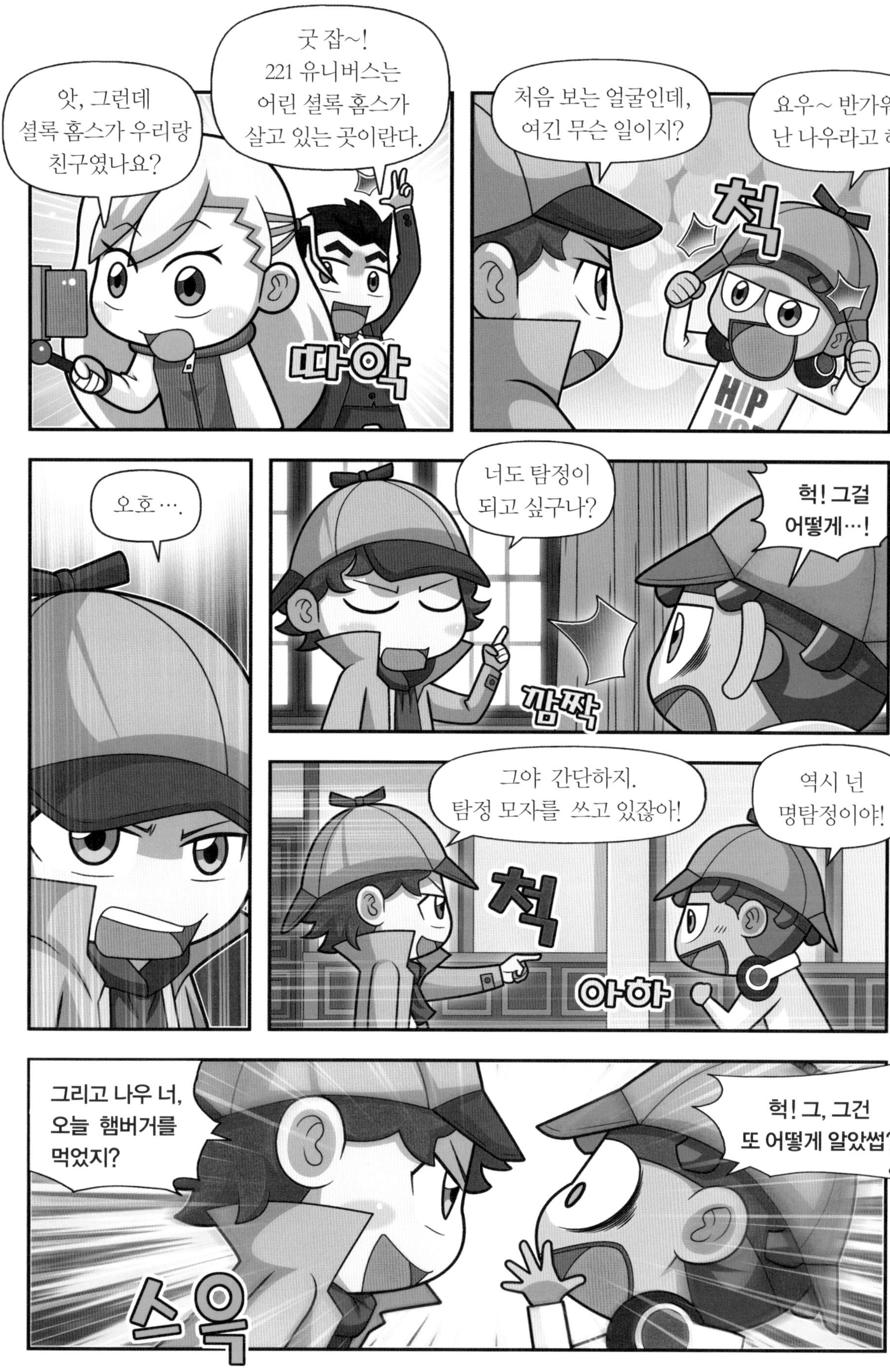

앗, 그런데 셜록 홈스가 우리랑 친구였나요?
굿 잡~! 221 유니버스는 어린 셜록 홈스가 살고 있는 곳이란다.
따악
처음 보는 얼굴인데, 여긴 무슨 일이지?
요우~ 반가워! 난 나우라고 해.
척
HIP
오호….
너도 탐정이 되고 싶구나?
헉! 그걸 어떻게…!
깜짝
그야 간단하지. 탐정 모자를 쓰고 있잖아!
역시 넌 명탐정이야!
척
아하
그리고 나우 너, 오늘 햄버거를 먹었지?
헉! 그, 그건 또 어떻게 알았썹?
스윽

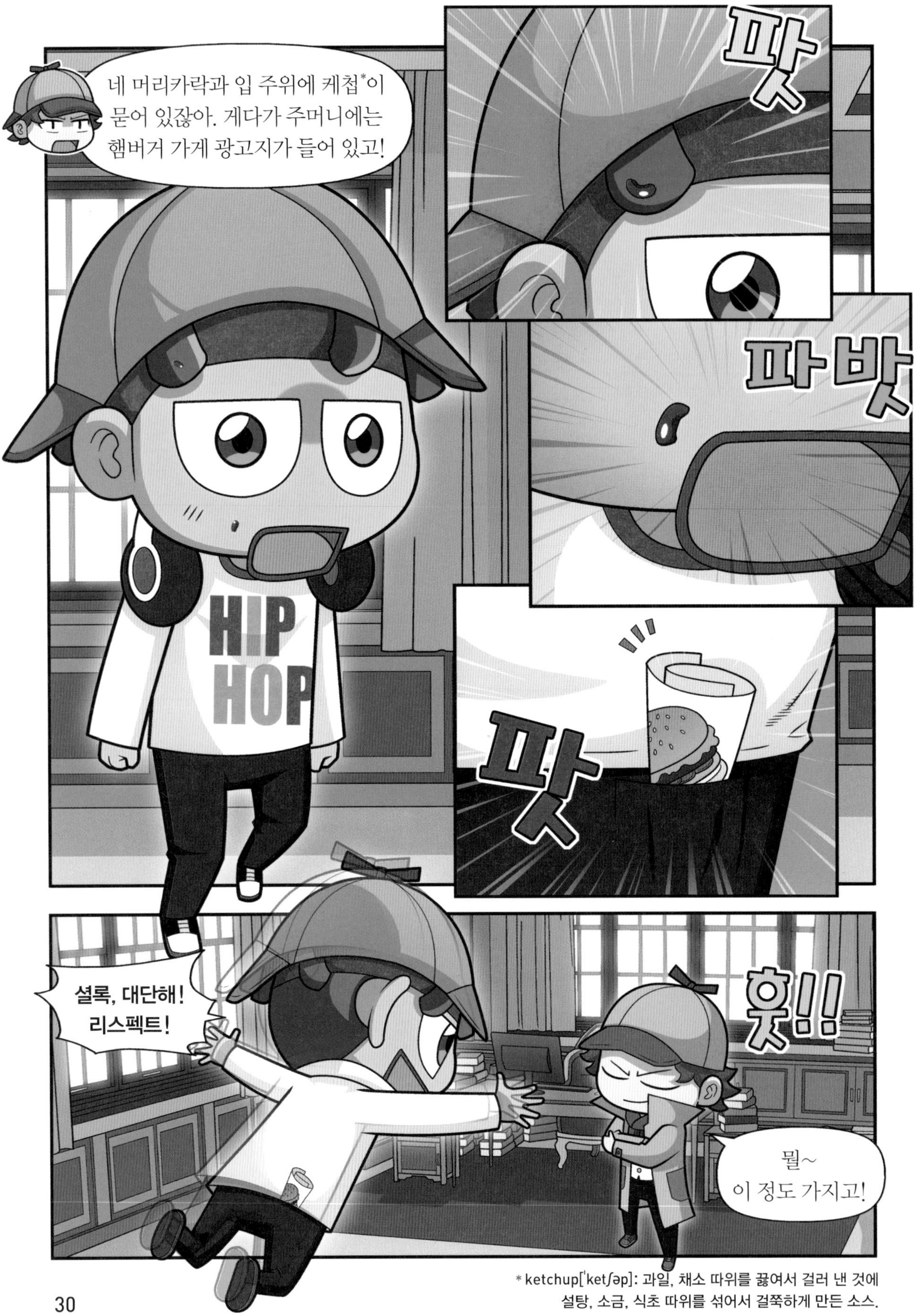
네 머리카락과 입 주위에 케첩*이 묻어 있잖아. 게다가 주머니에는 햄버거 가게 광고지가 들어 있고!
팟
파밧
팟
HIP HOP
셜록, 대단해! 리스펙트!
훗!!
뭘~ 이 정도 가지고!

* ketchup[ˈketʃəp]: 과일, 채소 따위를 끓여서 걸러 낸 것에 설탕, 소금, 식초 따위를 섞어서 걸쭉하게 만든 소스.

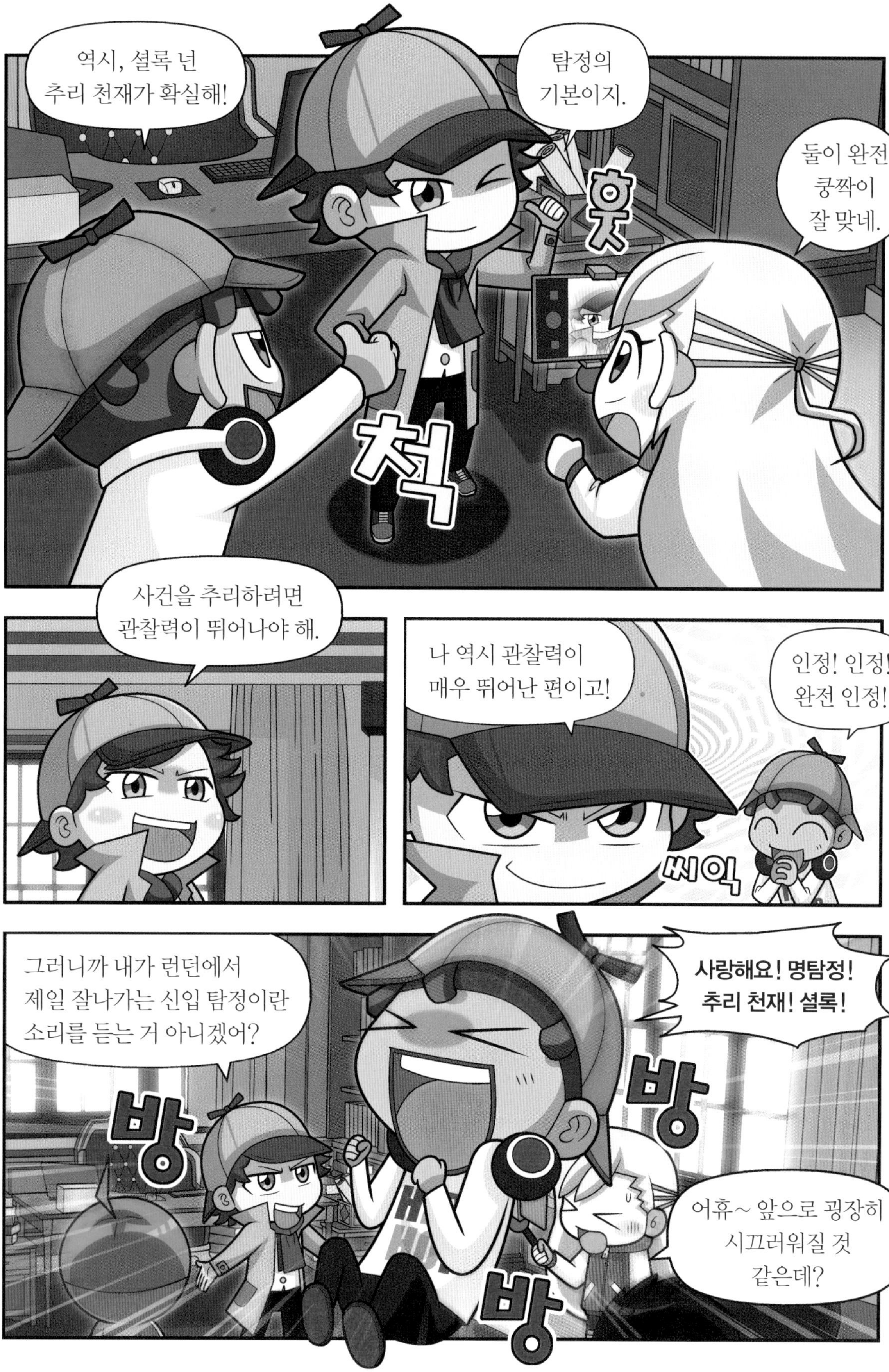
역시, 셜록 넌
추리 천재가 확실해!
탐정의
기본이지.
훗
둘이 완전
쿵짝이
잘 맞네.
척
사건을 추리하려면
관찰력이 뛰어나야 해.
나 역시 관찰력이
매우 뛰어난 편이고!
인정! 인정!
완전 인정!
씨익
그러니까 내가 런던에서
제일 잘나가는 신입 탐정이란
소리를 듣는 거 아니겠어?
사랑해요! 명탐정!
추리 천재! 셜록!
방
방
방
어휴~ 앞으로 굉장히
시끄러워질 것
같은데?

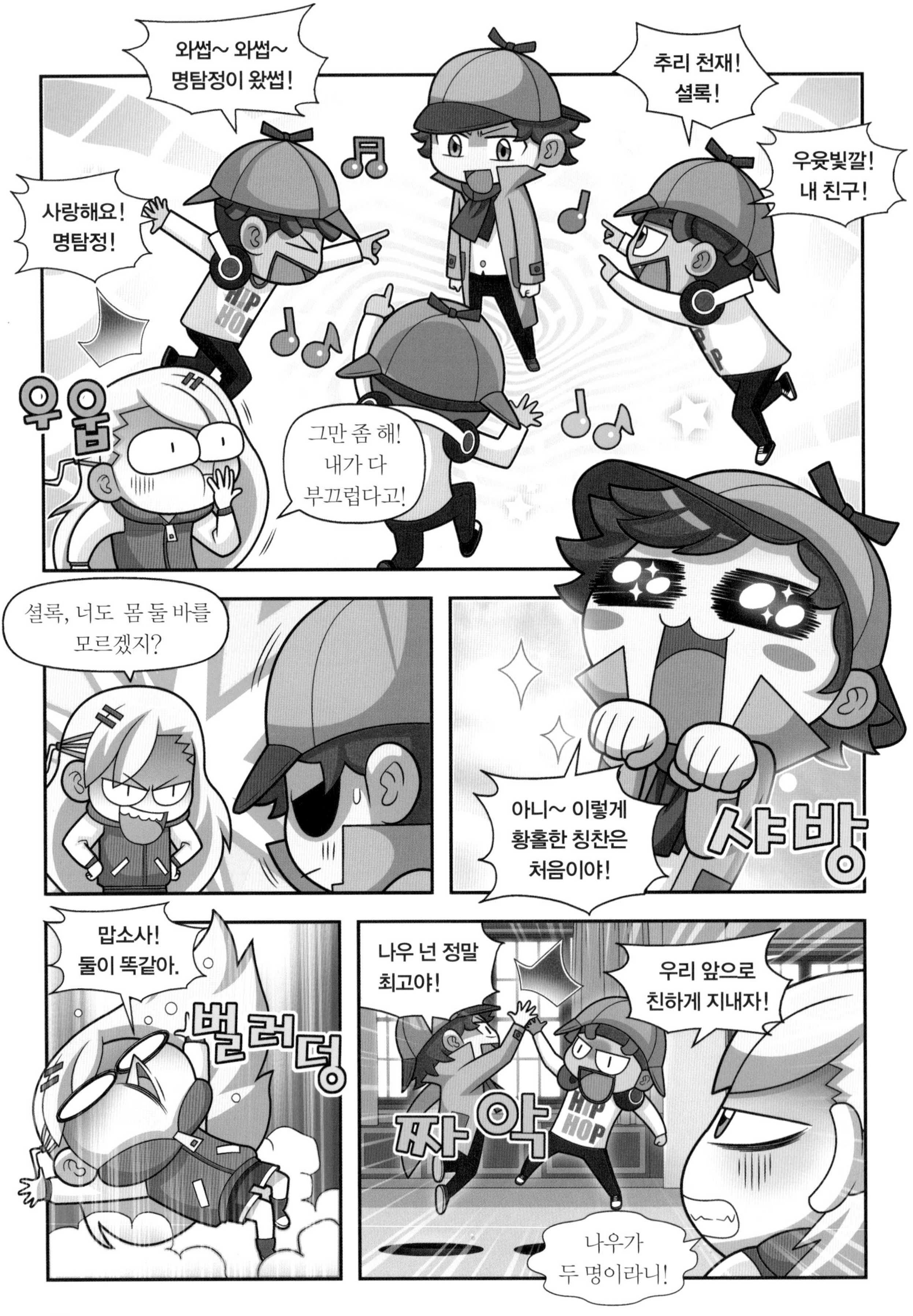
와썹~ 와썹~
명탐정이 왔썹!
추리 천재!
셜록!
우윳빛깔!
내 친구!
사랑해요!
명탐정!
HIP HOP
우웁
그만 좀 해!
내가 다
부끄럽다고!
셜록, 너도 몸 둘 바를
모르겠지?
아니~ 이렇게
황홀한 칭찬은
처음이야!
샤방
맙소사!
둘이 똑같아.
벌러덩
나우 넌 정말
최고야!
우리 앞으로
친하게 지내자!
짜악
HIP HOP
나우가
두 명이라니!

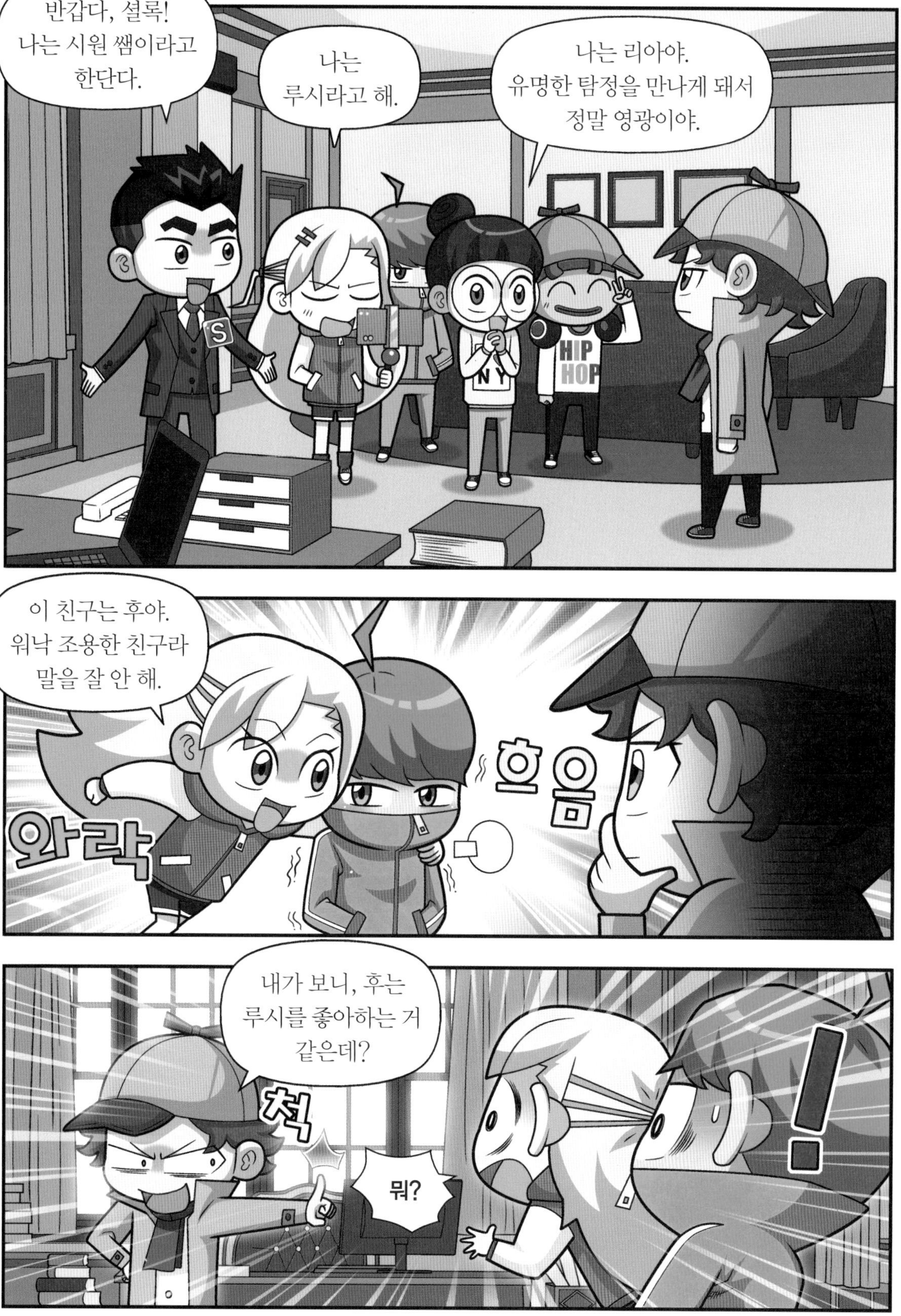

반갑다, 셜록!
나는 시원 쌤이라고
한단다.
나는
루시라고 해.
나는 리아야.
유명한 탐정을 만나게 돼서
정말 영광이야.
HIP HOP
이 친구는 후야.
워낙 조용한 친구라
말을 잘 안 해.
와락
흐음
내가 보니, 후는
루시를 좋아하는 거
같은데?
척
뭐?
!

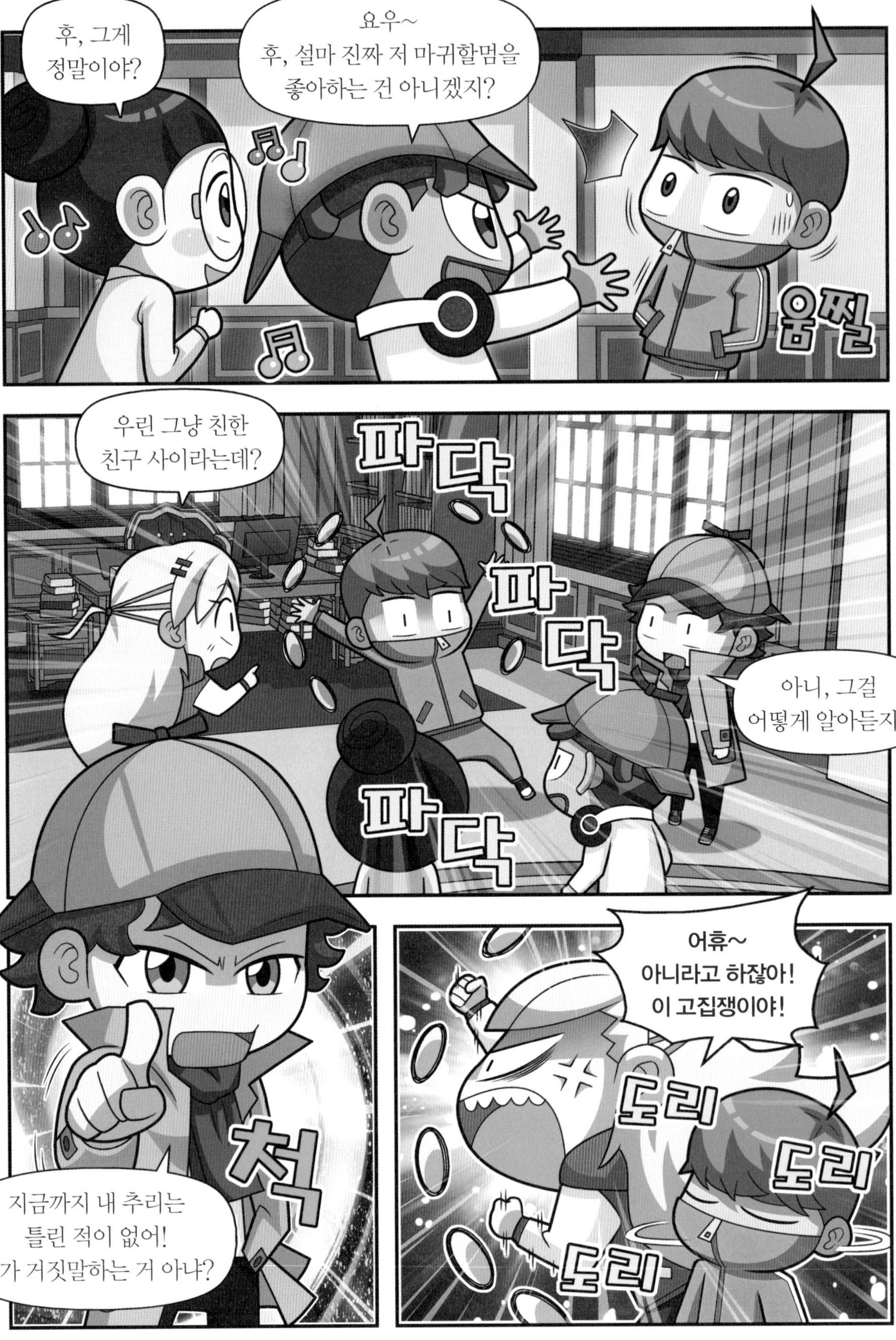
후, 그게 정말이야?
요우~ 후, 설마 진짜 저 마귀할멈을 좋아하는 건 아니겠지?
움찔
우린 그냥 친한 친구 사이라는데?
파닥
파닥
파닥
아니, 그걸 어떻게 알아듣지?
척
지금까지 내 추리는 틀린 적이 없어! 후가 거짓말하는 거 아냐?
어휴~ 아니라고 하잖아! 이 고집쟁이야!
도리
도리
도리

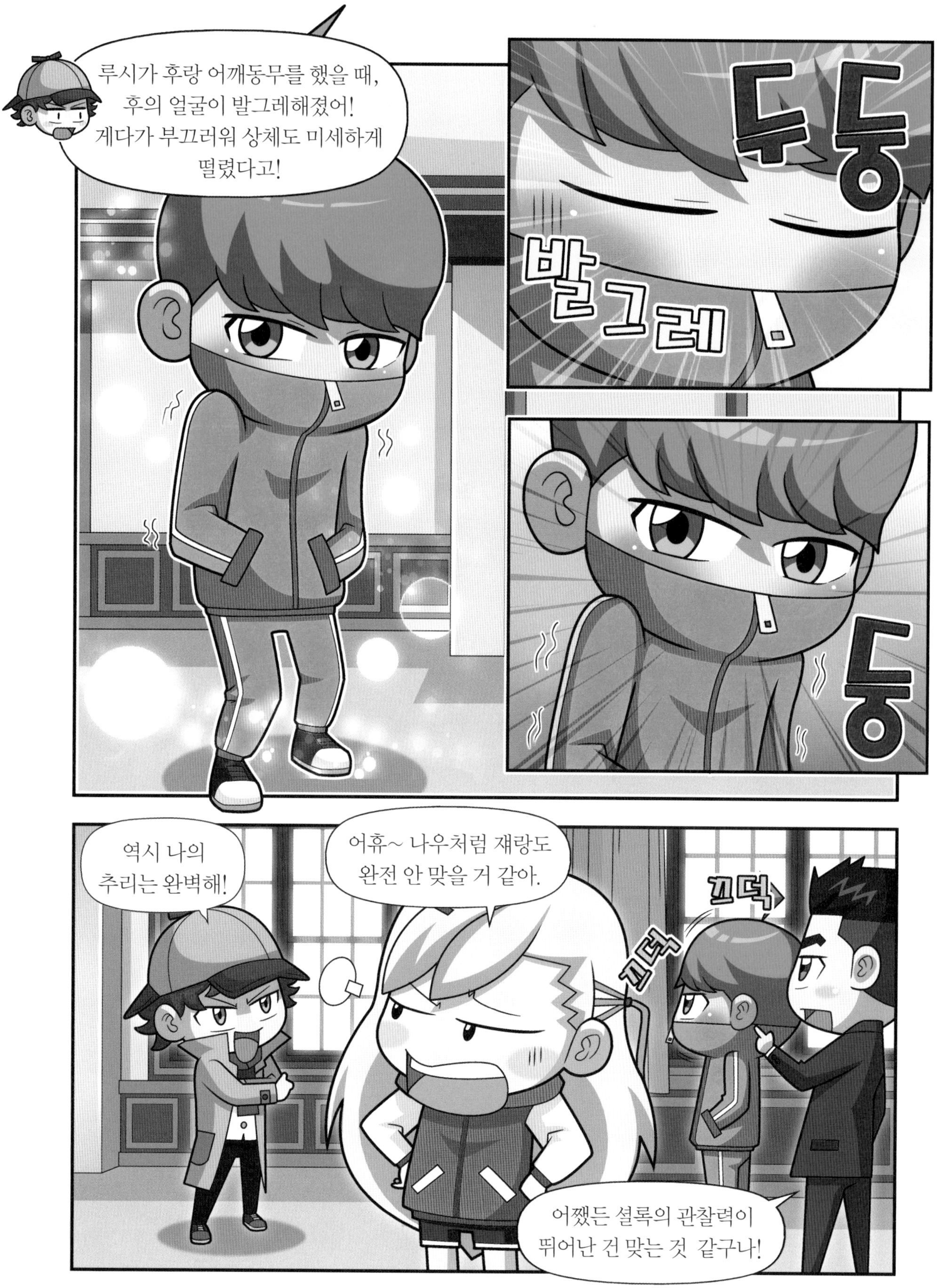

루시가 후랑 어깨동무를 했을 때,
후의 얼굴이 발그레해졌어!
게다가 부끄러워 상체도 미세하게
떨렸다고!
두둥
발그레
둥
역시 나의
추리는 완벽해!
어휴~ 나우처럼 재랑도
완전 안 맞을 거 같아.
끄덕
끄덕
어쨌든 셜록의 관찰력이
뛰어난 건 맞는 것 같구나!

Chapter 2

왕실 보석 도난 사건

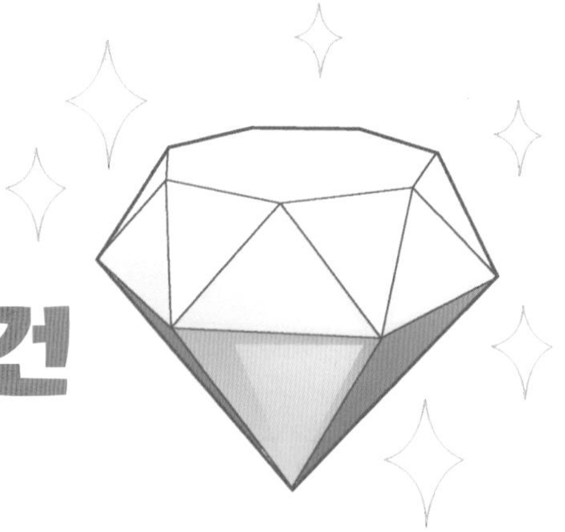

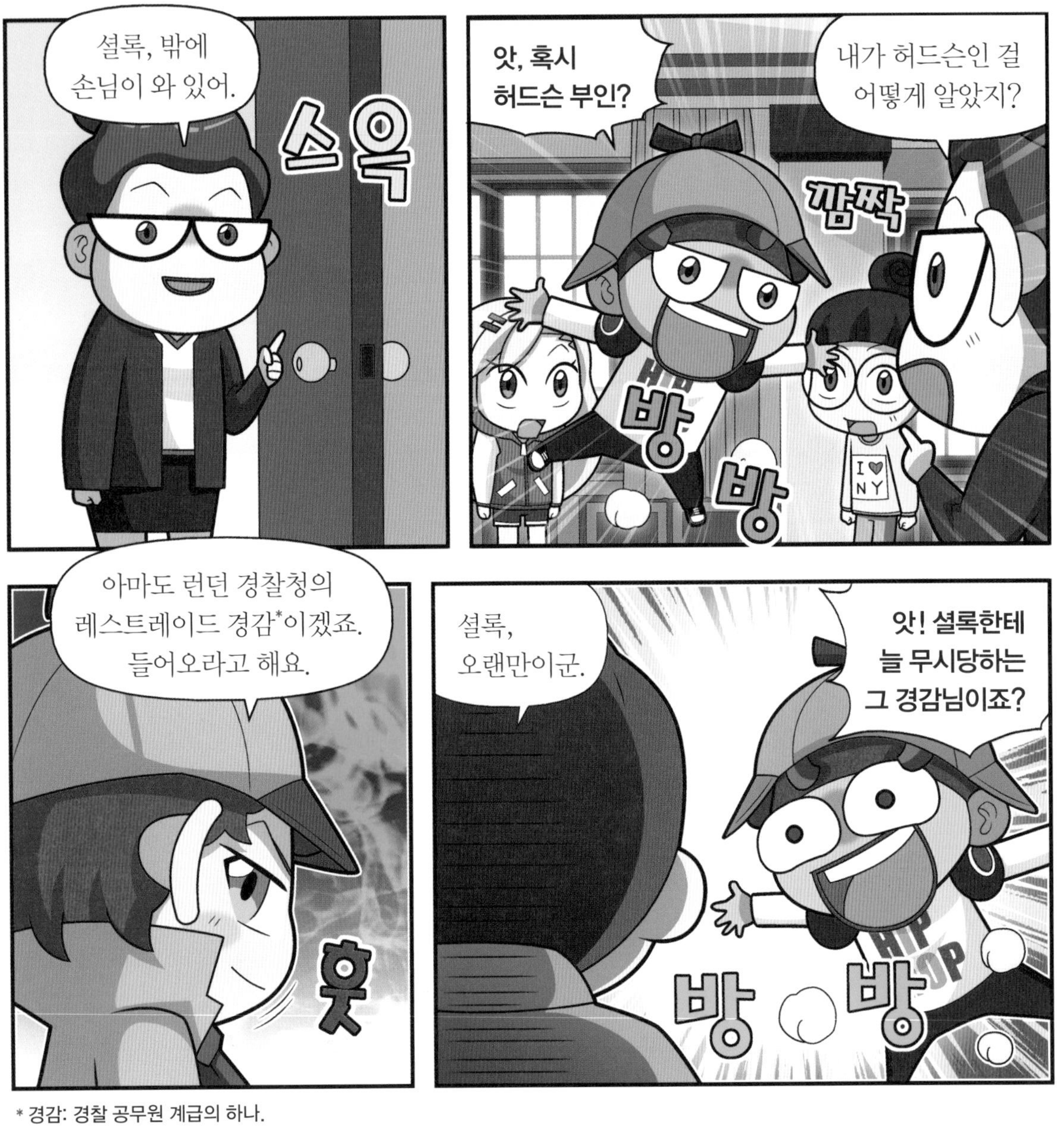

셜록, 밖에 손님이 와 있어.
스윽
앗, 혹시 허드슨 부인?
내가 허드슨인 걸 어떻게 알았지?
깜짝
방
방
아마도 런던 경찰청의 레스트레이드 경감*이겠죠. 들어오라고 해요.
훗
셜록, 오랜만이군.
앗! 셜록한테 늘 무시당하는 그 경감님이죠?
방
방

* 경감: 경찰 공무원 계급의 하나.

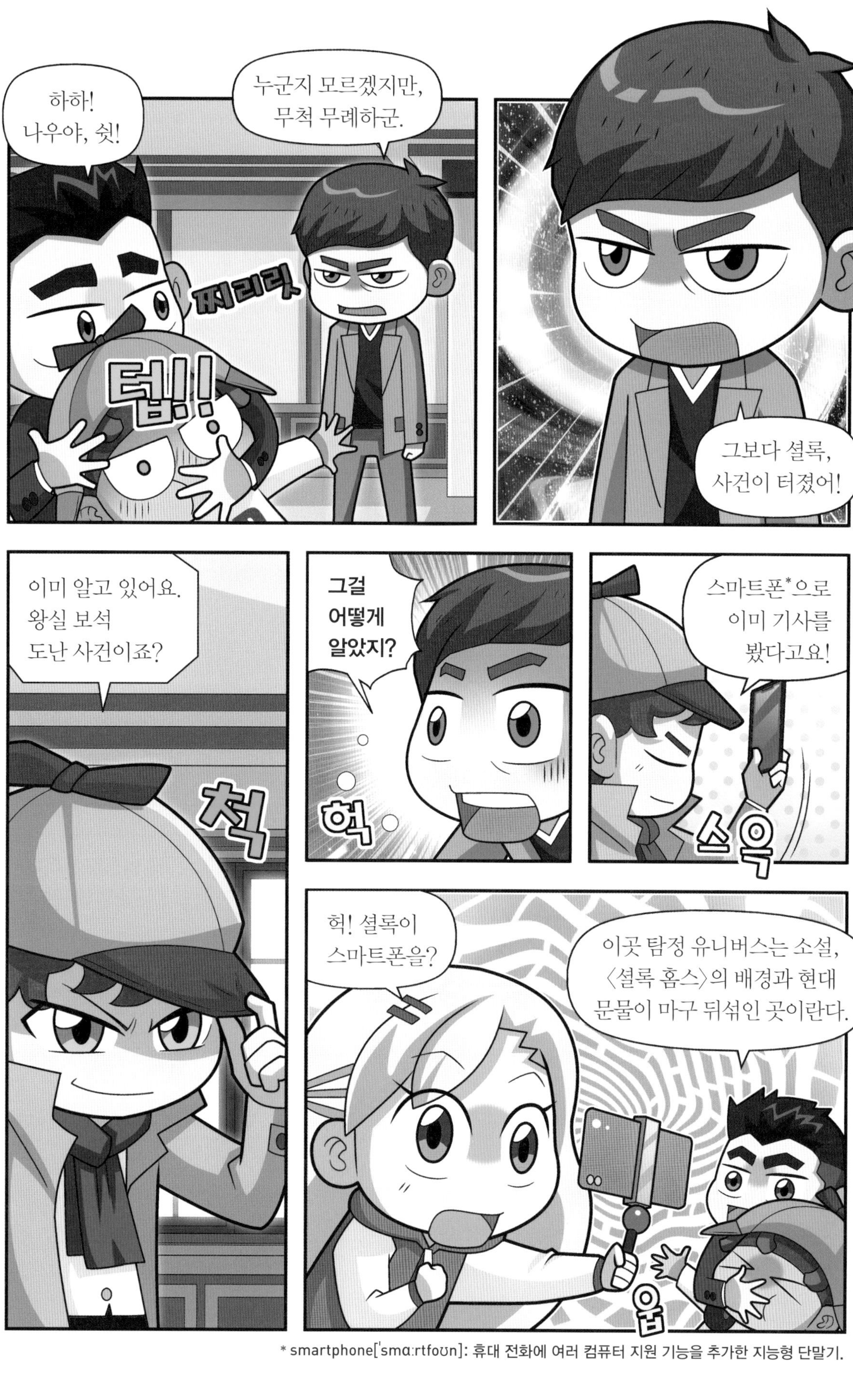
하하!
나우야, 쉿!
찌리릿
텁!!
누군지 모르겠지만,
무척 무례하군.
그보다 셜록,
사건이 터졌어!
이미 알고 있어요.
왕실 보석
도난 사건이죠?
척
그걸
어떻게
알았지?
헉
스마트폰*으로
이미 기사를
봤다고요!
스윽
헉! 셜록이
스마트폰을?
이곳 탐정 유니버스는 소설,
〈셜록 홈스〉의 배경과 현대
문물이 마구 뒤섞인 곳이란다.
읍

* smartphone[ˈsmɑːrtfoʊn]: 휴대 전화에 여러 컴퓨터 지원 기능을 추가한 지능형 단말기.

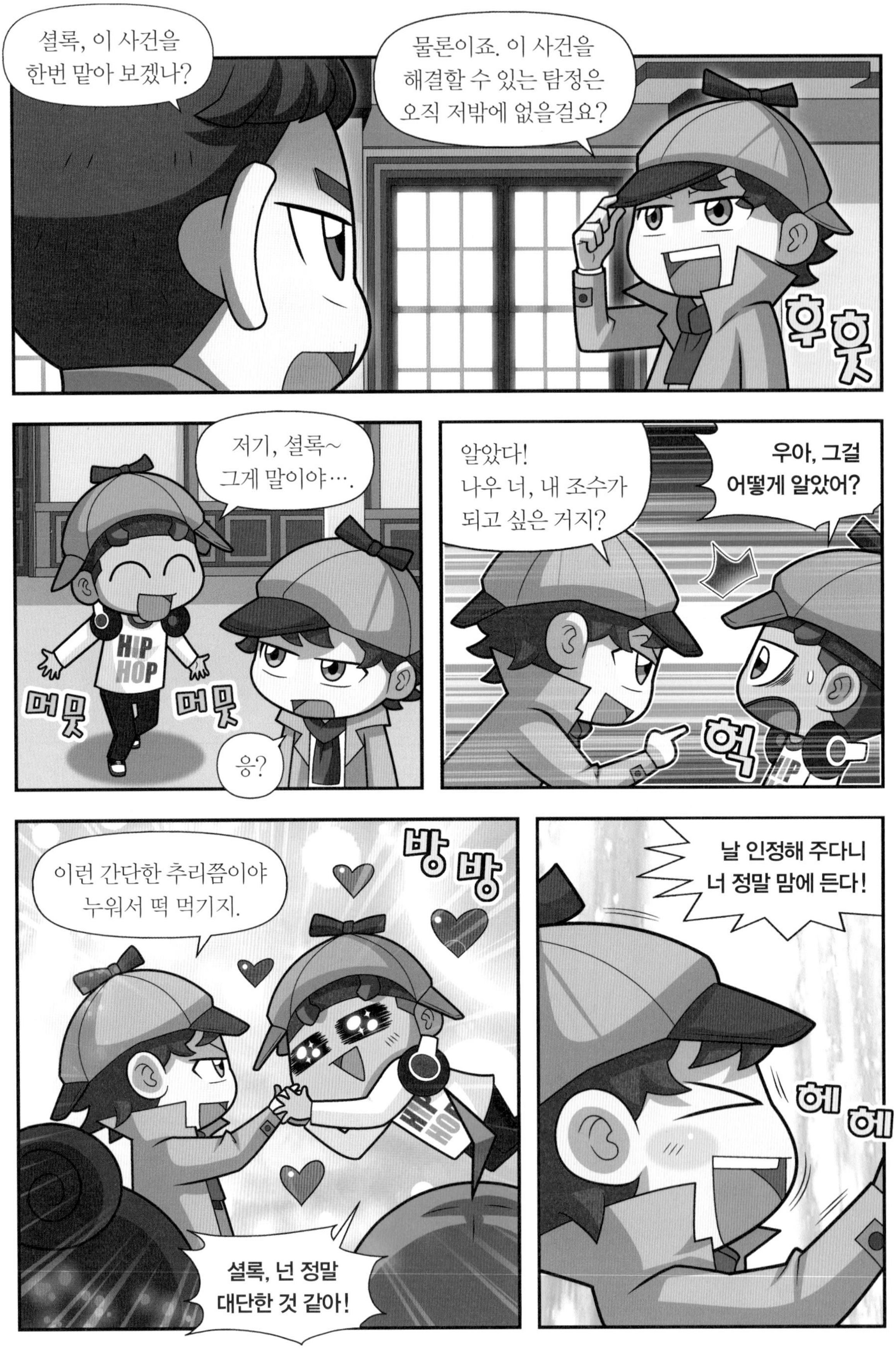
셜록, 이 사건을 한번 맡아 보겠나?
물론이죠. 이 사건을 해결할 수 있는 탐정은 오직 저밖에 없을걸요?
후훗
저기, 셜록~ 그게 말이야….
머뭇 머뭇
응?
알았다! 나우 너, 내 조수가 되고 싶은 거지?
우아, 그걸 어떻게 알았어?
헉
이런 간단한 추리쯤이야 누워서 떡 먹기지.
방 방
셜록, 넌 정말 대단한 것 같아!
날 인정해 주다니 너 정말 맘에 든다!
헤 헤

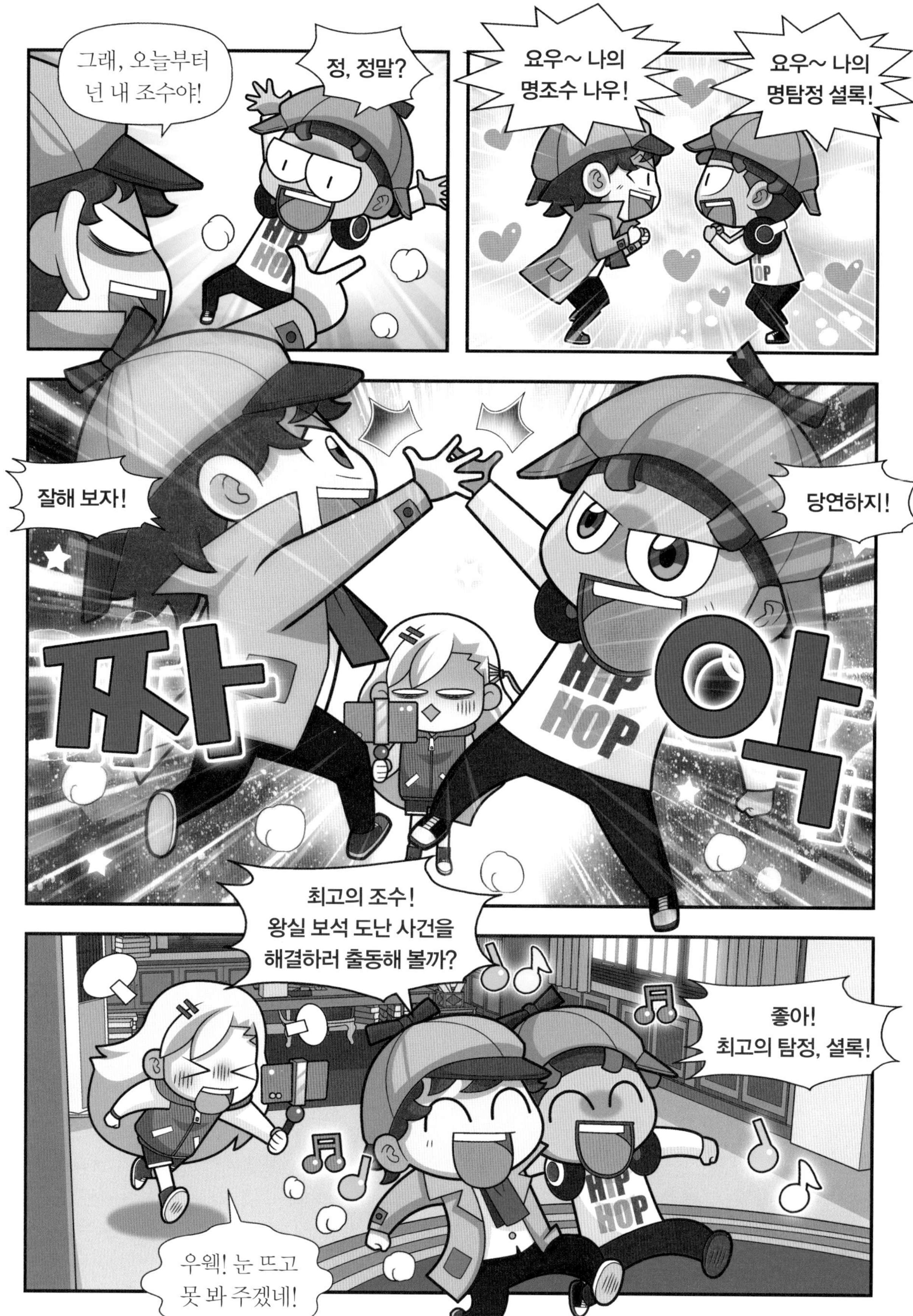
그래, 오늘부터
넌 내 조수야!
정, 정말?
요우~ 나의
명조수 나우!
요우~ 나의
명탐정 셜록!
잘해 보자!
당연하지!
짜악
최고의 조수!
왕실 보석 도난 사건을
해결하러 출동해 볼까?
좋아!
최고의 탐정, 셜록!
우웩! 눈 뜨고
못 봐 주겠네!

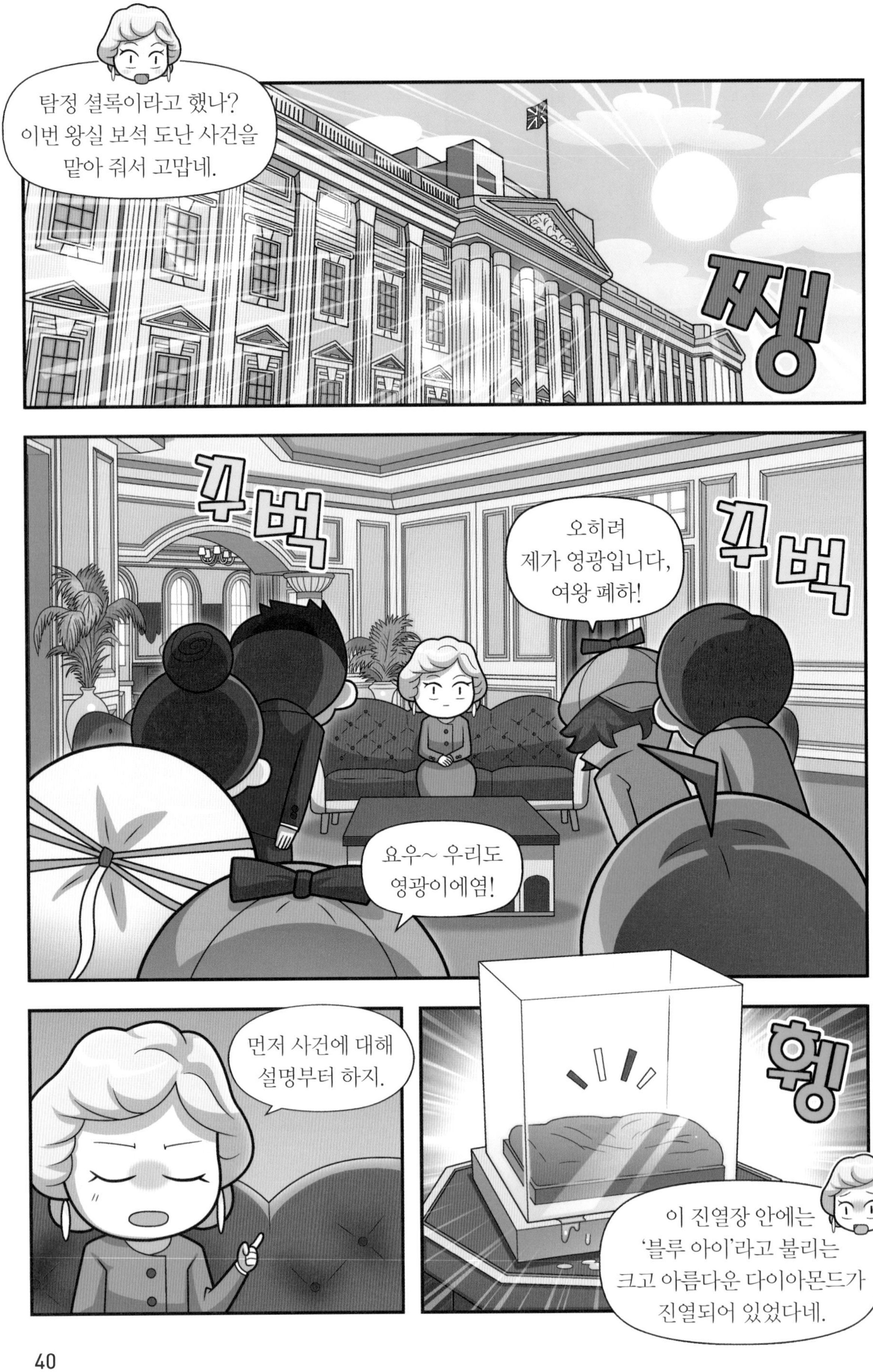
탐정 셜록이라고 했나? 이번 왕실 보석 도난 사건을 맡아 줘서 고맙네.
쨍
꾸벅
오히려 제가 영광입니다, 여왕 폐하!
꾸벅
요우~ 우리도 영광이에염!
먼저 사건에 대해 설명부터 하지.
휑
이 진열장 안에는 '블루 아이'라고 불리는 크고 아름다운 다이아몬드가 진열되어 있었다네.

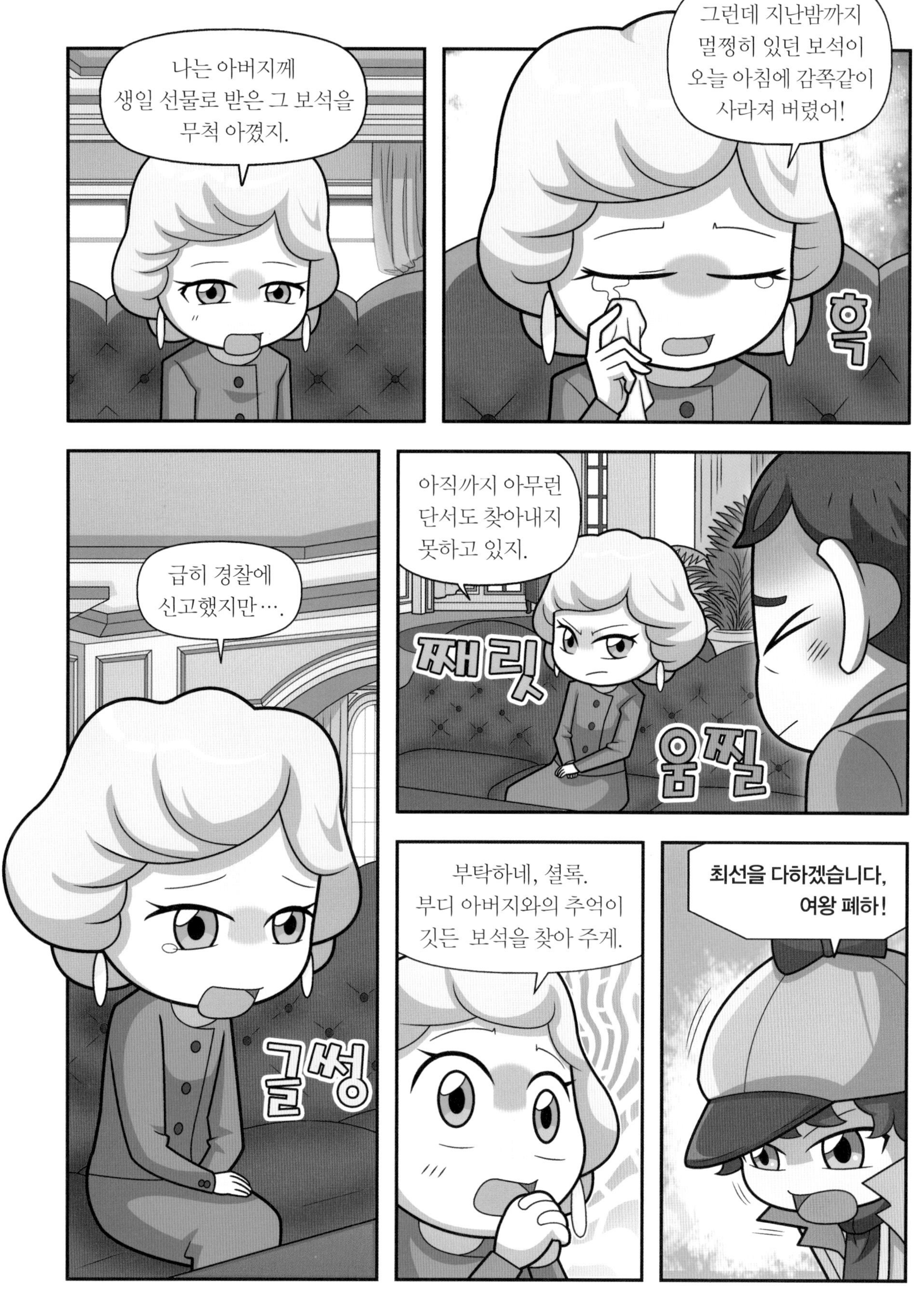

나는 아버지께
생일 선물로 받은 그 보석을
무척 아꼈지.
그런데 지난밤까지
멀쩡히 있던 보석이
오늘 아침에 감쪽같이
사라져 버렸어!
흑
급히 경찰에
신고했지만….
갈썽
아직까지 아무런
단서도 찾아내지
못하고 있지.
째릿
움찔
부탁하네, 셜록.
부디 아버지와의 추억이
깃든 보석을 찾아 주게.
최선을 다하겠습니다,
여왕 폐하!

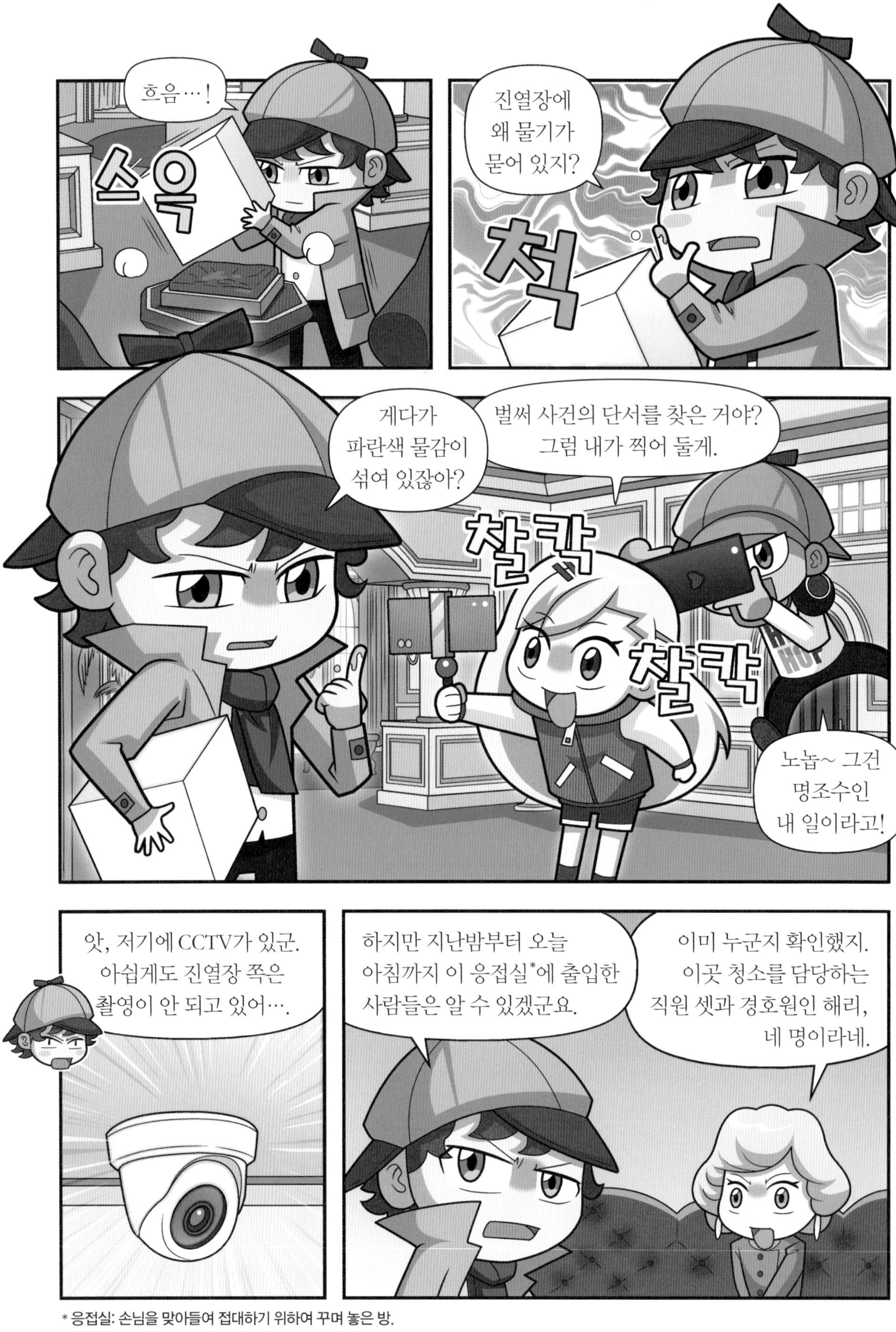
흐음…!
스윽
진열장에
왜 물기가
묻어 있지?
척
게다가
파란색 물감이
섞여 있잖아?
벌써 사건의 단서를 찾은 거야?
그럼 내가 찍어 둘게.
찰칵
찰칵
노놉~ 그건
명조수인
내 일이라고!
앗, 저기에 CCTV가 있군.
아쉽게도 진열장 쪽은
촬영이 안 되고 있어….
하지만 지난밤부터 오늘
아침까지 이 응접실*에 출입한
사람들은 알 수 있겠군요.
이미 누군지 확인했지.
이곳 청소를 담당하는
직원 셋과 경호원인 해리,
네 명이라네.

* 응접실: 손님을 맞아들여 접대하기 위하여 꾸며 놓은 방.

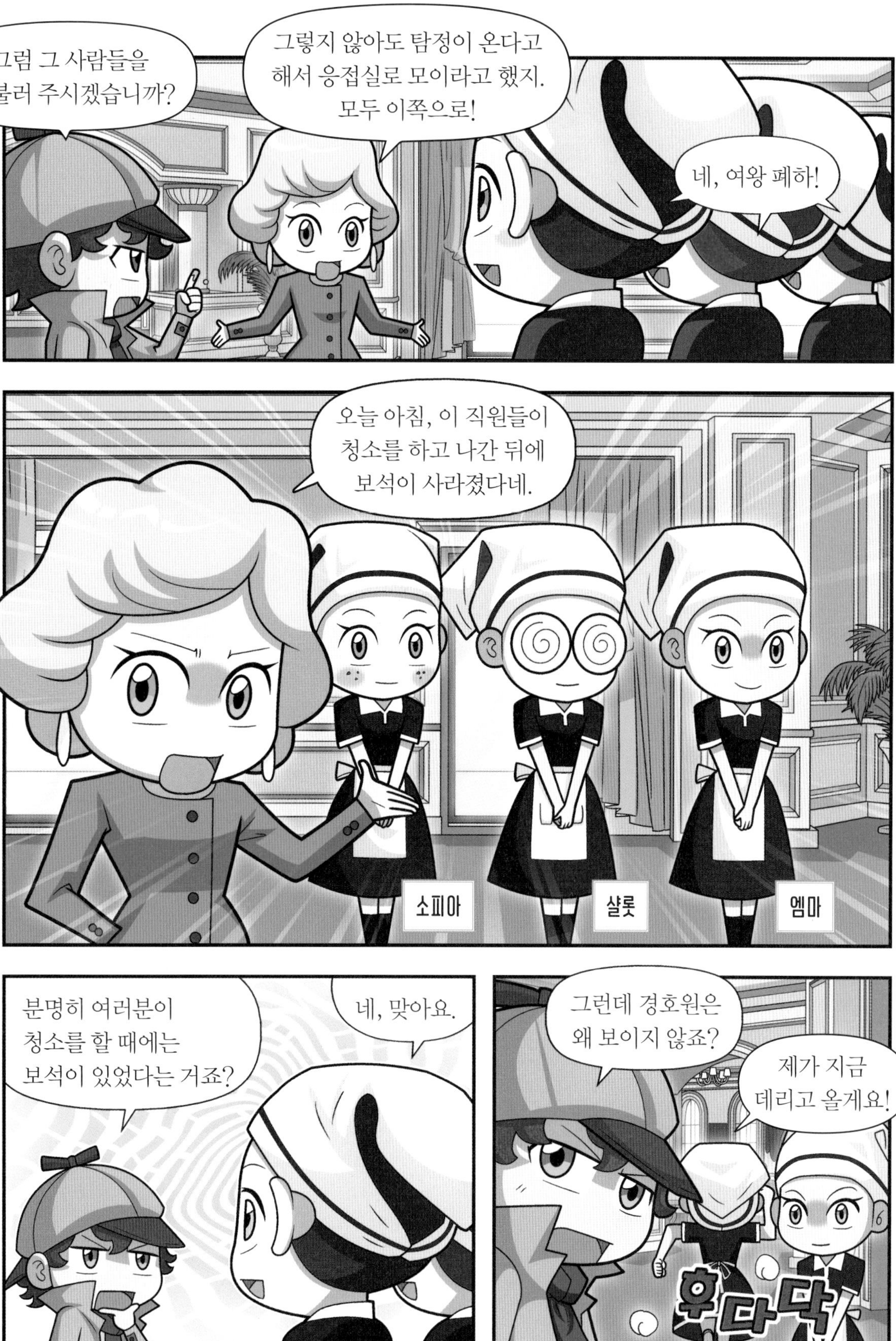
그럼 그 사람들을
좀 불러 주시겠습니까?
그렇지 않아도 탐정이 온다고
해서 응접실로 모이라고 했지.
모두 이쪽으로!
네, 여왕 폐하!
오늘 아침, 이 직원들이
청소를 하고 나간 뒤에
보석이 사라졌다네.
소피아
샬롯
엠마
분명히 여러분이
청소를 할 때에는
보석이 있었다는 거죠?
네, 맞아요.
그런데 경호원은
왜 보이지 않죠?
제가 지금
데리고 올게요!
후다닥

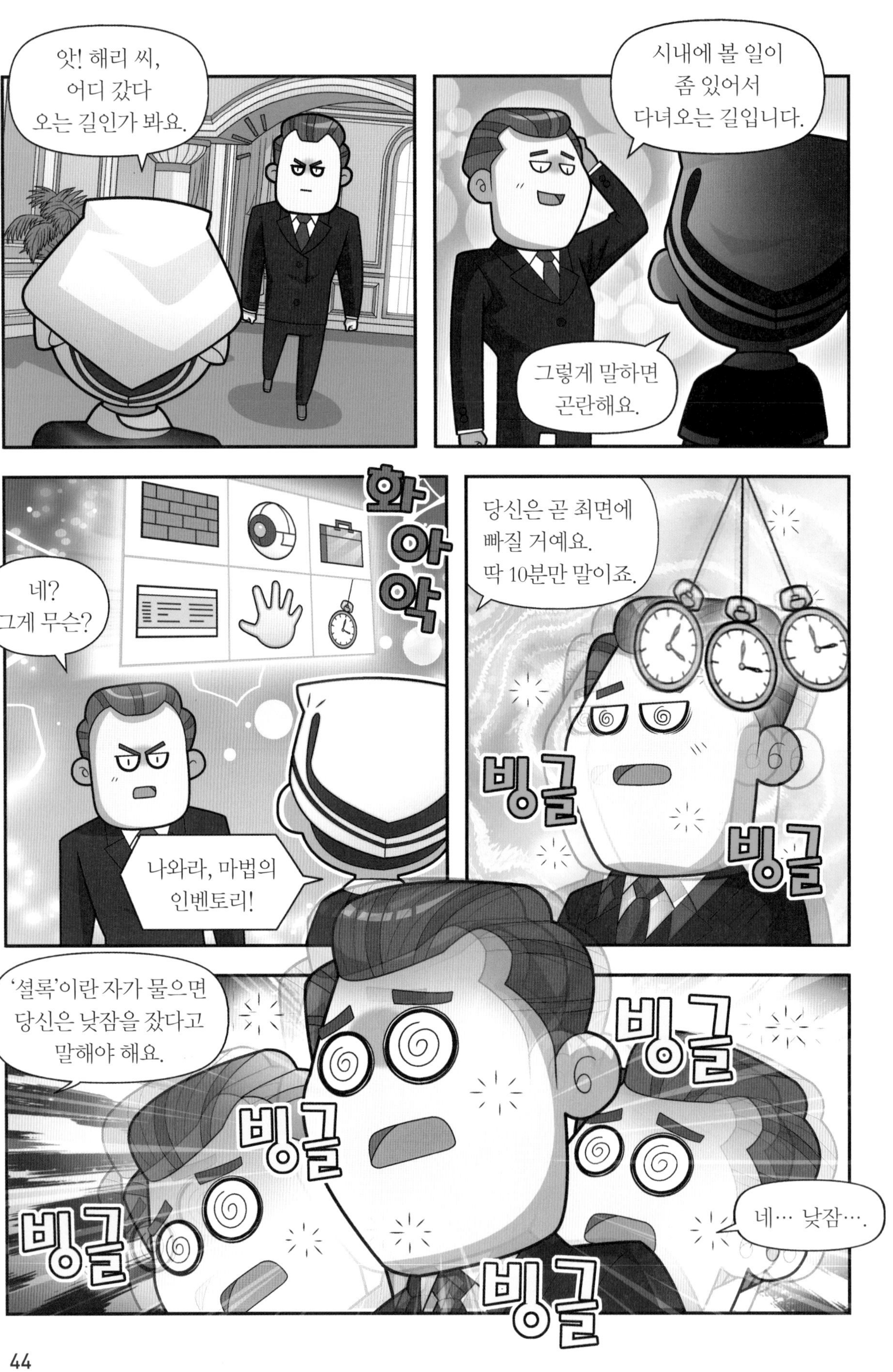

앗! 해리 씨, 어디 갔다 오는 길인가 봐요.
시내에 볼 일이 좀 있어서 다녀오는 길입니다.
그렇게 말하면 곤란해요.
네? 그게 무슨?
나와라, 마법의 인벤토리!
화아악
당신은 곧 최면에 빠질 거예요. 딱 10분만 말이죠.
빙글
빙글
'셜록'이란 자가 물으면 당신은 낮잠을 잤다고 말해야 해요.
빙글
빙글
빙글
빙글
네… 낮잠….

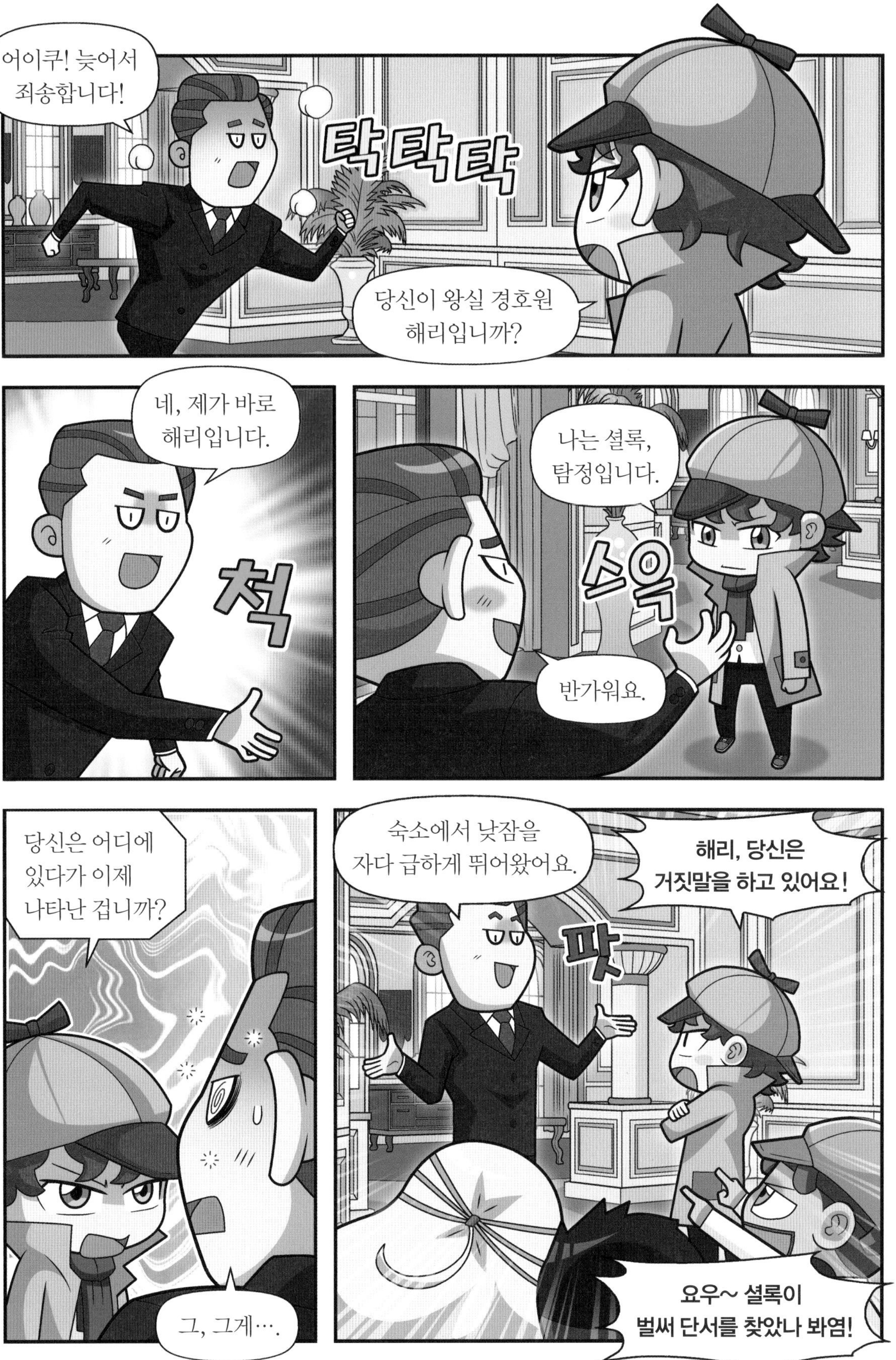
어이쿠! 늦어서 죄송합니다!
탁탁탁
당신이 왕실 경호원 해리입니까?
네, 제가 바로 해리입니다.
척
나는 셜록, 탐정입니다.
스윽
반가워요.
당신은 어디에 있다가 이제 나타난 겁니까?
그, 그게….
숙소에서 낮잠을 자다 급하게 뛰어왔어요.
팍
해리, 당신은 거짓말을 하고 있어요!
요우~ 셜록이 벌써 단서를 찾았나 봐염!

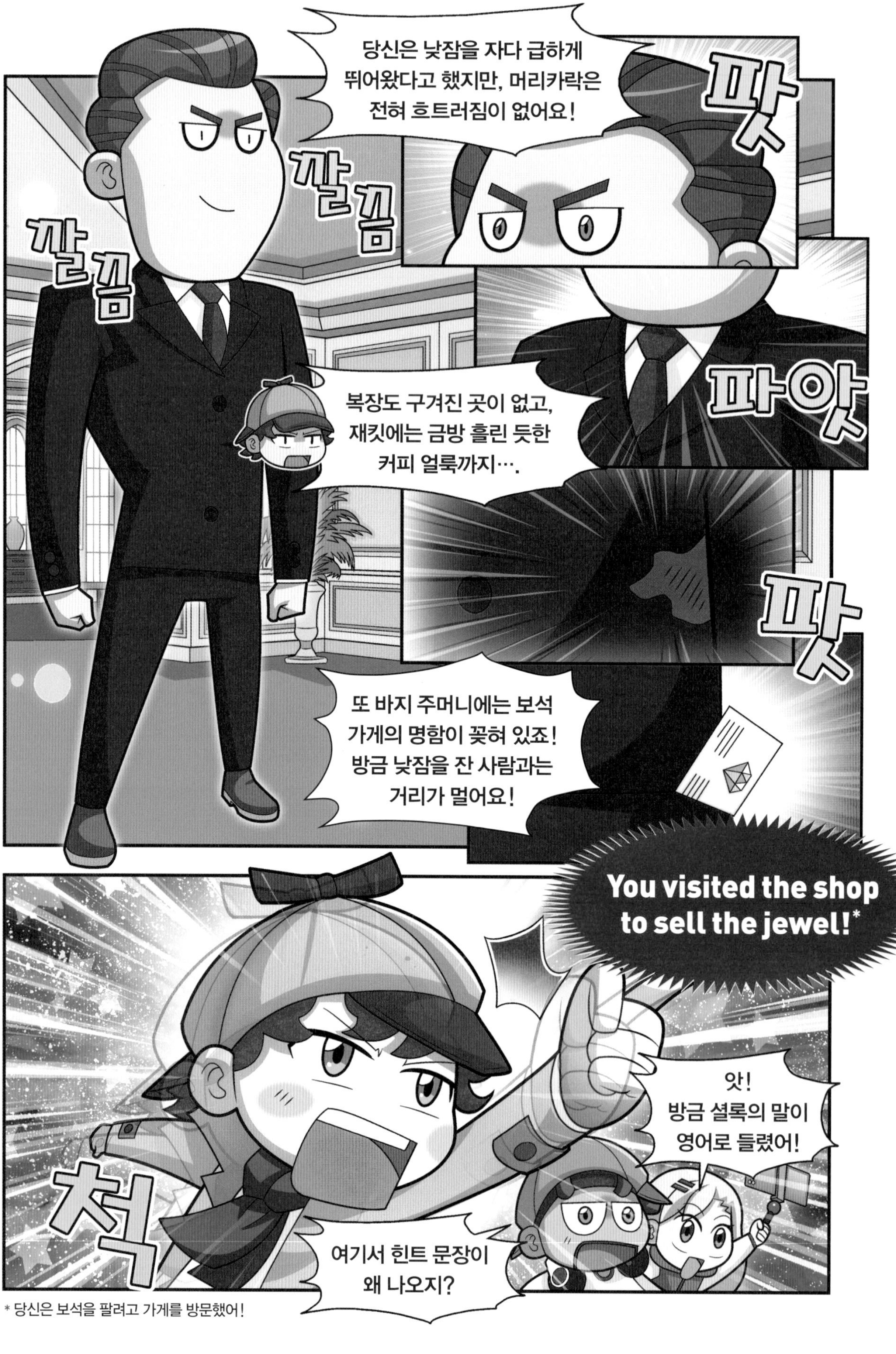
당신은 낮잠을 자다 급하게 뛰어왔다고 했지만, 머리카락은 전혀 흐트러짐이 없어요!
팟
깔끔
깔끔
복장도 구겨진 곳이 없고, 재킷에는 금방 흘린 듯한 커피 얼룩까지….
파앗
팟
또 바지 주머니에는 보석 가게의 명함이 꽂혀 있죠! 방금 낮잠을 잔 사람과는 거리가 멀어요!
You visited the shop to sell the jewel!*
척
앗! 방금 셜록의 말이 영어로 들렸어!
여기서 힌트 문장이 왜 나오지?

* 당신은 보석을 팔려고 가게를 방문했어!

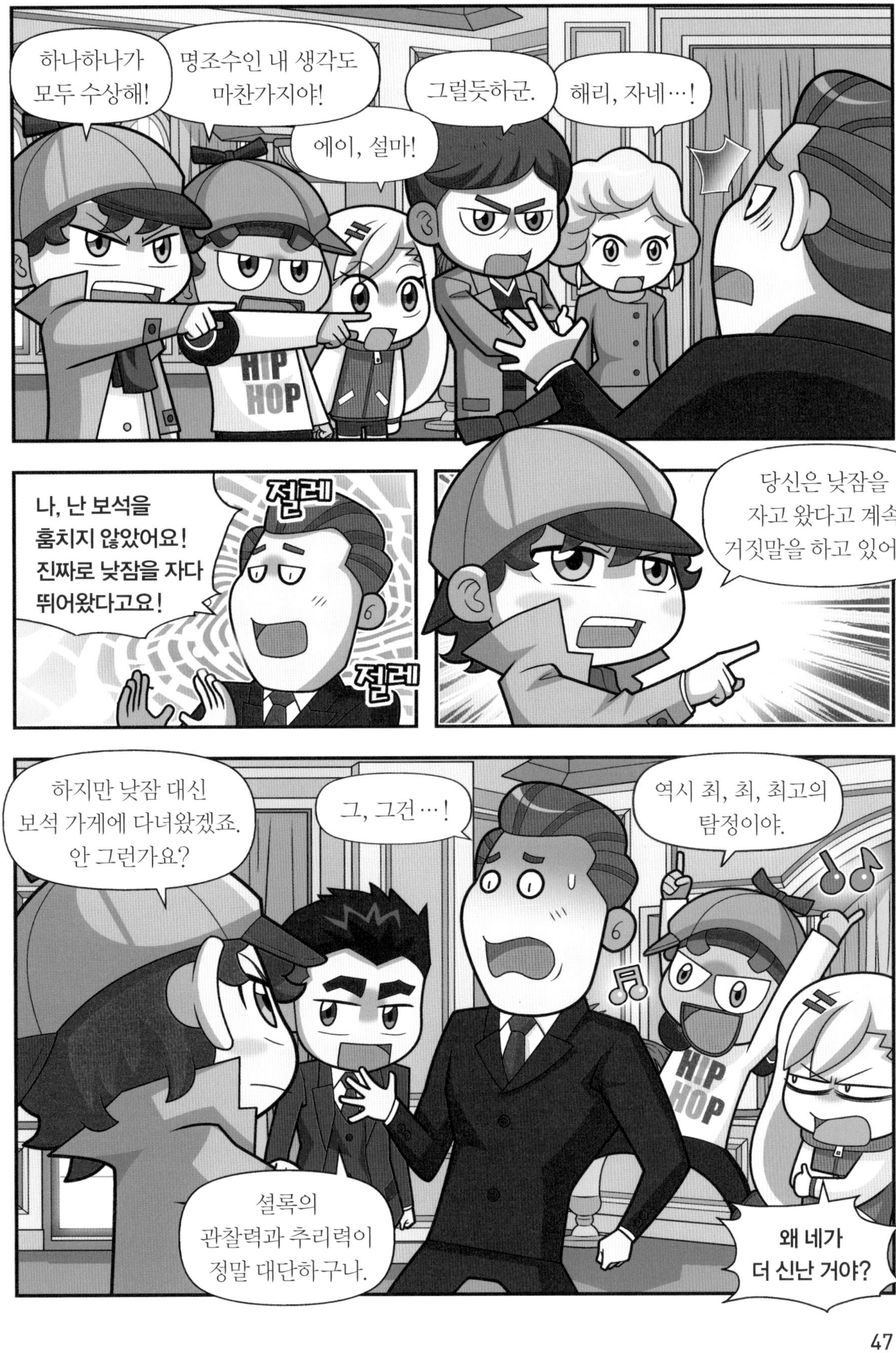

하나하나가 모두 수상해!
명조수인 내 생각도 마찬가지야!
에이, 설마!
그럴듯하군.
해리, 자네…!
HIP HOP
나, 난 보석을 훔치지 않았어요! 진짜로 낮잠을 자다 뛰어왔다고요!
절레
절레
당신은 낮잠을 자고 왔다고 계속 거짓말을 하고 있어요!
하지만 낮잠 대신 보석 가게에 다녀왔겠죠. 안 그런가요?
그, 그건…!
역시 최, 최, 최고의 탐정이야.
HIP HOP
셜록의 관찰력과 추리력이 정말 대단하구나.
왜 네가 더 신난 거야?

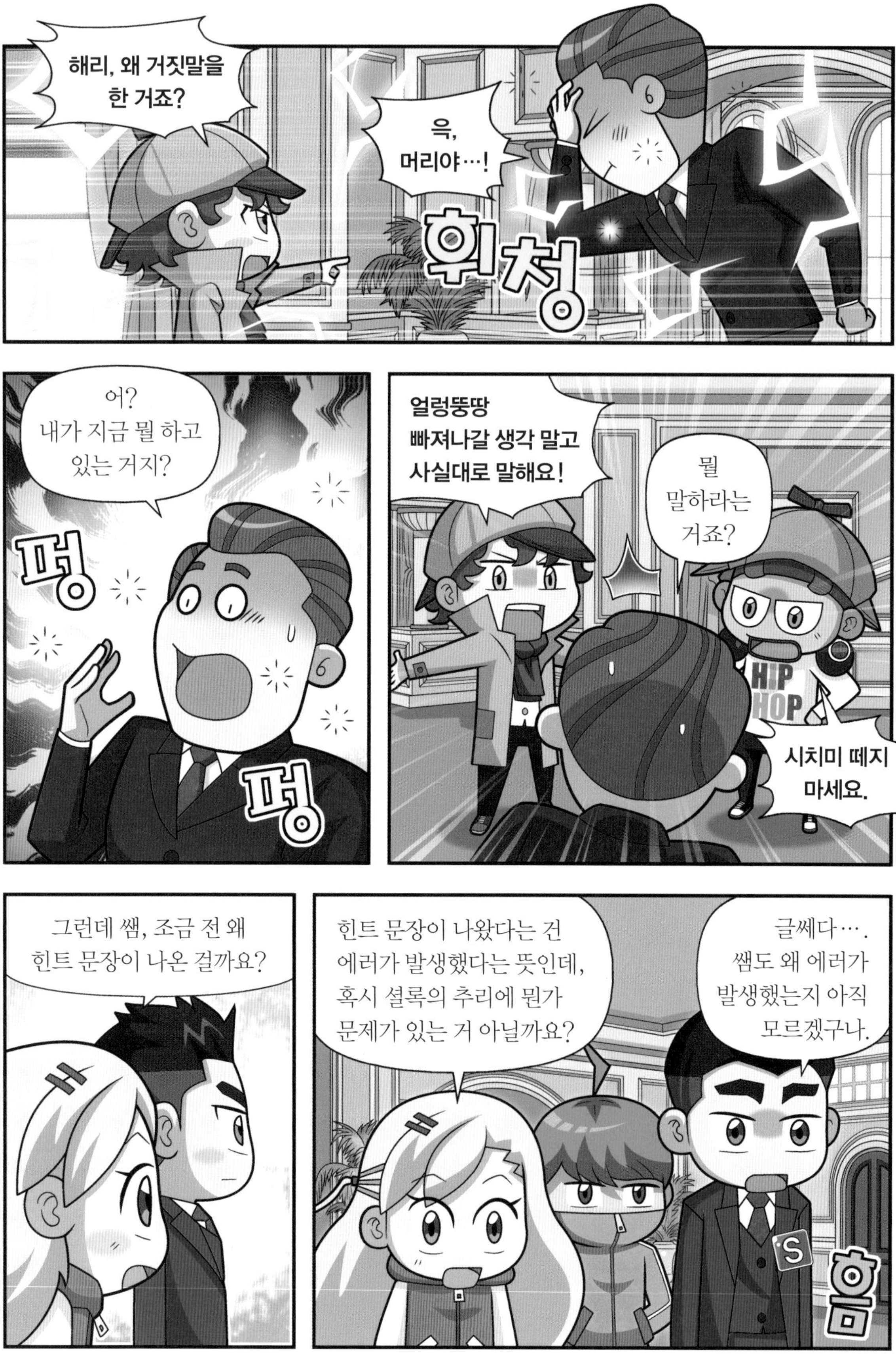
해리, 왜 거짓말을 한 거죠?
윽, 머리야…!
휘청
어? 내가 지금 뭘 하고 있는 거지?
펑
펑
얼렁뚱땅 빠져나갈 생각 말고 사실대로 말해요!
뭘 말하라는 거죠?
HIP HOP
시치미 떼지 마세요.
그런데 쌤, 조금 전 왜 힌트 문장이 나온 걸까요?
힌트 문장이 나왔다는 건 에러가 발생했다는 뜻인데, 혹시 셜록의 추리에 뭔가 문제가 있는 거 아닐까요?
글쎄다…. 쌤도 왜 에러가 발생했는지 아직 모르겠구나.
S
흠

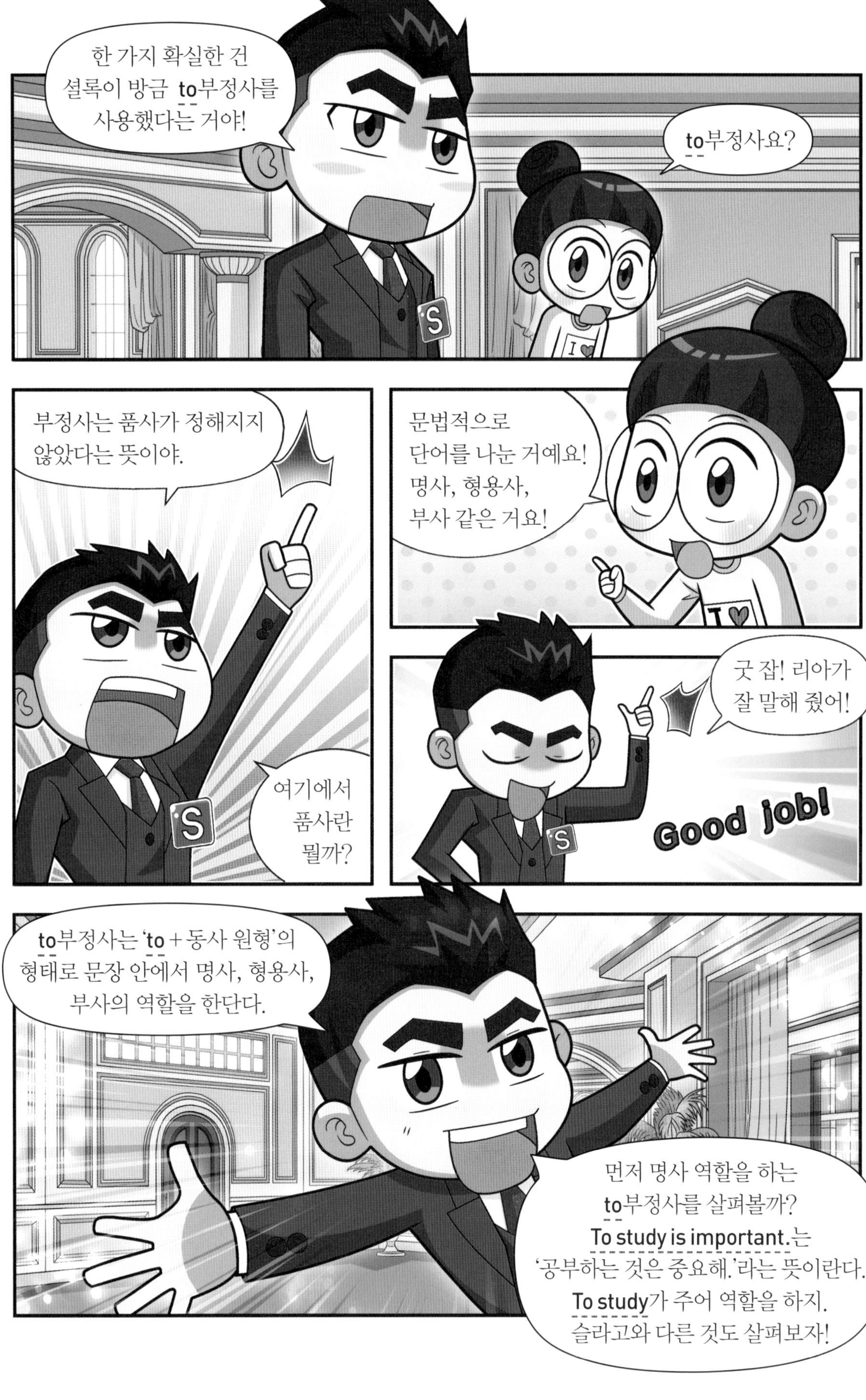
한 가지 확실한 건 셜록이 방금 to부정사를 사용했다는 거야!
to부정사요?
부정사는 품사가 정해지지 않았다는 뜻이야.
여기에서 품사란 뭘까?
문법적으로 단어를 나눈 거예요! 명사, 형용사, 부사 같은 거요!
굿 잡! 리아가 잘 말해 줬어!
Good job!
to부정사는 'to + 동사 원형'의 형태로 문장 안에서 명사, 형용사, 부사의 역할을 한단다.
먼저 명사 역할을 하는 to부정사를 살펴볼까?
To study is important.는 '공부하는 것은 중요해.'라는 뜻이란다.
To study가 주어 역할을 하지.
슬라고와 다른 것도 살펴보자!

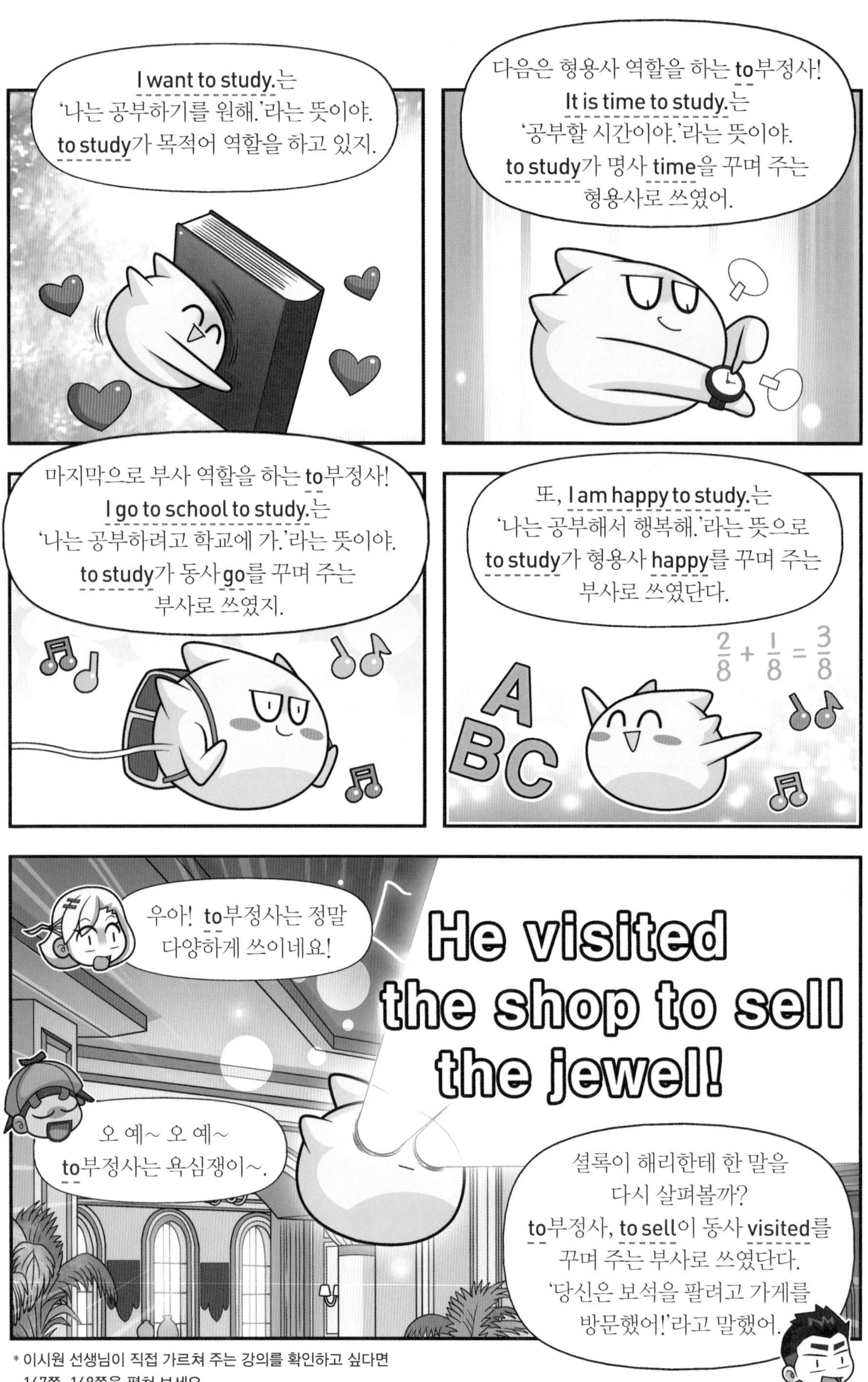
I want to study.는 '나는 공부하기를 원해.'라는 뜻이야. to study가 목적어 역할을 하고 있지.
다음은 형용사 역할을 하는 to부정사! It is time to study.는 '공부할 시간이야.'라는 뜻이야. to study가 명사 time을 꾸며 주는 형용사로 쓰였어.
마지막으로 부사 역할을 하는 to부정사! I go to school to study.는 '나는 공부하려고 학교에 가.'라는 뜻이야. to study가 동사 go를 꾸며 주는 부사로 쓰였지.
또, I am happy to study.는 '나는 공부해서 행복해.'라는 뜻으로 to study가 형용사 happy를 꾸며 주는 부사로 쓰였단다.
ABC
2/8 + 1/8 = 3/8
우아! to부정사는 정말 다양하게 쓰이네요!
He visited the shop to sell the jewel!
오 예~ 오 예~ to부정사는 욕심쟁이~.
셜록이 해리한테 한 말을 다시 살펴볼까? to부정사, to sell이 동사 visited를 꾸며 주는 부사로 쓰였단다. '당신은 보석을 팔려고 가게를 방문했어!'라고 말했어.

* 이시원 선생님이 직접 가르쳐 주는 강의를 확인하고 싶다면 147쪽, 149쪽을 펼쳐 보세요.

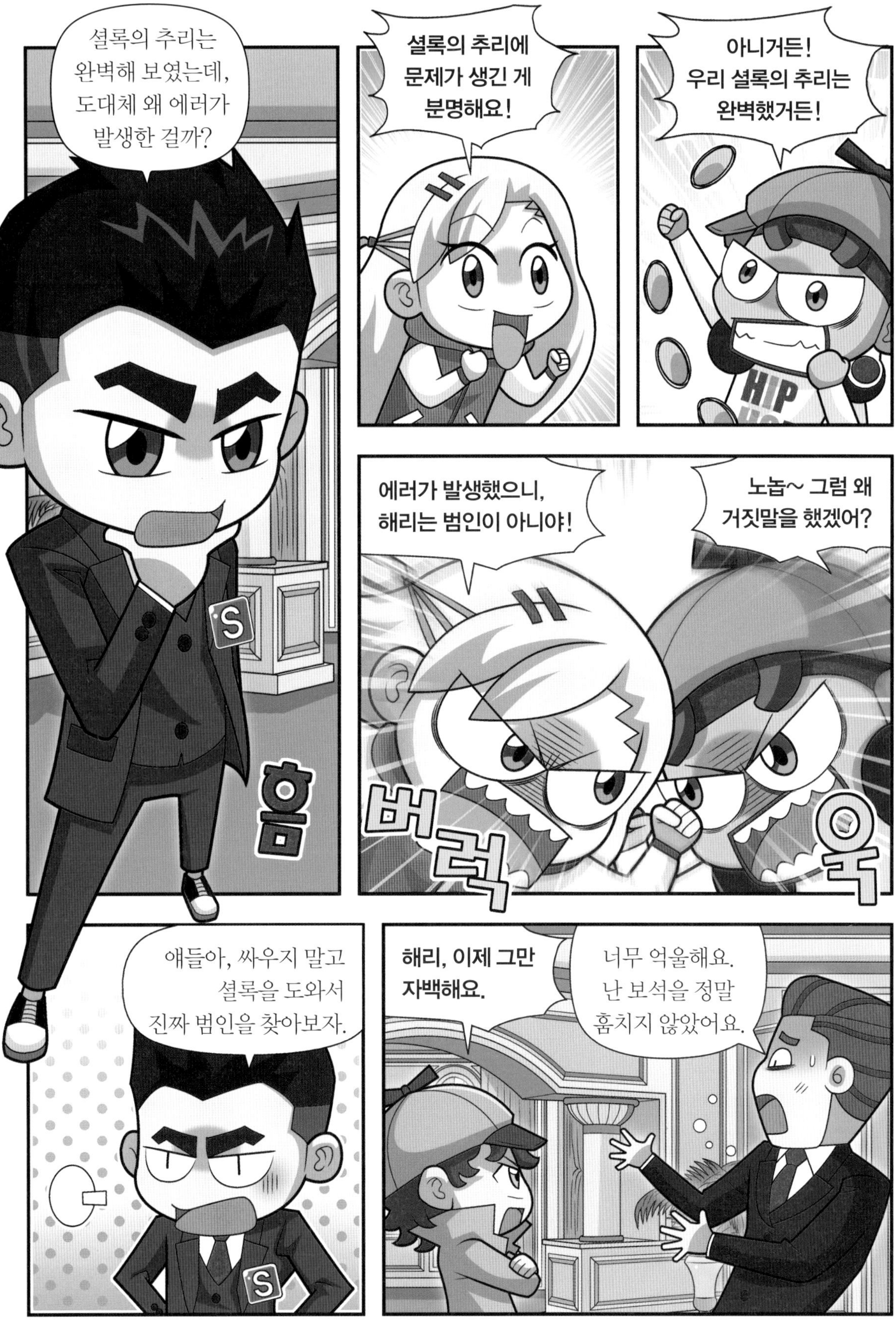
셜록의 추리는 완벽해 보였는데, 도대체 왜 에러가 발생한 걸까?
흠
셜록의 추리에 문제가 생긴 게 분명해요!
아니거든! 우리 셜록의 추리는 완벽했거든!
HIP
에러가 발생했으니, 해리는 범인이 아니야!
노놉~ 그럼 왜 거짓말을 했겠어?
버럭
욱
얘들아, 싸우지 말고 셜록을 도와서 진짜 범인을 찾아보자.
해리, 이제 그만 자백해요.
너무 억울해요. 난 보석을 정말 훔치지 않았어요.

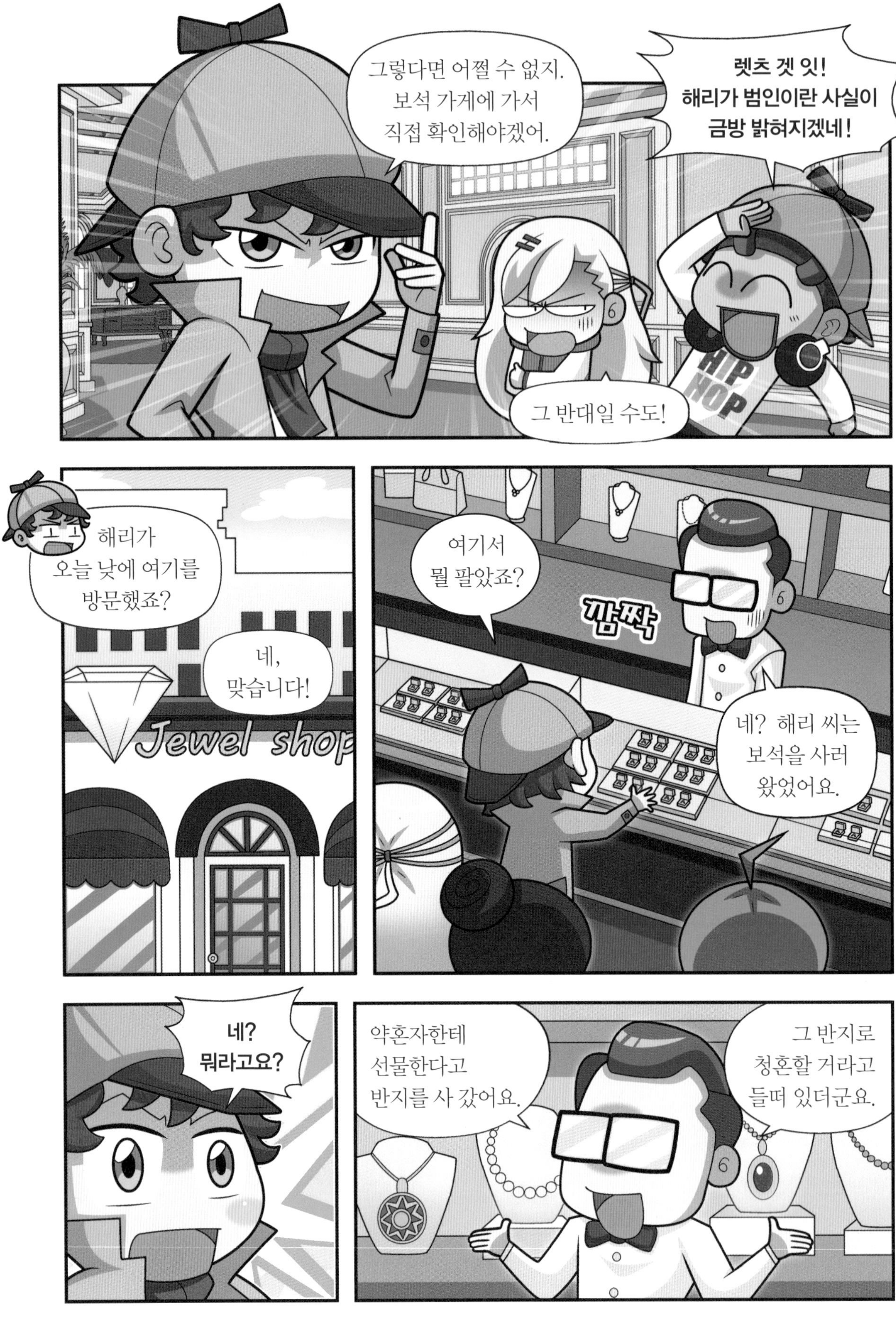
그렇다면 어쩔 수 없지.
보석 가게에 가서
직접 확인해야겠어.
렛츠 겟 잇!
해리가 범인이란 사실이
금방 밝혀지겠네!
그 반대일 수도!
해리가
오늘 낮에 여기를
방문했죠?
네,
맞습니다!
Jewel shop
여기서
뭘 팔았죠?
깜짝
네? 해리 씨는
보석을 사러
왔었어요.
네?
뭐라고요?
약혼자한테
선물한다고
반지를 사 갔어요.
그 반지로
청혼할 거라고
들떠 있더군요.

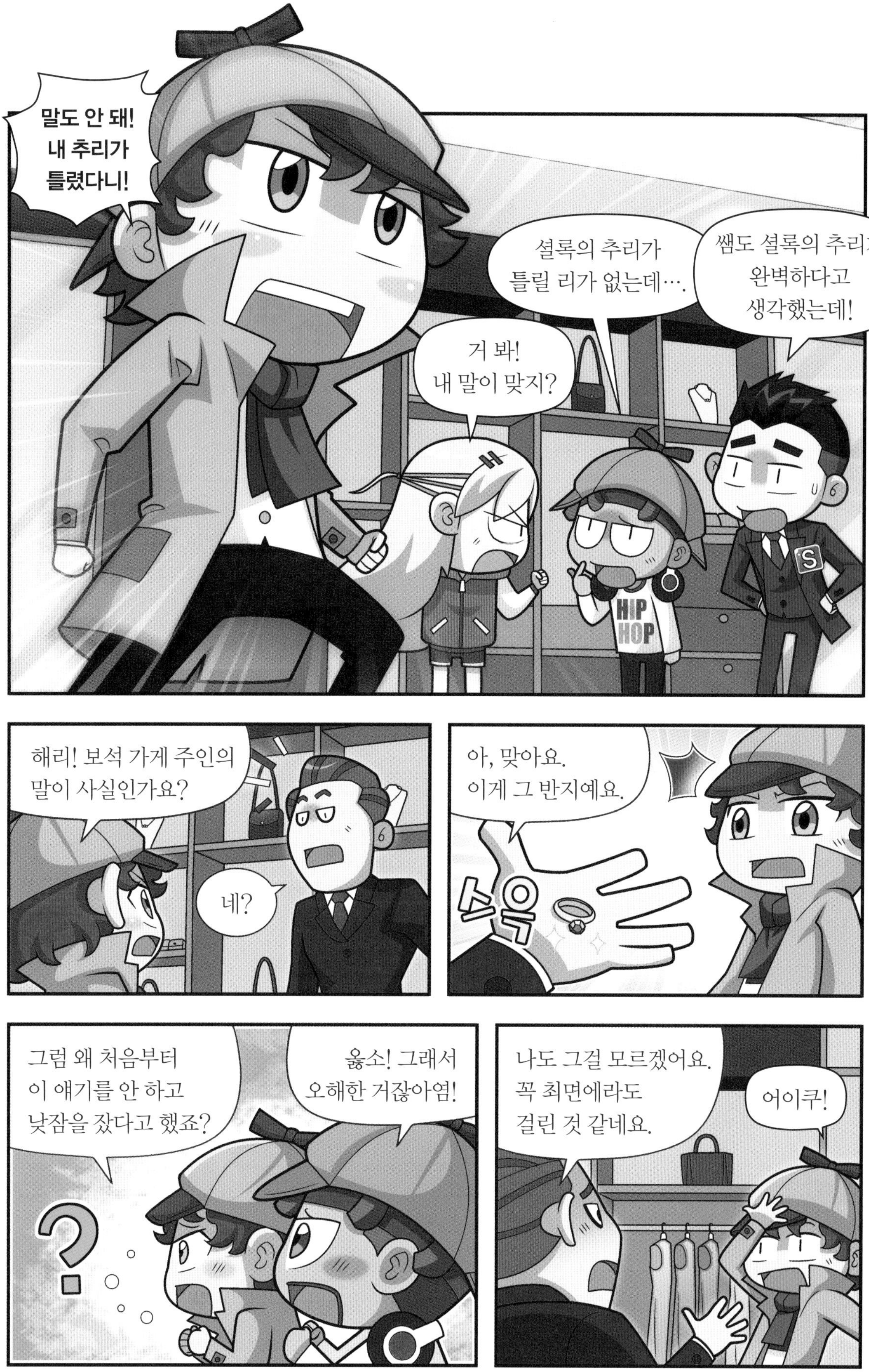
말도 안 돼!
내 추리가
틀렸다니!
거 봐!
내 말이 맞지?
셜록의 추리가
틀릴 리가 없는데….
쌤도 셜록의 추리가
완벽하다고
생각했는데!
해리! 보석 가게 주인의
말이 사실인가요?
네?
아, 맞아요.
이게 그 반지예요.
스윽
그럼 왜 처음부터
이 얘기를 안 하고
낮잠을 잤다고 했죠?
옳소! 그래서
오해한 거잖아염!
나도 그걸 모르겠어요.
꼭 최면에라도
걸린 것 같네요.
어이쿠!

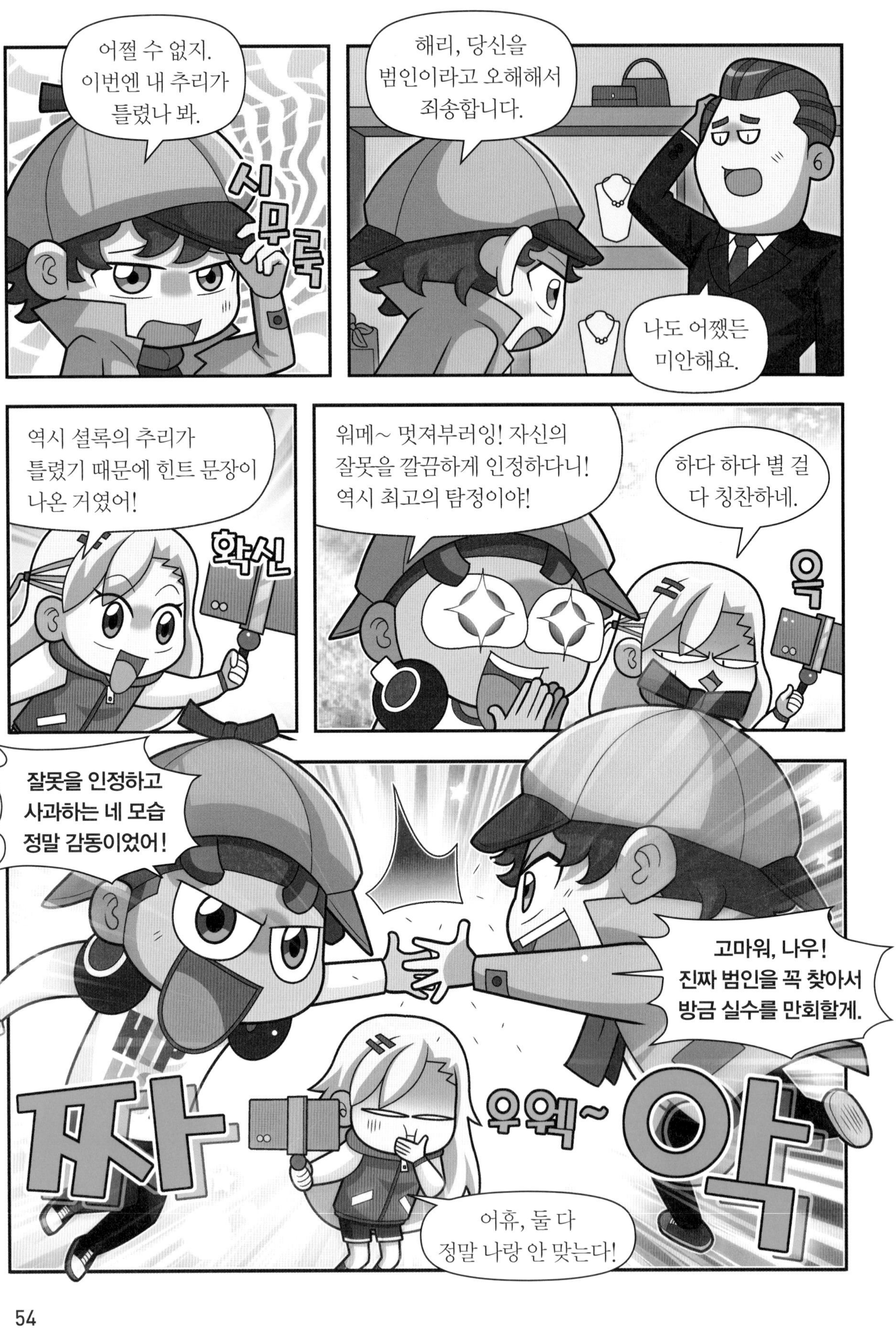

어쩔 수 없지.
이번엔 내 추리가
틀렸나 봐.
시무룩
해리, 당신을
범인이라고 오해해서
죄송합니다.
나도 어쨌든
미안해요.
역시 셜록의 추리가
틀렸기 때문에 힌트 문장이
나온 거였어!
확신
워메~ 멋져부러잉! 자신의
잘못을 깔끔하게 인정하다니!
역시 최고의 탐정이야!
하다 하다 별 걸
다 칭찬하네.
윽
잘못을 인정하고
사과하는 네 모습
정말 감동이었어!
고마워, 나우!
진짜 범인을 꼭 찾아서
방금 실수를 만회할게.
짜~악
우웩~
어휴, 둘 다
정말 나랑 안 맞는다!

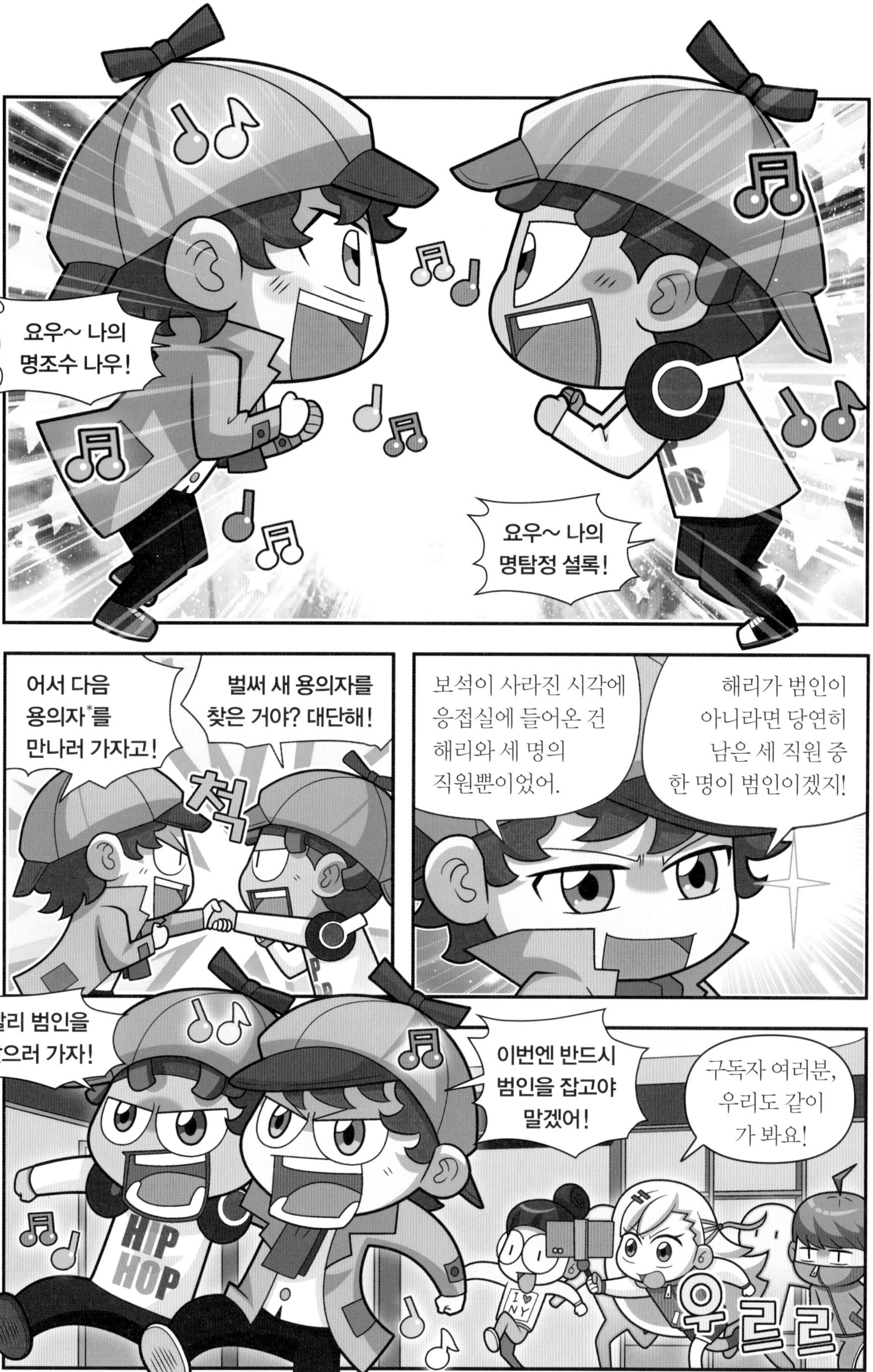
요우~ 나의 명조수 나우!
요우~ 나의 명탐정 셜록!
어서 다음 용의자*를 만나러 가자고!
벌써 새 용의자를 찾은 거야? 대단해!
척
보석이 사라진 시각에 응접실에 들어온 건 해리와 세 명의 직원뿐이었어.
해리가 범인이 아니라면 당연히 남은 세 직원 중 한 명이 범인이겠지!
빨리 범인을 찾으러 가자!
이번엔 반드시 범인을 잡고야 말겠어!
구독자 여러분, 우리도 같이 가 봐요!
HIP HOP
우르르

* 용의자: 범죄의 혐의가 뚜렷하지 않아 정식으로 입건되지는 않았으나, 내부적으로 조사의 대상이 된 사람.

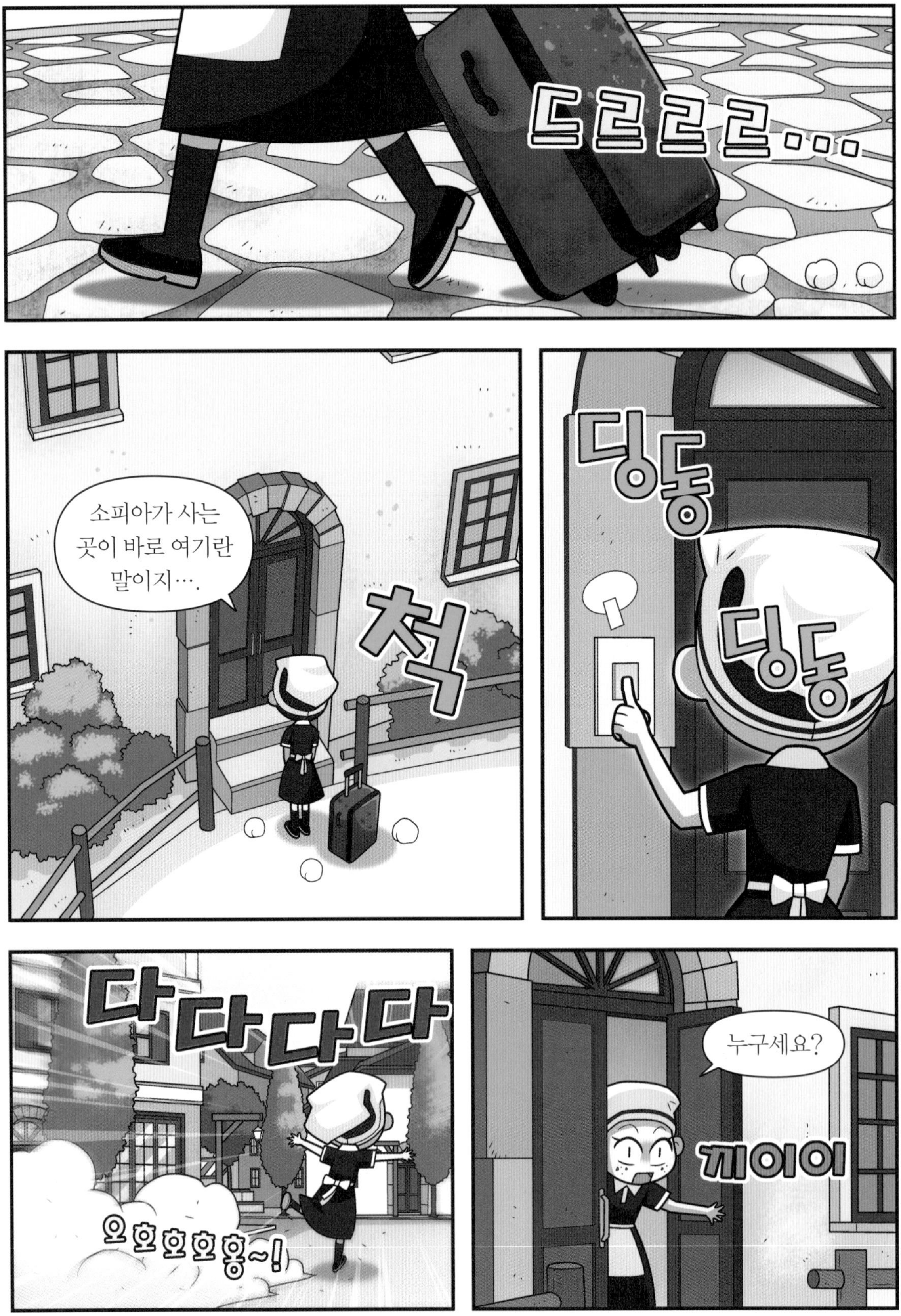

드르르르…
소피아가 사는 곳이 바로 여기란 말이지….
척
딩동
딩동
다다다다다
오호호호홍~!
누구세요?
끼이이

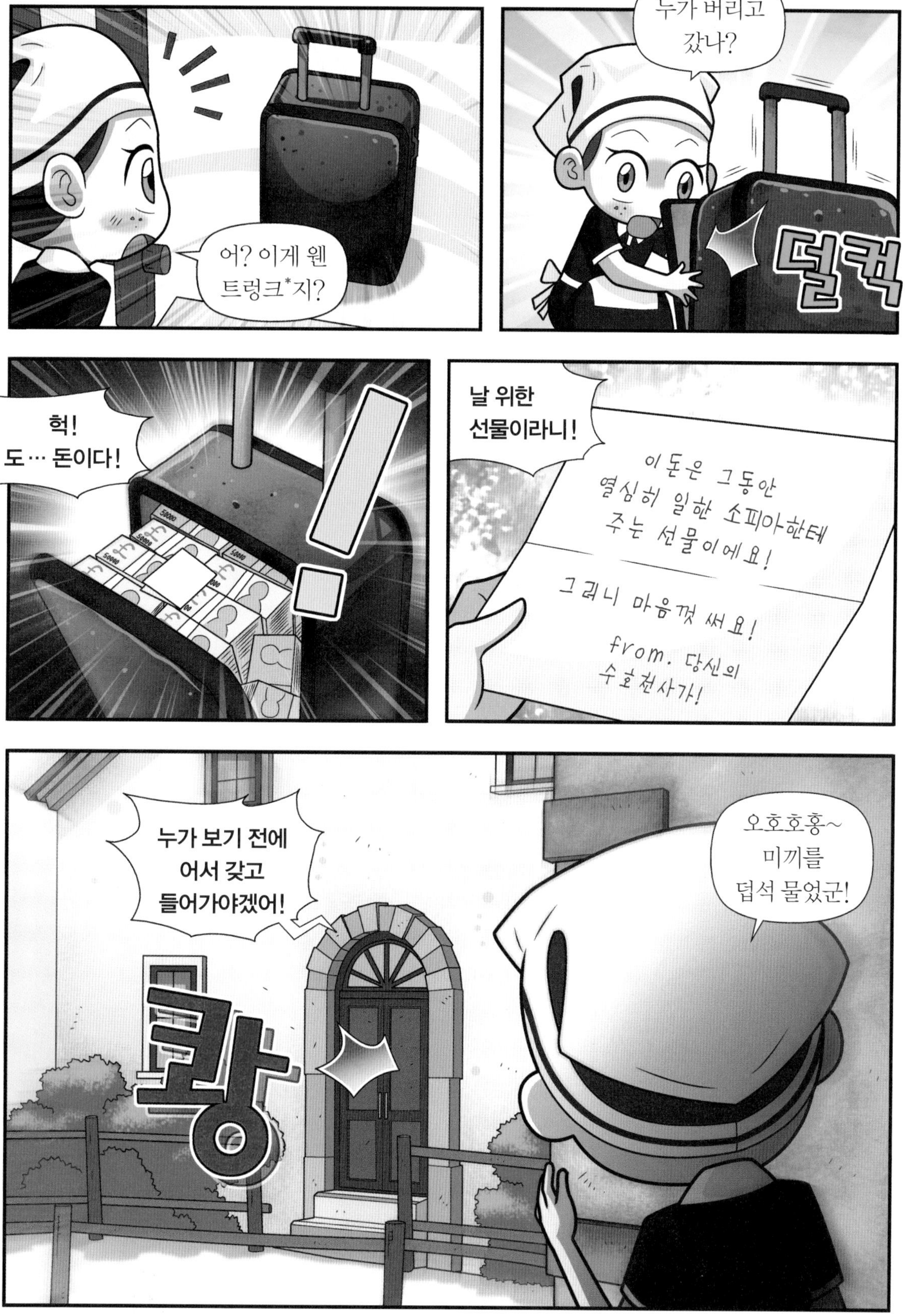
어? 이게 웬
트렁크*지?
누가 버리고
갔나?
덜컥
헉!
도… 돈이다!
!
날 위한
선물이라니!
이 돈은 그동안
열심히 일한 소피아한테
주는 선물이에요!
그러니 마음껏 써요!
from. 당신의
수호천사가!
누가 보기 전에
어서 갖고
들어가야겠어!
쾅
오호호홍~
미끼를
덥석 물었군!

* trunk[trʌŋk]: 여행할 때 쓰는 큰 가방.

Chapter 3

두 번째 용의자

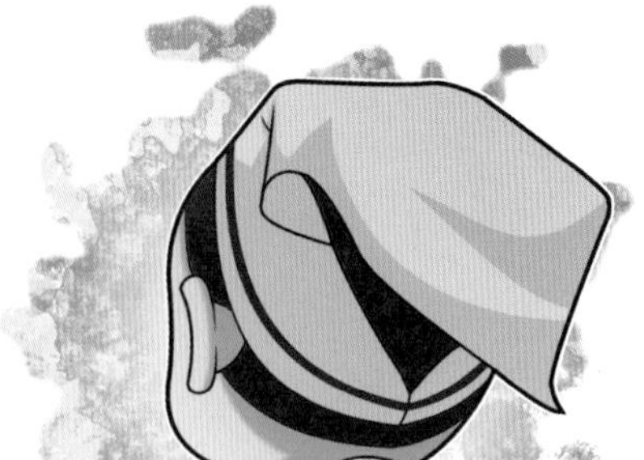

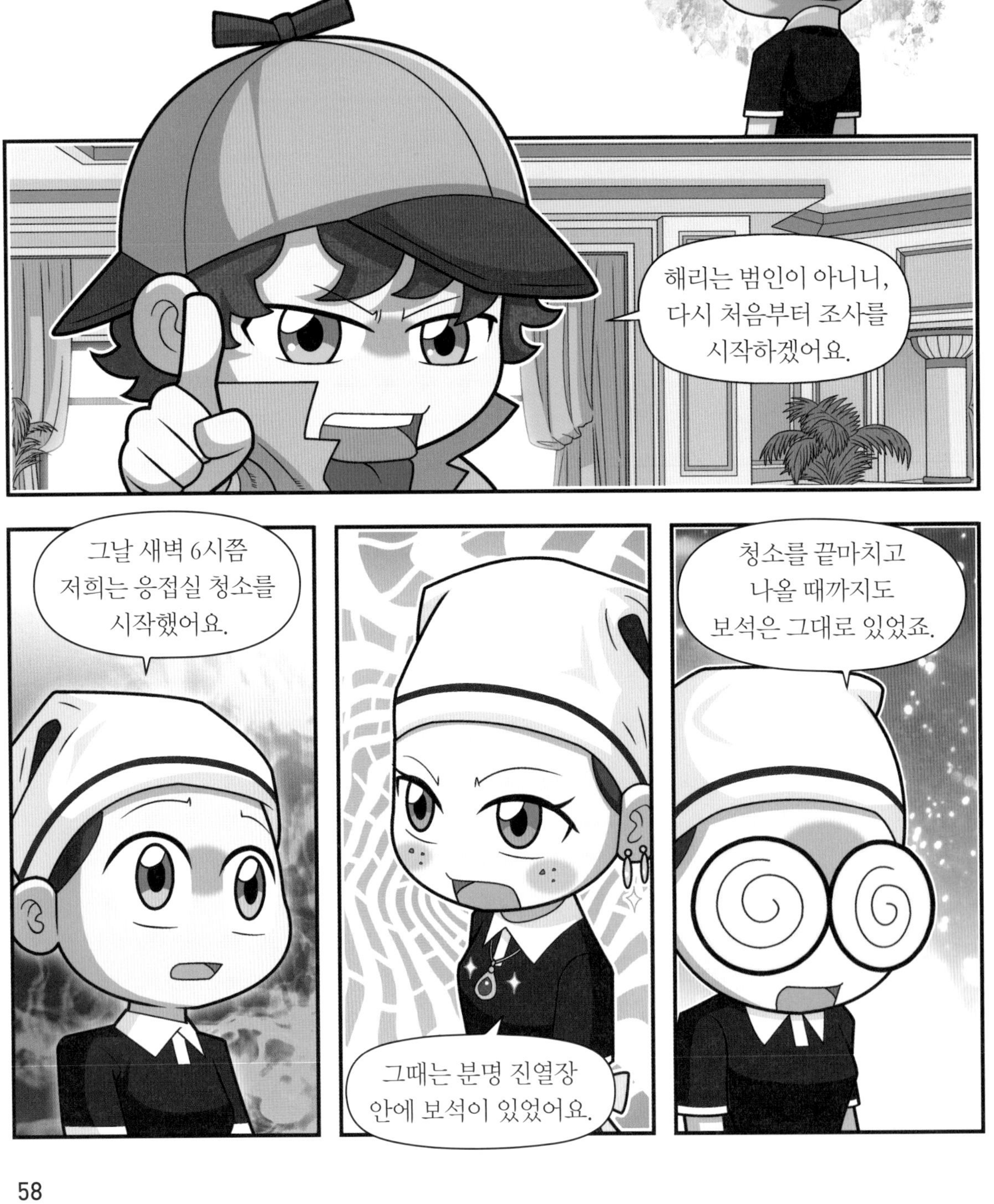

해리는 범인이 아니니, 다시 처음부터 조사를 시작하겠어요.
그날 새벽 6시쯤 저희는 응접실 청소를 시작했어요.
그때는 분명 진열장 안에 보석이 있었어요.
청소를 끝마치고 나올 때까지도 보석은 그대로 있었죠.

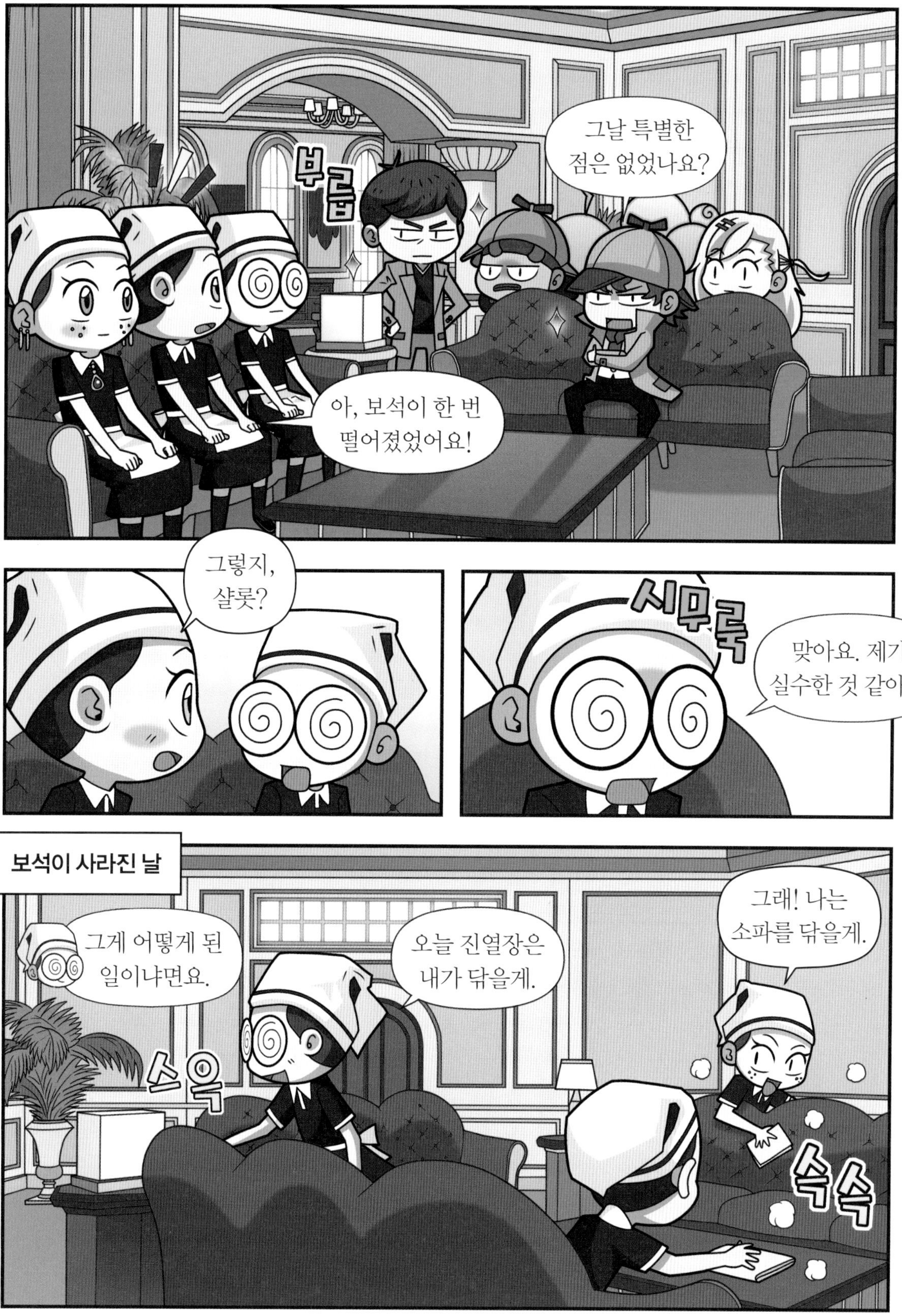
부릅
그날 특별한 점은 없었나요?
아, 보석이 한 번 떨어졌었어요!
그렇지, 샬롯?
시무룩
맞아요. 제가 실수한 것 같아요.
보석이 사라진 날
그게 어떻게 된 일이냐면요.
오늘 진열장은 내가 닦을게.
스윽
그래! 나는 소파를 닦을게.
슥슥

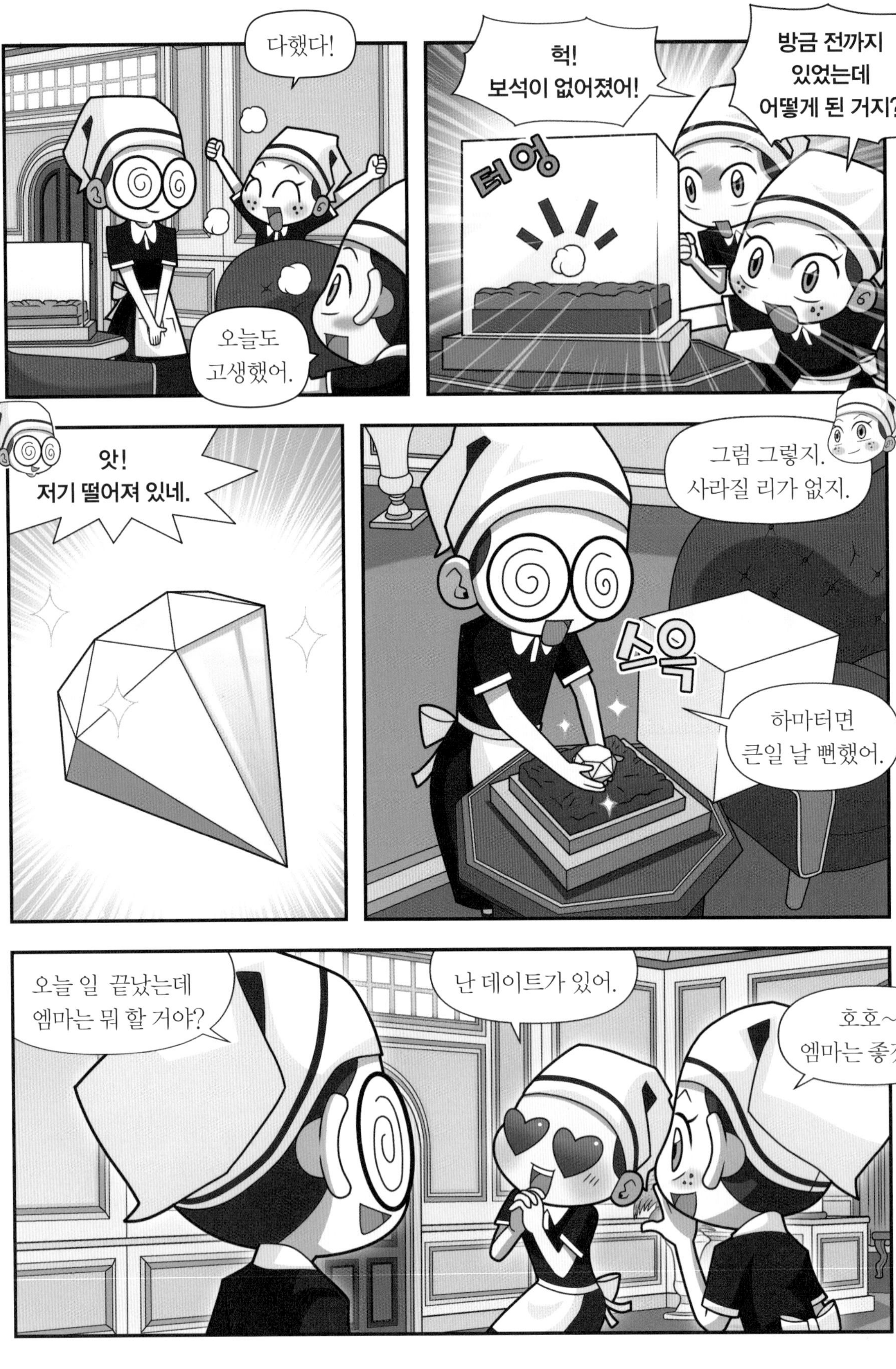

다했다!
오늘도 고생했어.
헉! 보석이 없어졌어!
방금 전까지 있었는데 어떻게 된 거지?
터엉
앗! 저기 떨어져 있네.
그럼 그렇지. 사라질 리가 없지.
스윽
하마터면 큰일 날 뻔했어.
오늘 일 끝났는데 엠마는 뭐 할 거야?
난 데이트가 있어.
호호~ 엠마는 좋겠네!

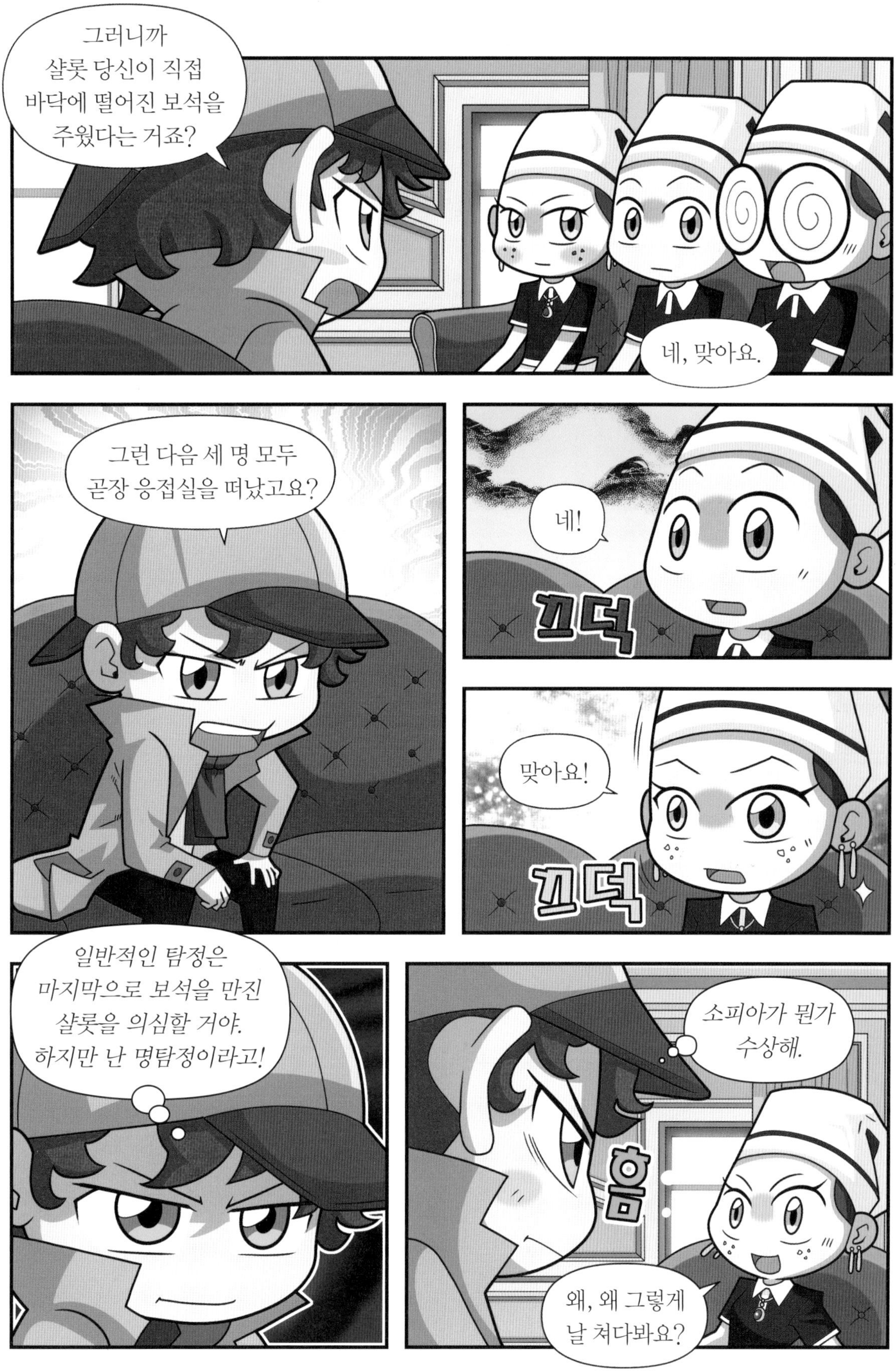
그러니까
샬롯 당신이 직접
바닥에 떨어진 보석을
주웠다는 거죠?
네, 맞아요.
그런 다음 세 명 모두
곧장 응접실을 떠났고요?
네!
끄덕
맞아요!
끄덕
일반적인 탐정은
마지막으로 보석을 만진
샬롯을 의심할 거야.
하지만 난 명탐정이라고!
소피아가 뭔가
수상해.
흠
왜, 왜 그렇게
날 쳐다봐요?

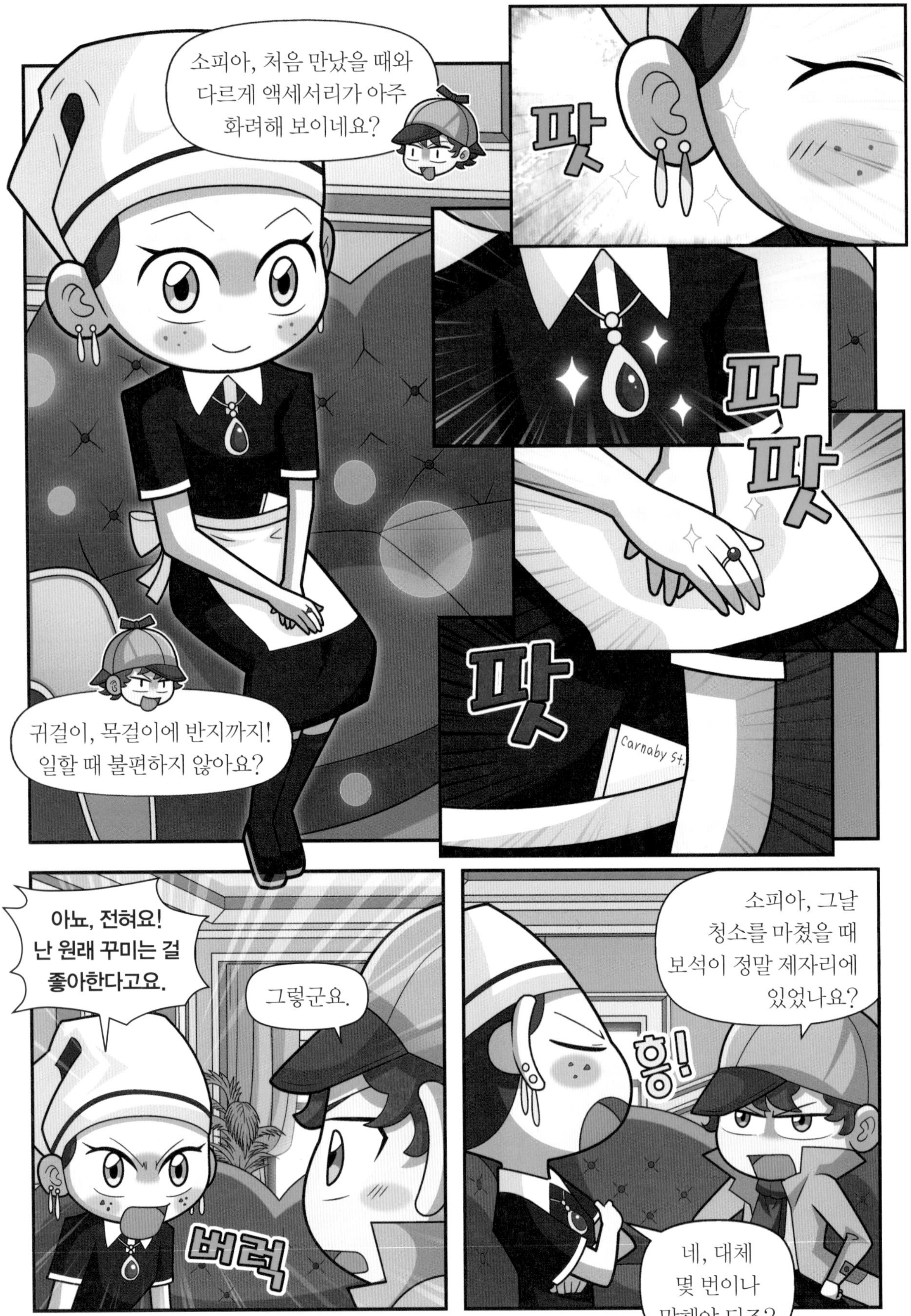
소피아, 처음 만났을 때와 다르게 액세서리가 아주 화려해 보이네요?
팟
파
팟
팟
Carnaby St.
귀걸이, 목걸이에 반지까지! 일할 때 불편하지 않아요?
아뇨, 전혀요! 난 원래 꾸미는 걸 좋아한다고요.
그렇군요.
벌컥
소피아, 그날 청소를 마쳤을 때 보석이 정말 제자리에 있었나요?
흥!
네, 대체 몇 번이나 말해야 되죠?

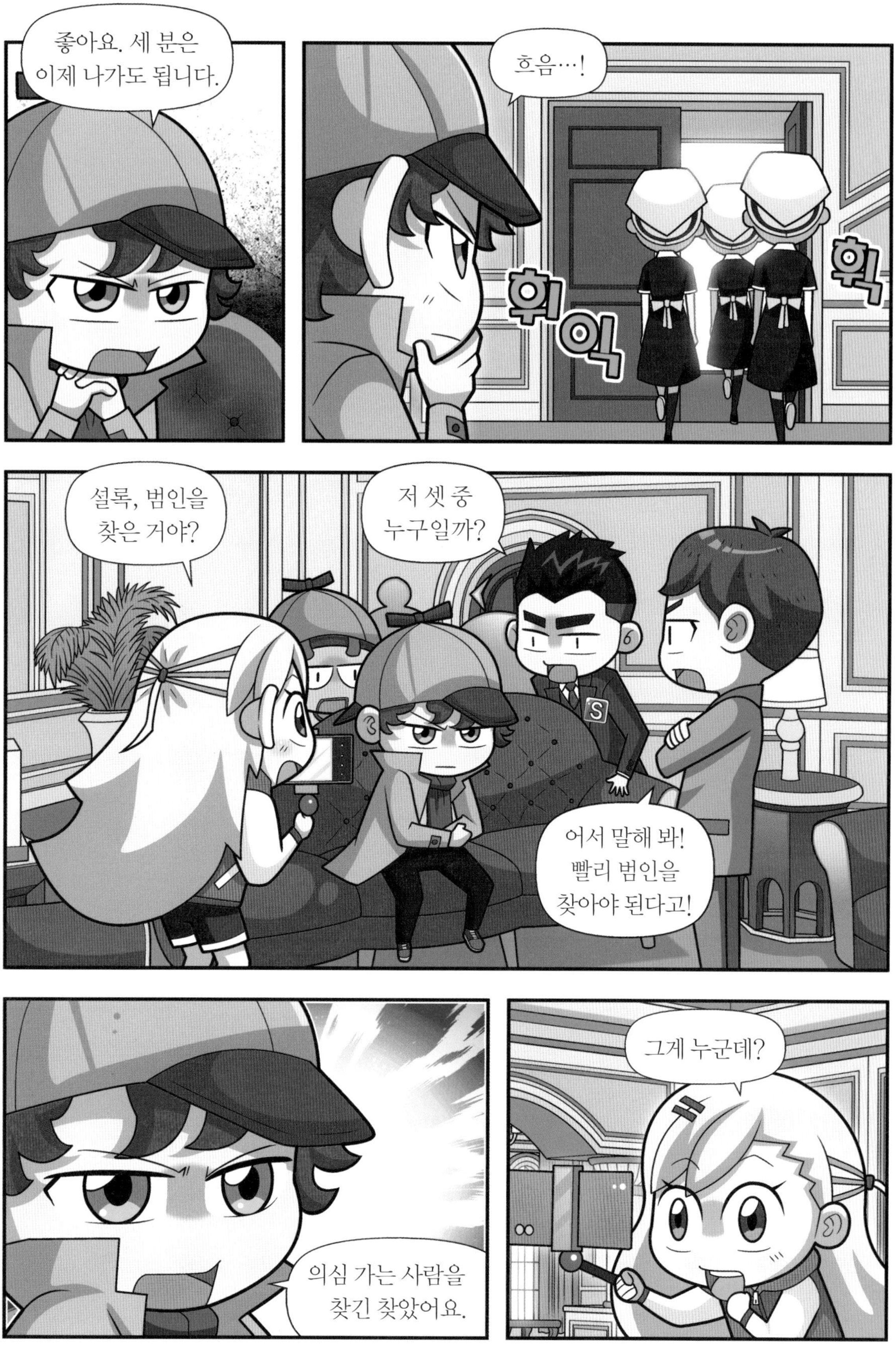
좋아요. 세 분은
이제 나가도 됩니다.
흐음…!
휘익
휙
설록, 범인을
찾은 거야?
저 셋 중
누구일까?
어서 말해 봐!
빨리 범인을
찾아야 된다고!
의심 가는 사람을
찾긴 찾았어요.
그게 누군데?

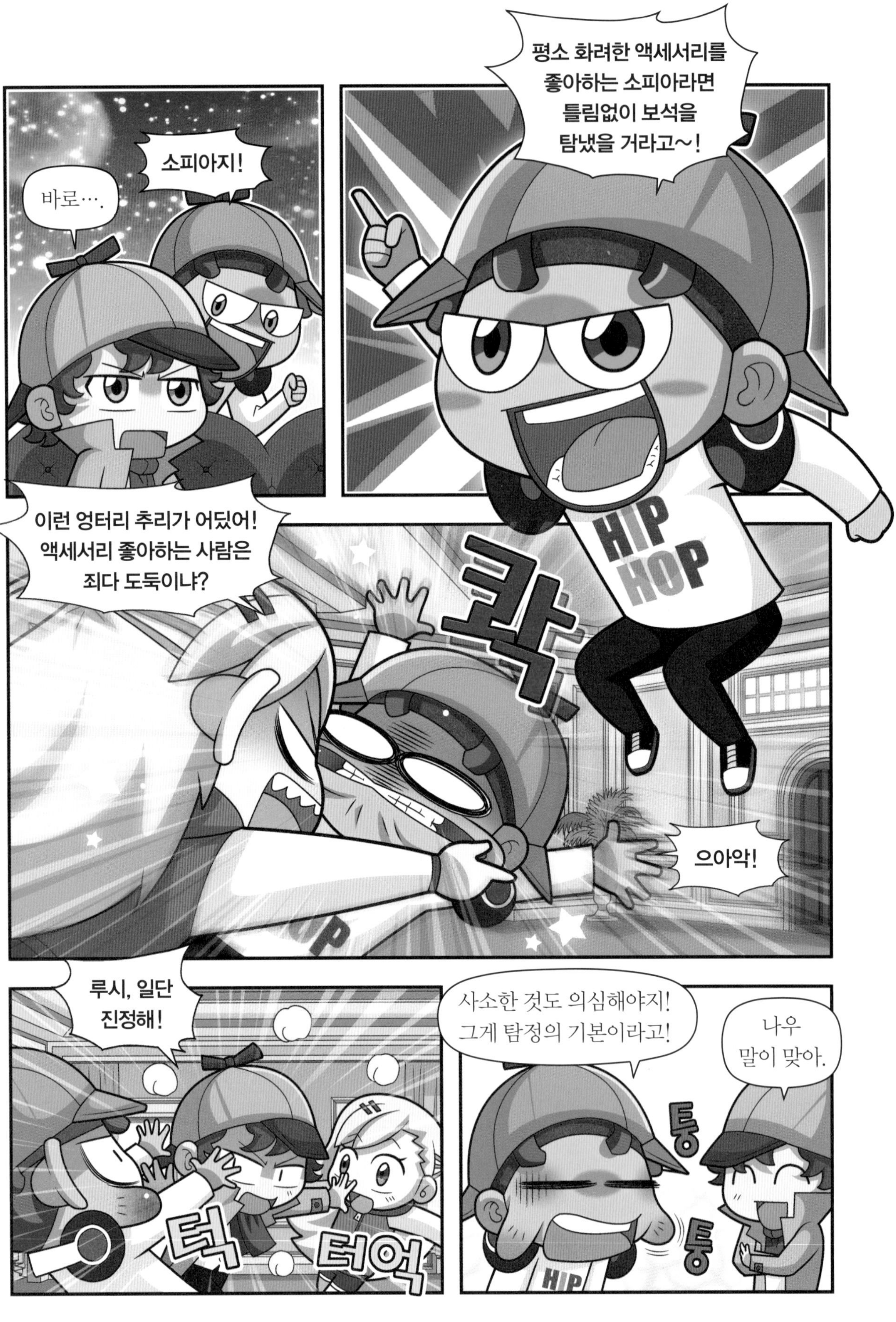

바로….
소피아지!
평소 화려한 액세서리를 좋아하는 소피아라면 틀림없이 보석을 탐냈을 거라고~!
이런 엉터리 추리가 어딨어! 액세서리 좋아하는 사람은 죄다 도둑이냐?
HIP HOP
콱
으아악!
루시, 일단 진정해!
턱
터억
사소한 것도 의심해야지! 그게 탐정의 기본이라고!
나우 말이 맞아.
퉁
퉁
HIP

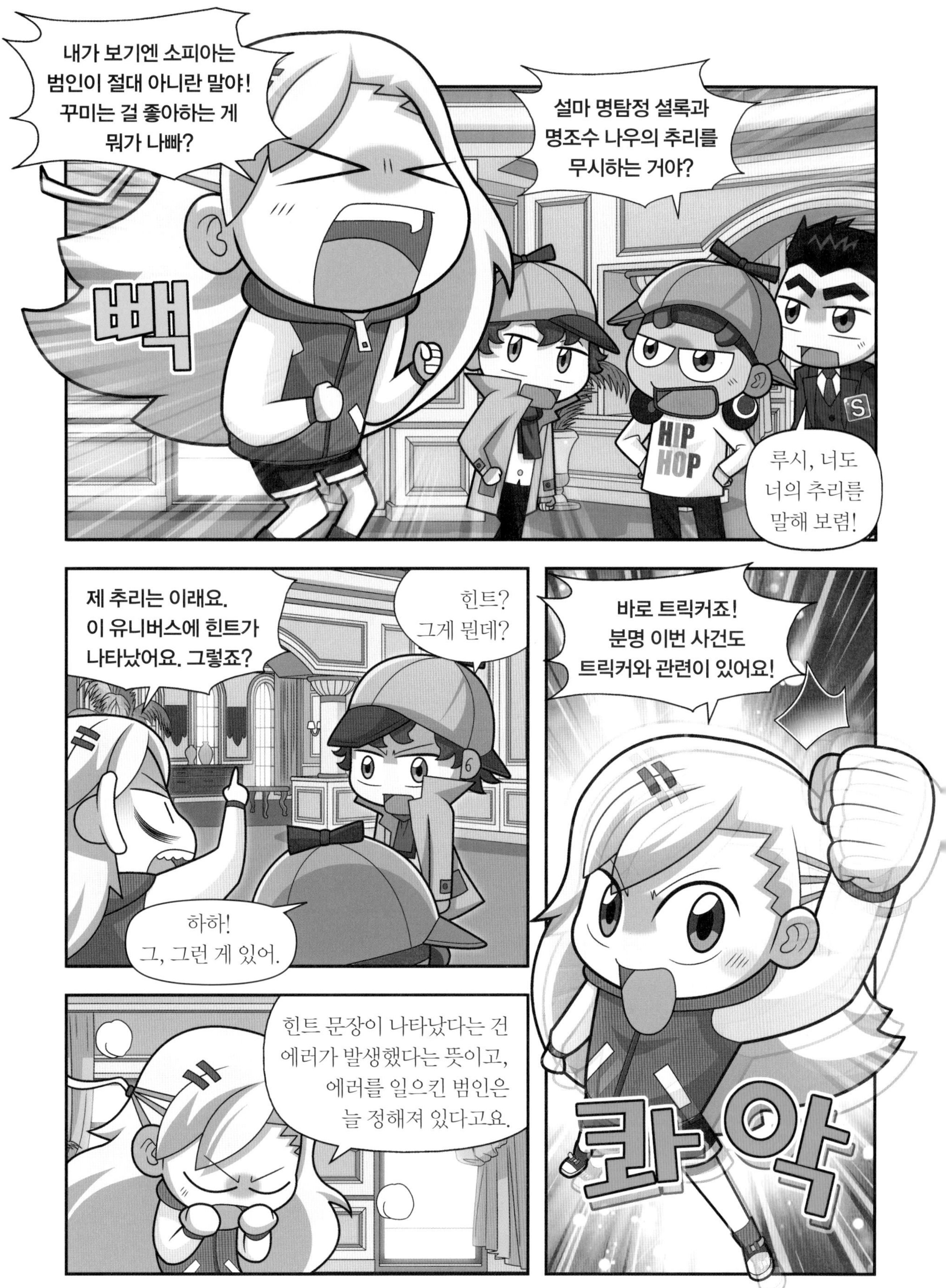

내가 보기엔 소피아는 범인이 절대 아니란 말야! 꾸미는 걸 좋아하는 게 뭐가 나빠?
설마 명탐정 셜록과 명조수 나우의 추리를 무시하는 거야?
빽
HIP HOP
루시, 너도 너의 추리를 말해 보렴!
제 추리는 이래요. 이 유니버스에 힌트가 나타났어요. 그렇죠?
힌트? 그게 뭔데?
하하! 그, 그런 게 있어.
바로 트릭커죠! 분명 이번 사건도 트릭커와 관련이 있어요!
힌트 문장이 나타났다는 건 에러가 발생했다는 뜻이고, 에러를 일으킨 범인은 늘 정해져 있다고요.
콰악

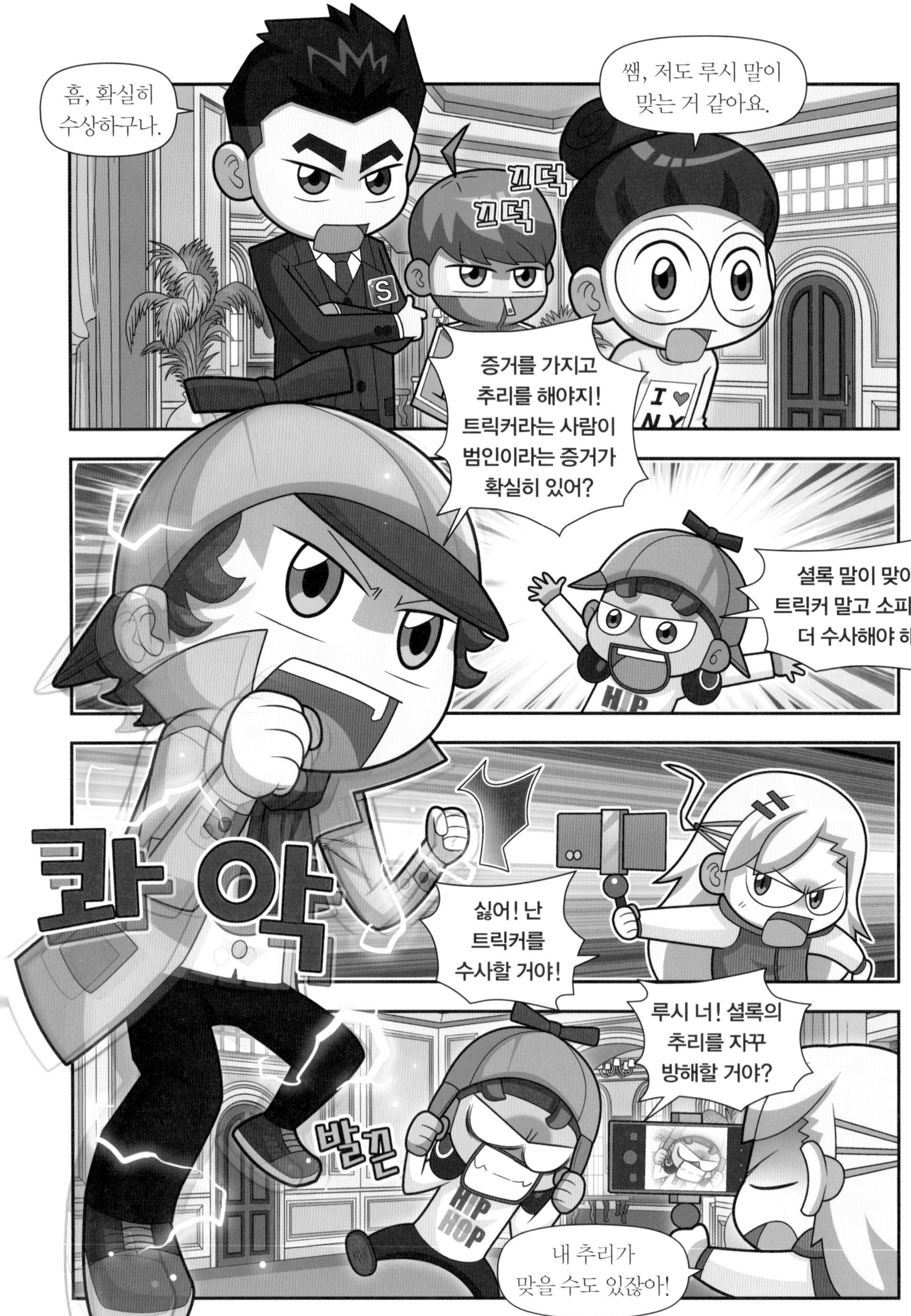
흠, 확실히 수상하구나.
쌤, 저도 루시 말이 맞는 거 같아요.
끄덕 끄덕
증거를 가지고 추리를 해야지! 트릭커라는 사람이 범인이라는 증거가 확실히 있어?
셜록 말이 맞아! 트릭커 말고 소피아를 더 수사해야 해!
콰 악
싫어! 난 트릭커를 수사할 거야!
루시 너! 셜록의 추리를 자꾸 방해할 거야?
발끈
내 추리가 맞을 수도 있잖아!

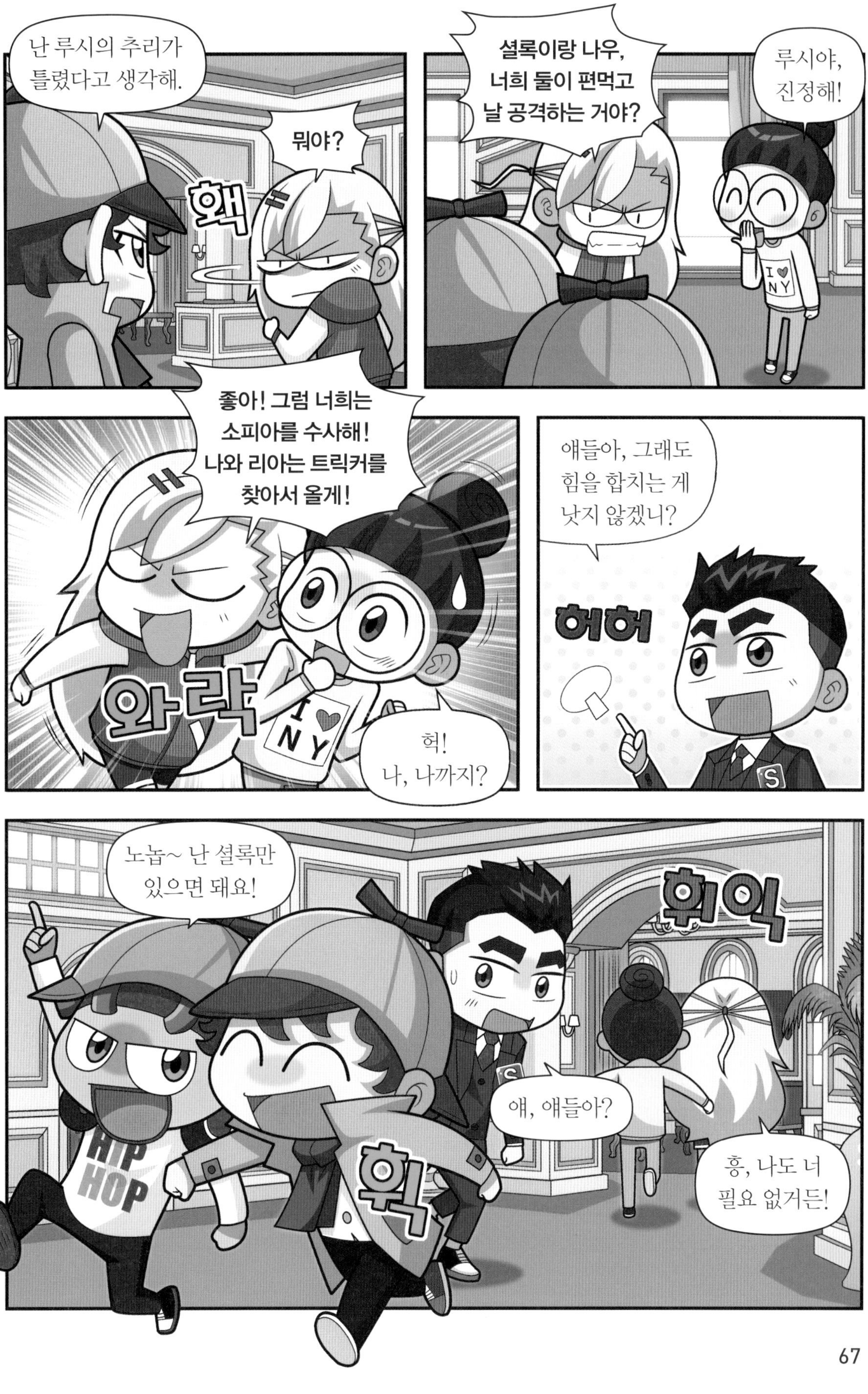
난 루시의 추리가 틀렸다고 생각해.
뭐야?
홱
셜록이랑 나우, 너희 둘이 편먹고 날 공격하는 거야?
루시야, 진정해!
좋아! 그럼 너희는 소피아를 수사해! 나와 리아는 트릭커를 찾아서 올게!
와락
헉! 나, 나까지?
애들아, 그래도 힘을 합치는 게 낫지 않겠니?
허허
노놉~ 난 셜록만 있으면 돼요!
휘익
애, 애들아?
홱
흥, 나도 너 필요 없거든!

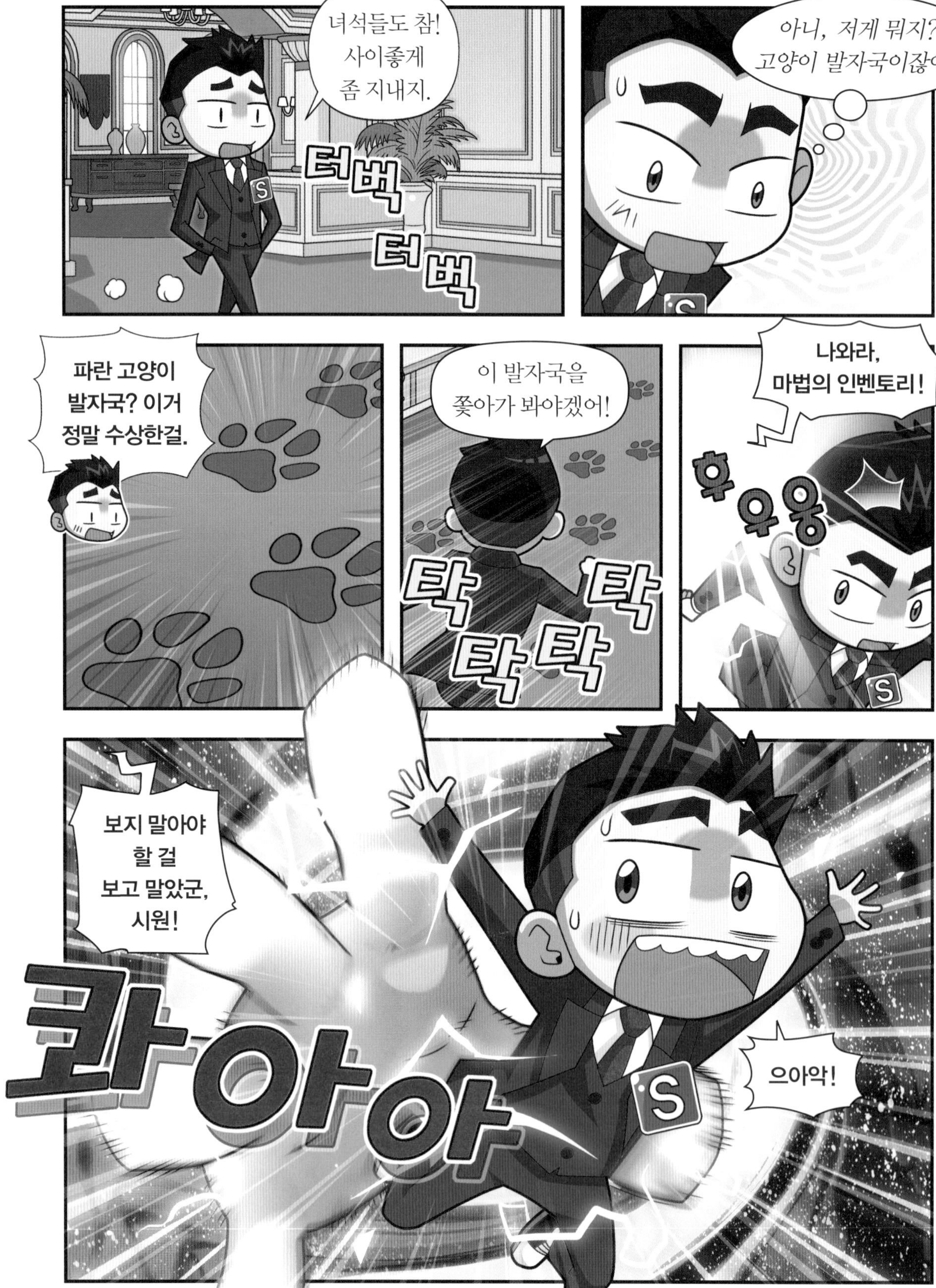
녀석들도 참! 사이좋게 좀 지내지.
터벅 터벅
아니, 저게 뭐지? 고양이 발자국이잖아?
파란 고양이 발자국? 이거 정말 수상한걸.
이 발자국을 쫓아가 봐야겠어!
탁 탁 탁 탁
나와라, 마법의 인벤토리!
후우웅
보지 말아야 할 걸 보고 말았군, 시원!
콰아아
으아악!

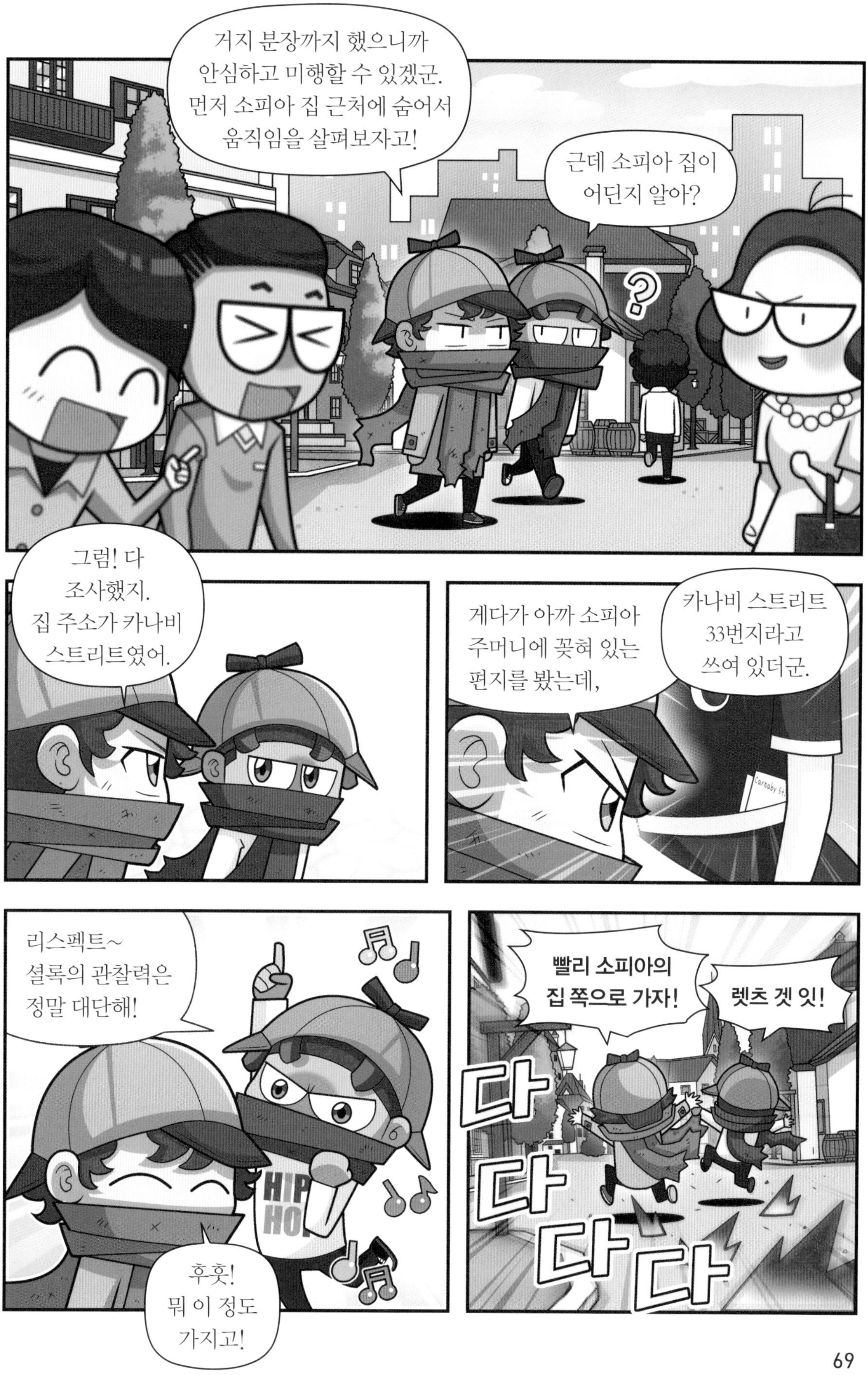

거지 분장까지 했으니까 안심하고 미행할 수 있겠군. 먼저 소피아 집 근처에 숨어서 움직임을 살펴보자고!
근데 소피아 집이 어딘지 알아?
그럼! 다 조사했지. 집 주소가 카나비 스트리트였어.
게다가 아까 소피아 주머니에 꽂혀 있는 편지를 봤는데,
카나비 스트리트 33번지라고 쓰여 있더군.
Carnaby St
리스펙트~ 셜록의 관찰력은 정말 대단해!
후훗! 뭐 이 정도 가지고!
HIP HOP
빨리 소피아의 집 쪽으로 가자!
렛츠 겟 잇!
다다다다

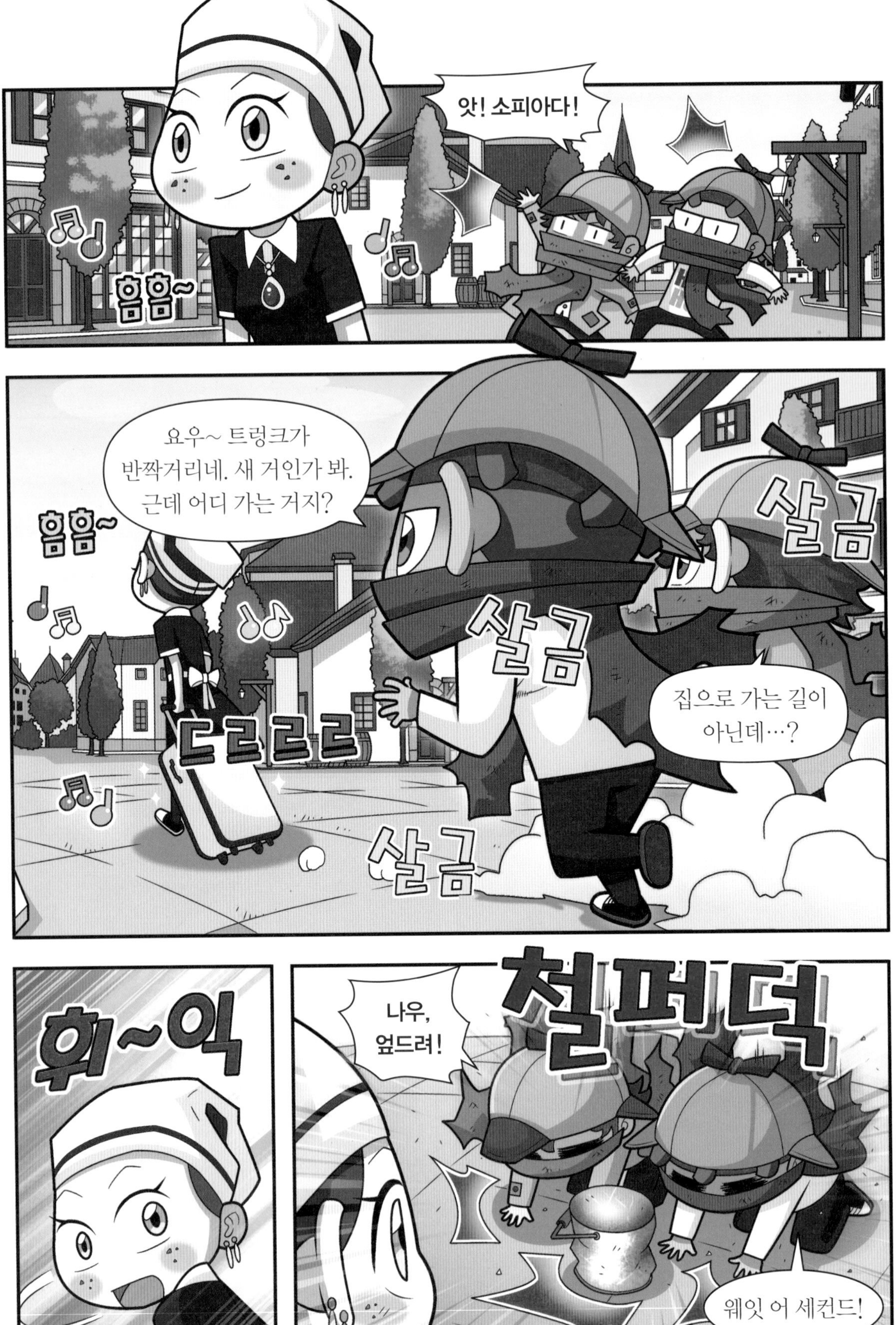
앗! 소피아다!
흠흠~
요우~ 트렁크가 반짝거리네. 새 거인가 봐. 근데 어디 가는 거지?
흠흠~
살금
살금
집으로 가는 길이 아닌데…?
드르르르
살금
휘~익
나우, 엎드려!
철퍼덕
웨잇 어 세컨드!

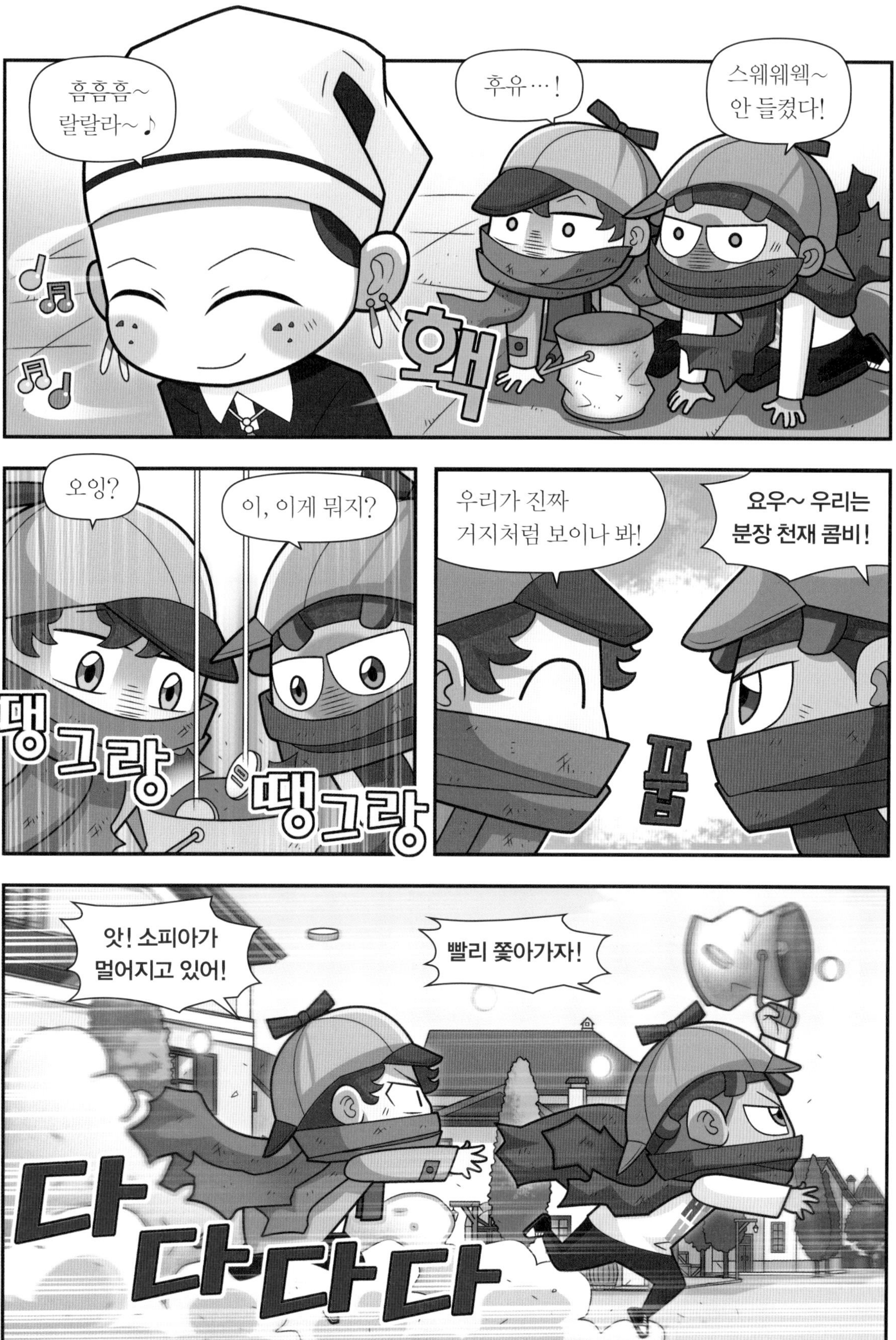

흠흠흠~
랄랄라~♪
후유…!
스웨웨웩~
안 들켰다!
홱
오잉?
이, 이게 뭐지?
땡그랑
땡그랑
우리가 진짜
거지처럼 보이나 봐!
요우~ 우리는
분장 천재 콤비!
폴
앗! 소피아가
멀어지고 있어!
빨리 쫓아가자!
다
다다다다

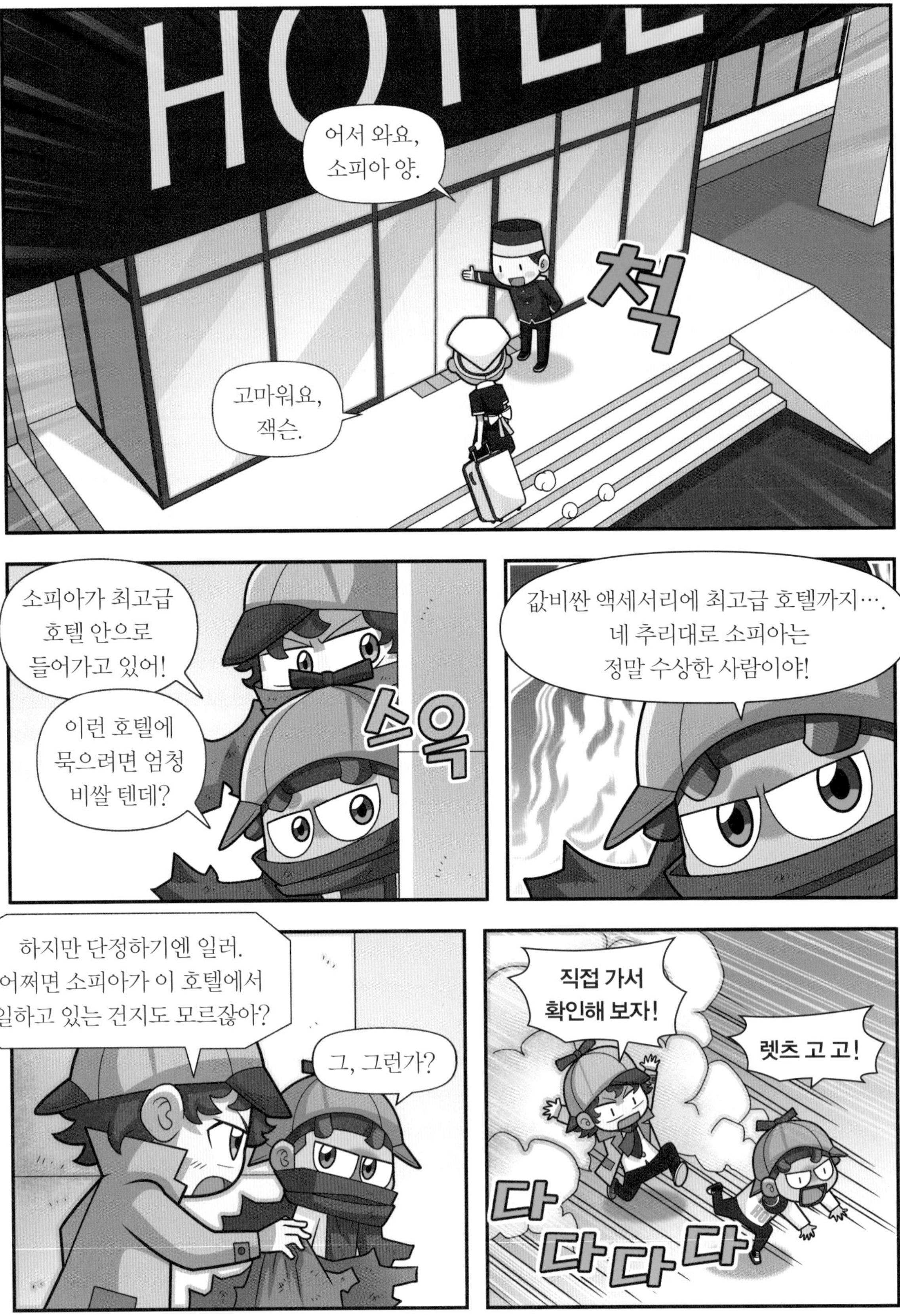
HOTEL
어서 와요,
소피아 양.
척
고마워요,
잭슨.
소피아가 최고급 호텔 안으로 들어가고 있어!
이런 호텔에 묵으려면 엄청 비쌀 텐데?
스윽
값비싼 액세서리에 최고급 호텔까지…. 네 추리대로 소피아는 정말 수상한 사람이야!
하지만 단정하기엔 일러. 어쩌면 소피아가 이 호텔에서 일하고 있는 건지도 모르잖아?
그, 그런가?
직접 가서 확인해 보자!
렛츠 고 고!
다다다다

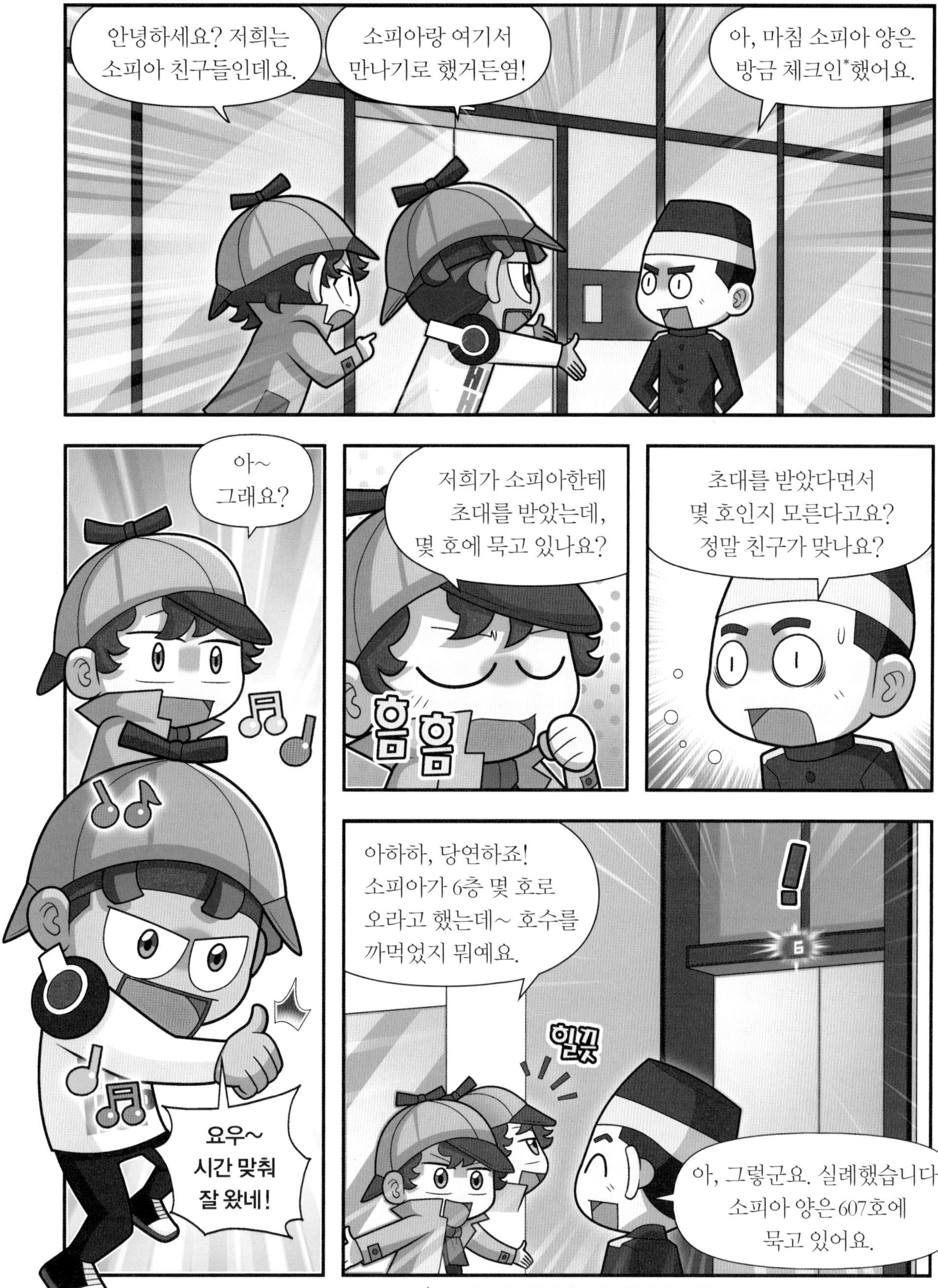
안녕하세요? 저희는 소피아 친구들인데요.
소피아랑 여기서 만나기로 했거든염!
아, 마침 소피아 양은 방금 체크인*했어요.
아~ 그래요?
요우~ 시간 맞춰 잘 왔네!
저희가 소피아한테 초대를 받았는데, 몇 호에 묵고 있나요?
흠흠
초대를 받았다면서 몇 호인지 모른다고요? 정말 친구가 맞나요?
아하하, 당연하죠! 소피아가 6층 몇 호로 오라고 했는데~ 호수를 까먹었지 뭐예요.
!
힐끗
아, 그렇군요. 실례했습니다. 소피아 양은 607호에 묵고 있어요.

* check-in['tʃɛk,ɪn]: 호텔 따위에서 묵기 위한 절차로 신원과 투숙 기간 따위를 밝히고 기록함.

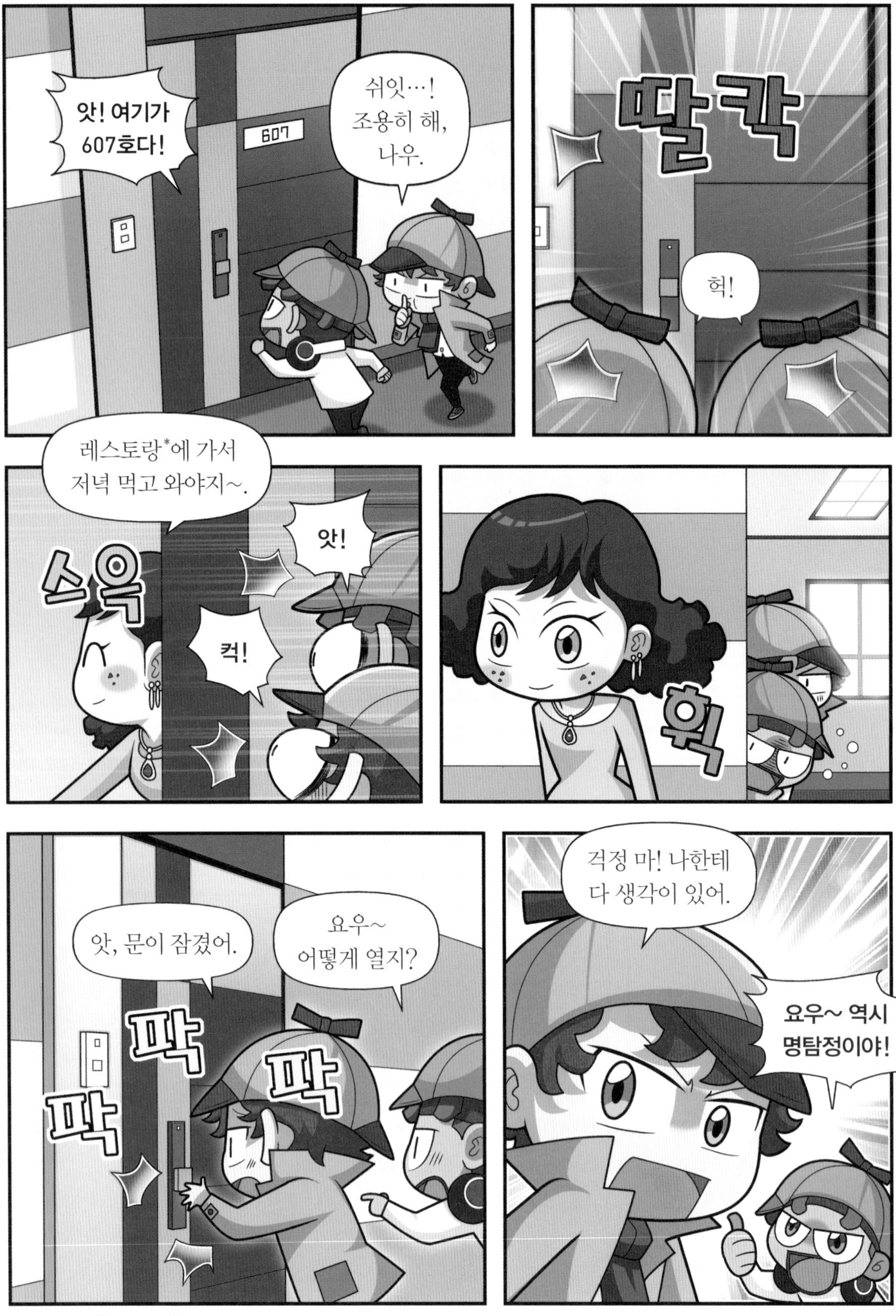
앗! 여기가 607호다!
607
쉬잇…! 조용히 해, 나우.
딸칵
헉!
레스토랑*에 가서 저녁 먹고 와야지~.
스윽
앗!
컥!
휙
앗, 문이 잠겼어.
요우~ 어떻게 열지?
팍
팍
팍
걱정 마! 나한테 다 생각이 있어.
요우~ 역시 명탐정이야!

* restaurant[ˈrestrɑːnt]: 식당, 음식점.

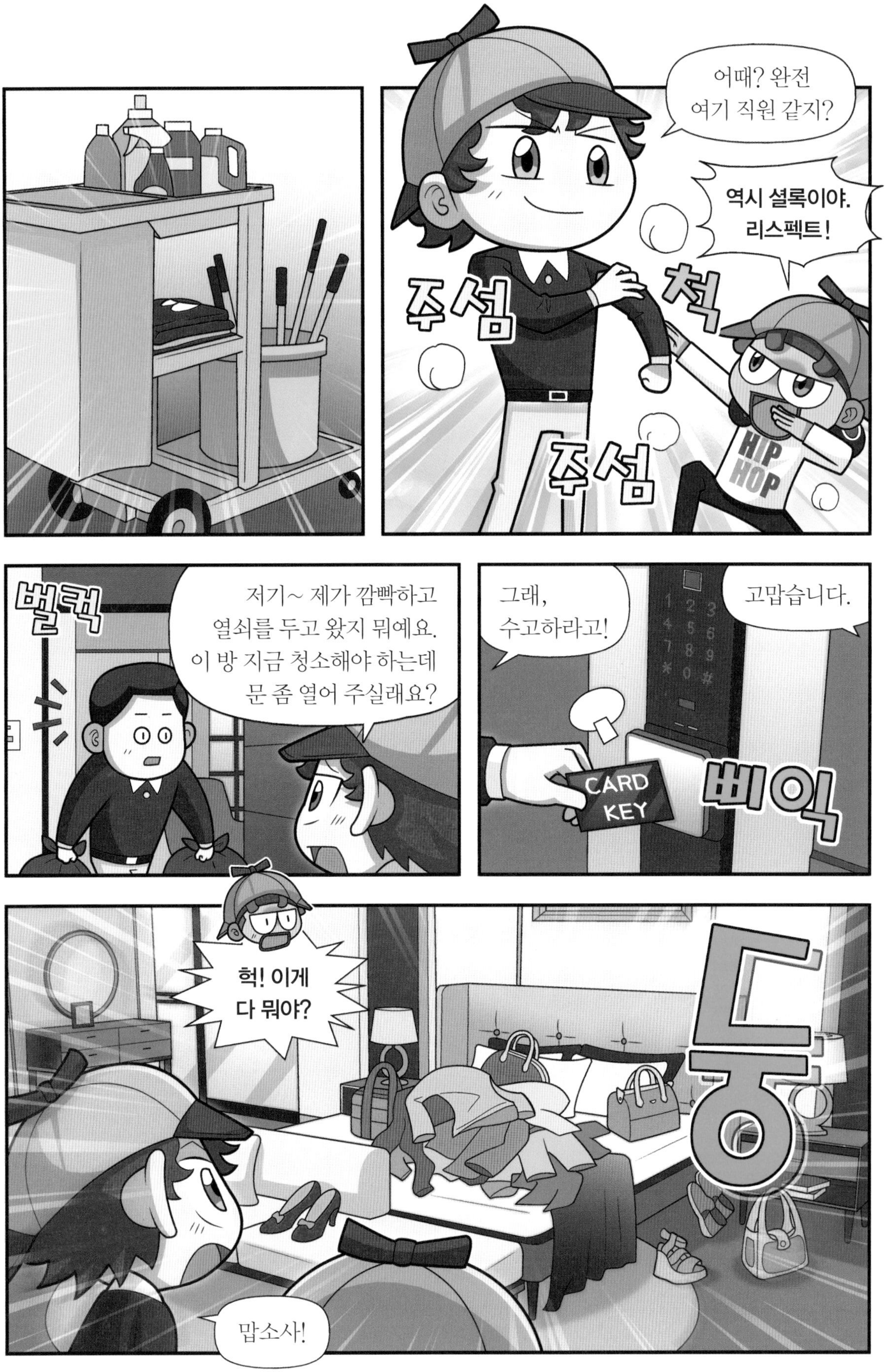
어때? 완전
여기 직원 같지?
역시 셜록이야.
리스펙트!
주섬
척
주섬
HIP HOP
벌컥
저기~ 제가 깜빡하고
열쇠를 두고 왔지 뭐예요.
이 방 지금 청소해야 하는데
문 좀 열어 주실래요?
그래,
수고하라고!
고맙습니다.
CARD KEY
삐익
헉! 이게
다 뭐야?
둥
맙소사!

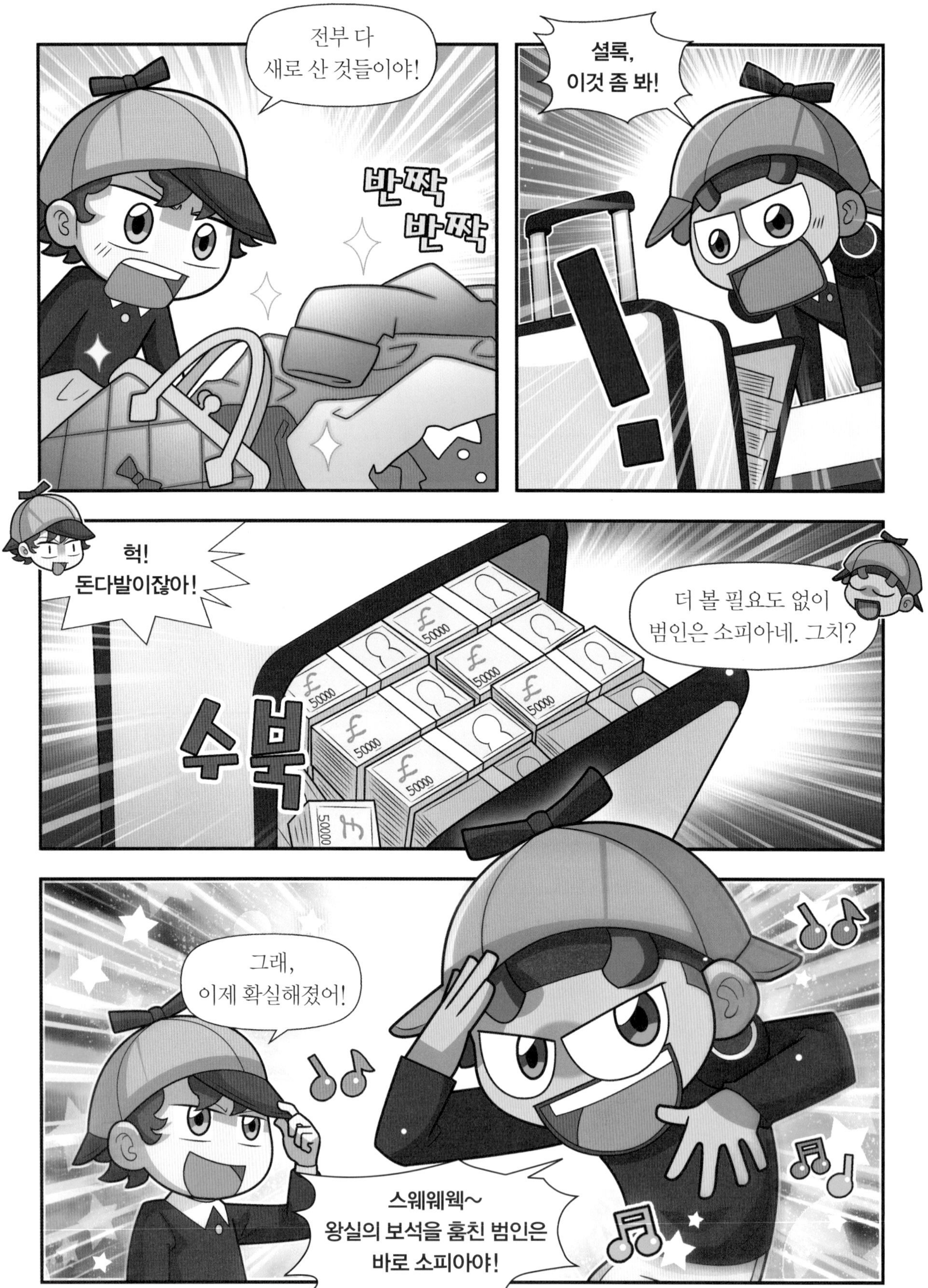

전부 다
새로 산 것들이야!
반짝
반짝
셜록,
이것 좀 봐!
헉!
돈다발이잖아!
더 볼 필요도 없이
범인은 소피아네. 그치?
수북
그래,
이제 확실해졌어!
스웨웨웩~
왕실의 보석을 훔친 범인은
바로 소피아야!

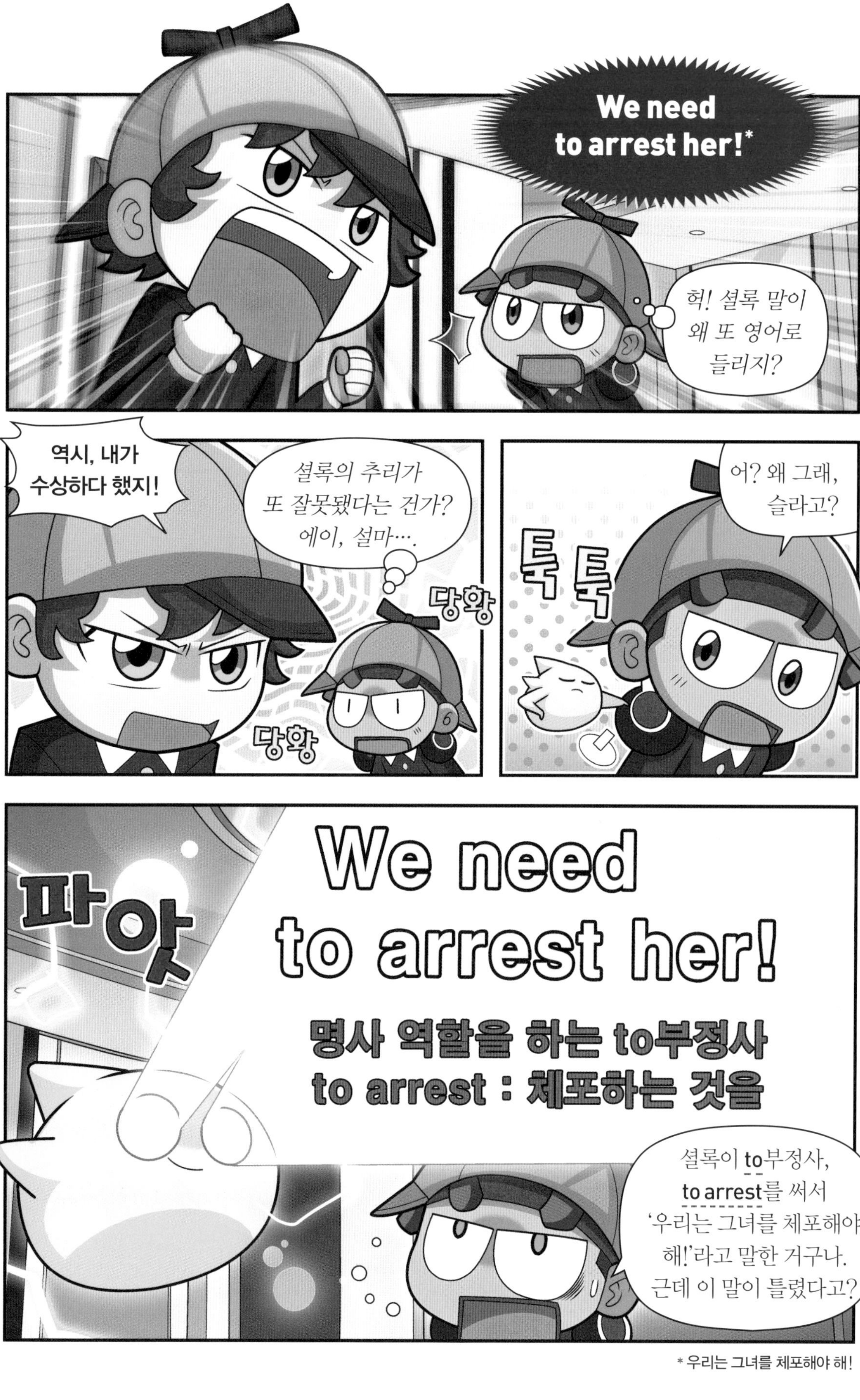

We need to arrest her!*
헉! 셜록 말이 왜 또 영어로 들리지?
역시, 내가 수상하다 했지!
셜록의 추리가 또 잘못됐다는 건가? 에이, 설마….
당황
당황
어? 왜 그래, 슬라고?
툭 툭
파앗
We need to arrest her!
명사 역할을 하는 to부정사
to arrest : 체포하는 것을
셜록이 to부정사, to arrest를 써서 '우리는 그녀를 체포해야 해!'라고 말한 거구나. 근데 이 말이 틀렸다고?

* 우리는 그녀를 체포해야 해!

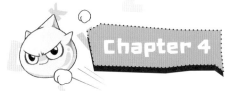

Chapter 4

납치당한 시원 쌤

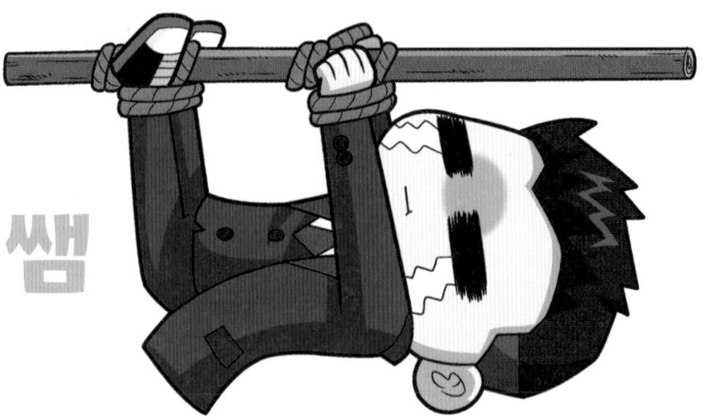

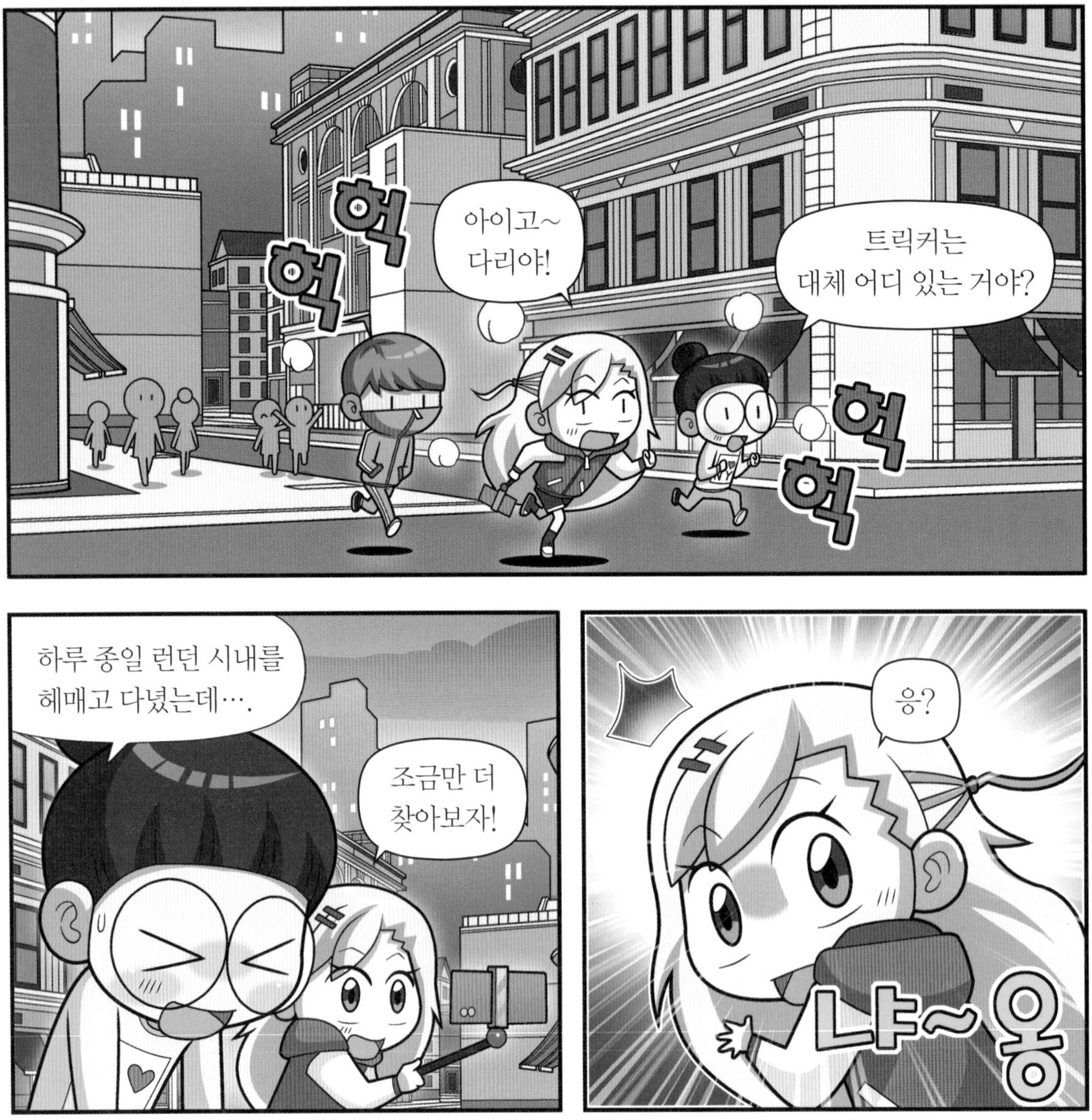

헉 헉
아이고~ 다리야!
트릭커는 대체 어디 있는 거야?
헉 헉
하루 종일 런던 시내를 헤매고 다녔는데….
조금만 더 찾아보자!
응?
냐~옹

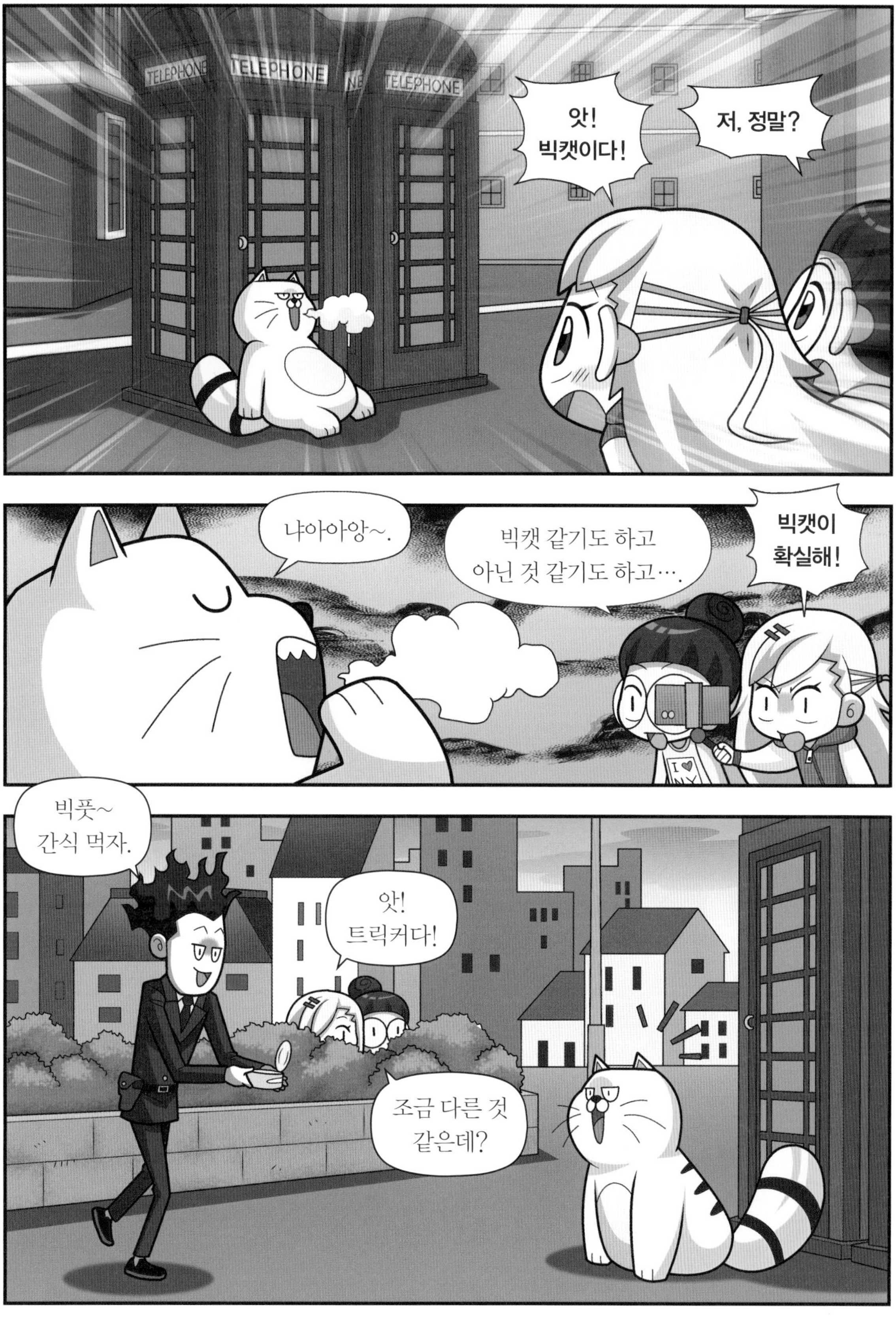
TELEPHONE
TELEPHONE
TELEPHONE
앗! 빅캣이다!
저, 정말?
냐아아앙~.
빅캣 같기도 하고 아닌 것 같기도 하고….
빅캣이 확실해!
빅풋~ 간식 먹자.
앗! 트릭커다!
조금 다른 것 같은데?

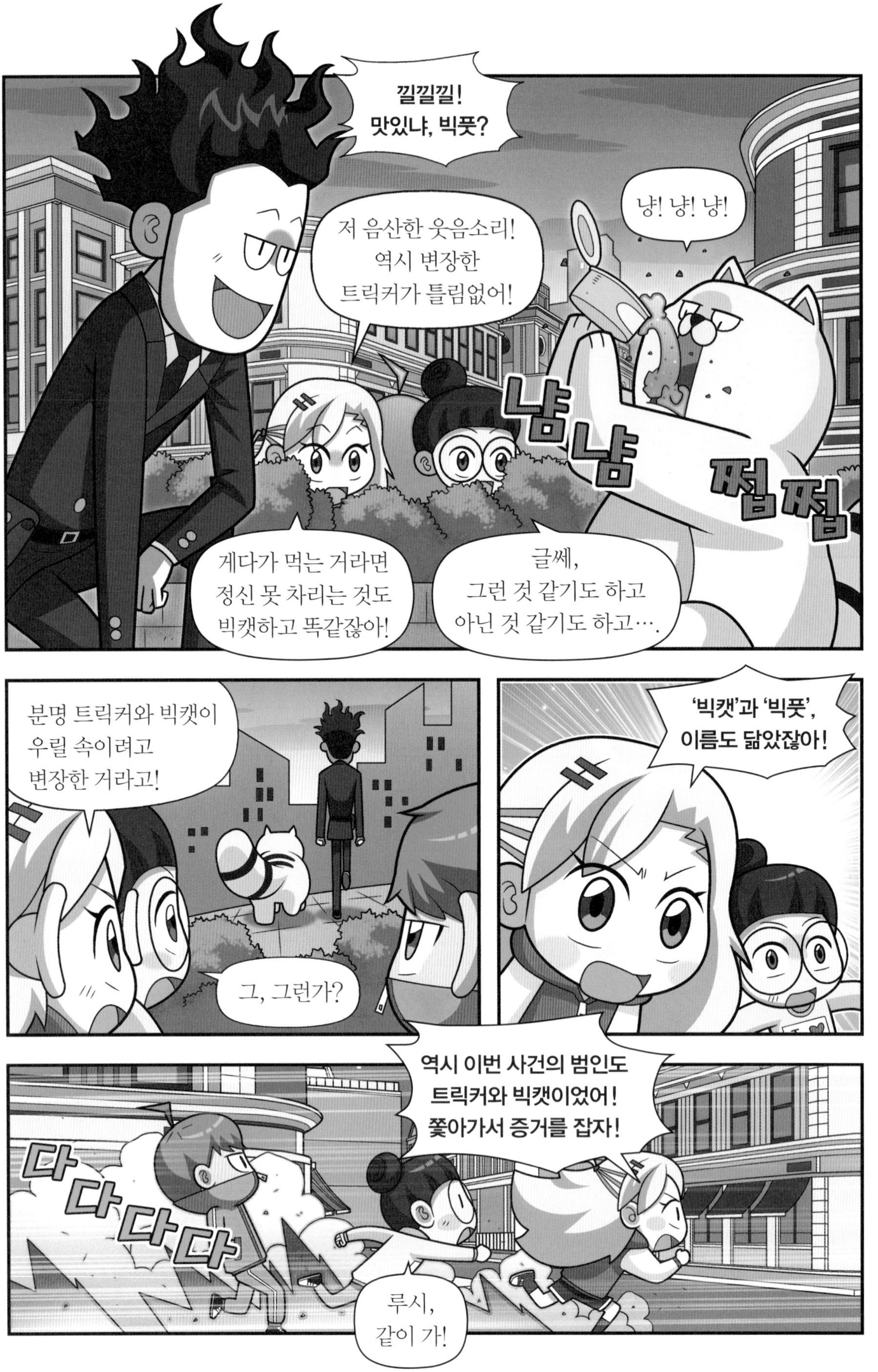

낄낄낄! 맛있냐, 빅풋?
저 음산한 웃음소리! 역시 변장한 트릭커가 틀림없어!
냥! 냥! 냥!
냠냠
쩝쩝
게다가 먹는 거라면 정신 못 차리는 것도 빅캣하고 똑같잖아!
글쎄, 그런 것 같기도 하고 아닌 것 같기도 하고….
분명 트릭커와 빅캣이 우릴 속이려고 변장한 거라고!
그, 그런가?
'빅캣'과 '빅풋', 이름도 닮았잖아!
역시 이번 사건의 범인도 트릭커와 빅캣이었어! 쫓아가서 증거를 잡자!
다다다다
루시, 같이 가!

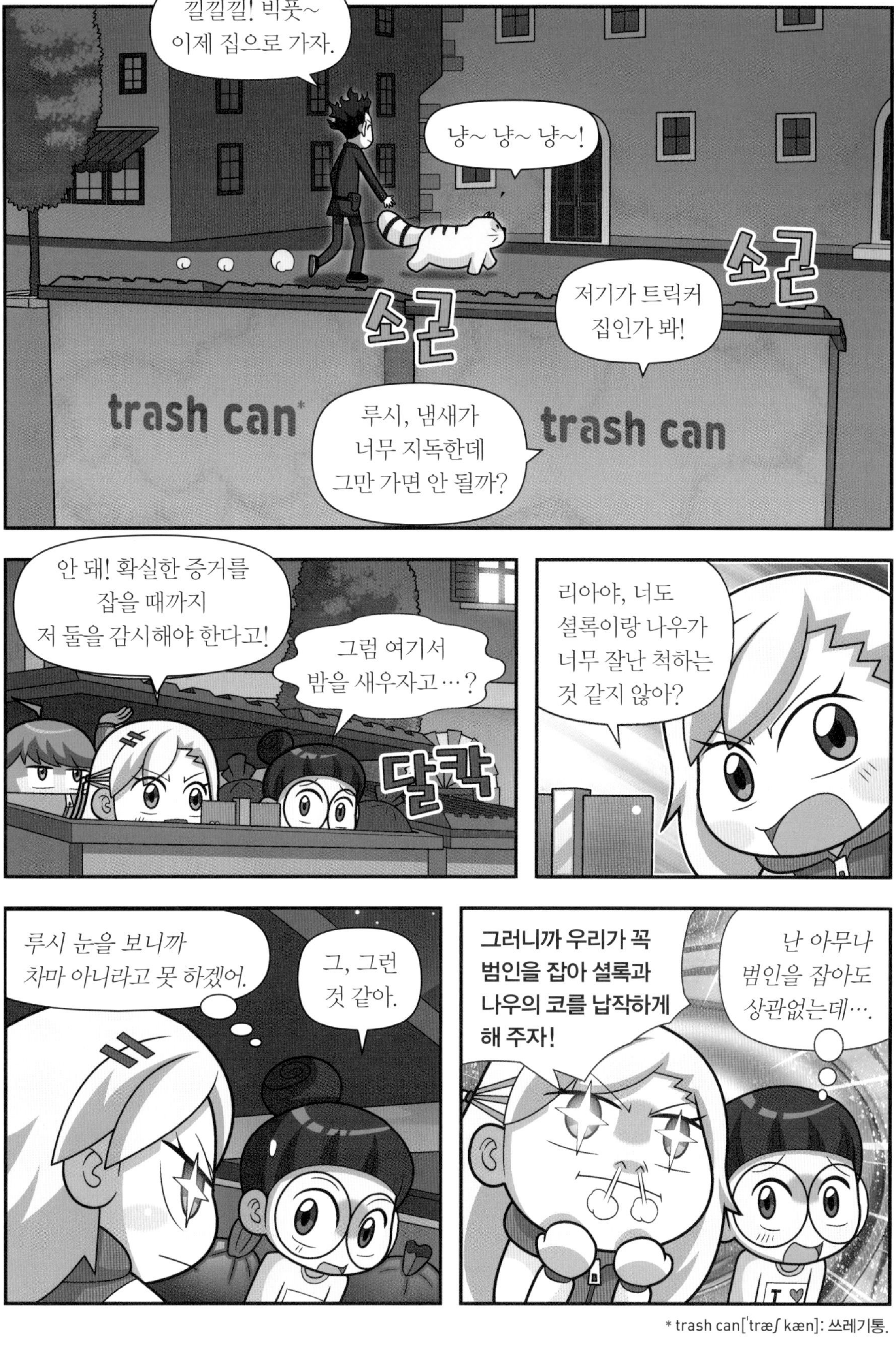
낄낄낄! 빅풋~
이제 집으로 가자.
냥~ 냥~ 냥~!
소곤
소곤
저기가 트릭커
집인가 봐!
trash can*
trash can
루시, 냄새가
너무 지독한데
그만 가면 안 될까?
안 돼! 확실한 증거를
잡을 때까지
저 둘을 감시해야 한다고!
그럼 여기서
밤을 새우자고…?
달칵
리아야, 너도
셜록이랑 나우가
너무 잘난 척하는
것 같지 않아?
루시 눈을 보니까
차마 아니라고 못 하겠어.
그, 그런
것 같아.
그러니까 우리가 꼭
범인을 잡아 셜록과
나우의 코를 납작하게
해 주자!
난 아무나
범인을 잡아도
상관없는데….

* trash can[ˈtræʃ kæn]: 쓰레기통.

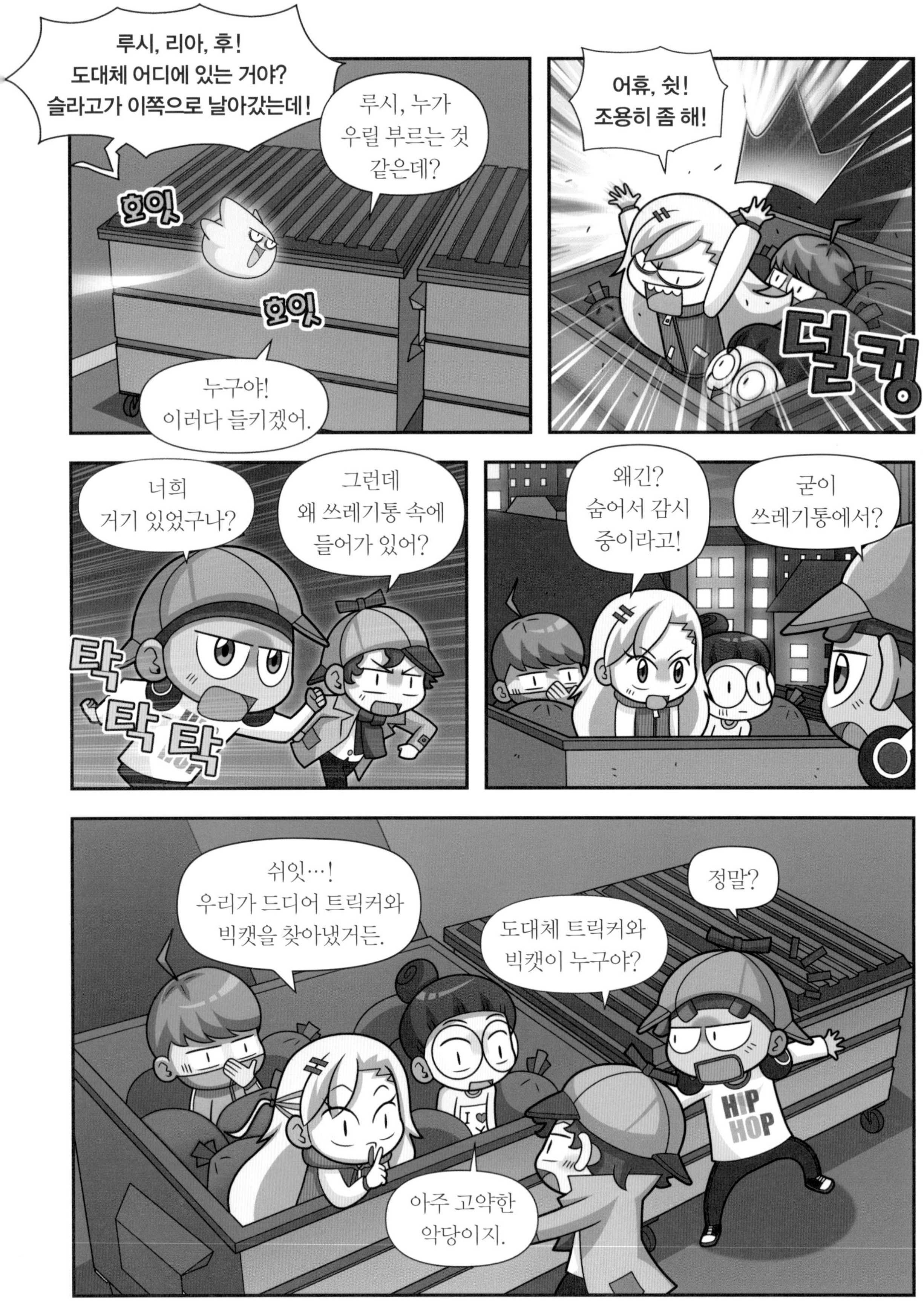

루시, 리아, 후! 도대체 어디에 있는 거야? 슬라고가 이쪽으로 날아갔는데!
루시, 누가 우릴 부르는 것 같은데?
호잇
호잇
누구야! 이러다 들키겠어.
어휴, 쉿! 조용히 좀 해!
덜컹
너희 거기 있었구나?
그런데 왜 쓰레기통 속에 들어가 있어?
탁 탁 탁
왜긴? 숨어서 감시 중이라고!
굳이 쓰레기통에서?
쉬잇…! 우리가 드디어 트릭커와 빅캣을 찾아냈거든.
정말?
도대체 트릭커와 빅캣이 누구야?
아주 고약한 악당이지.
HIP HOP

저 집이 바로 트릭커와 빅캣의 은신처야.

오 마이 갓김치~ 트릭커와 빅캣이 진짜 이 유니버스에 와 있었다니!

이번 왕실 보석을 훔쳐 간 범인도 저 두 악당이 분명해.

Sophia stole the jewel to get money!*

앗! 셜록 말이 또 영어로 들렸어!

셜록이 '소피아가 돈을 얻기 위해 보석을 훔쳤어!'라고 말한 것 같아.

우리는 이미 완벽한 증거까지 확보했다고!

그렇지, 나우?

스웨웨웩~ 다, 당연하지!

그런데 소피아가 보석을 훔쳤다는 말이 또 영어로 들리잖아?

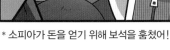

* 소피아가 돈을 얻기 위해 보석을 훔쳤어!

83

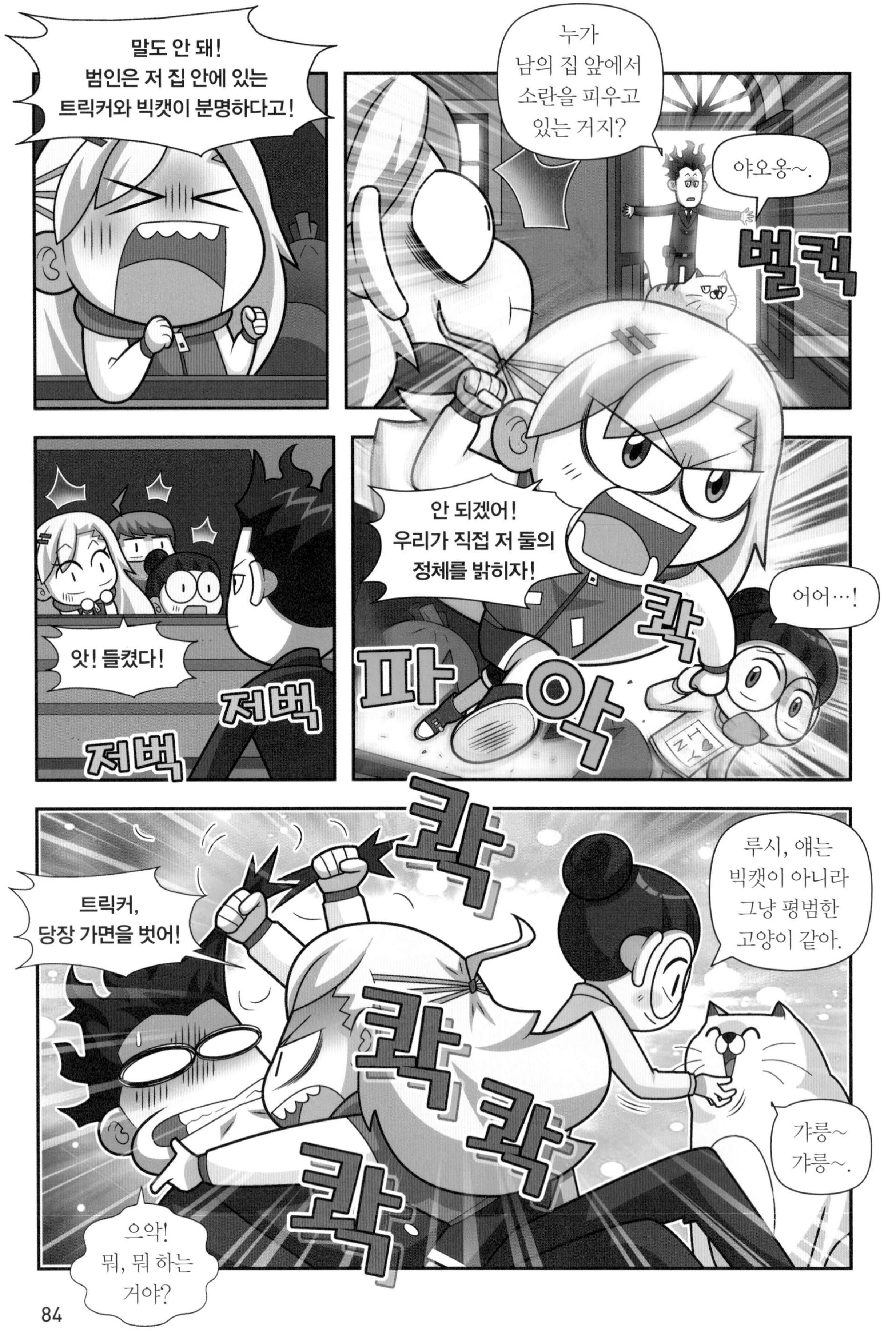

말도 안 돼!
범인은 저 집 안에 있는
트릭커와 빅캣이 분명하다고!
누가
남의 집 앞에서
소란을 피우고
있는 거지?
야오옹~.
벌컥
앗! 들켰다!
저벅
저벅
안 되겠어!
우리가 직접 저 둘의
정체를 밝히자!
어어…!
콱
파악
콱
트릭커,
당장 가면을 벗어!
루시, 얘는
빅캣이 아니라
그냥 평범한
고양이 같아.
콱
콱
콱
가릉~
가릉~.
으악!
뭐, 뭐 하는
거야?

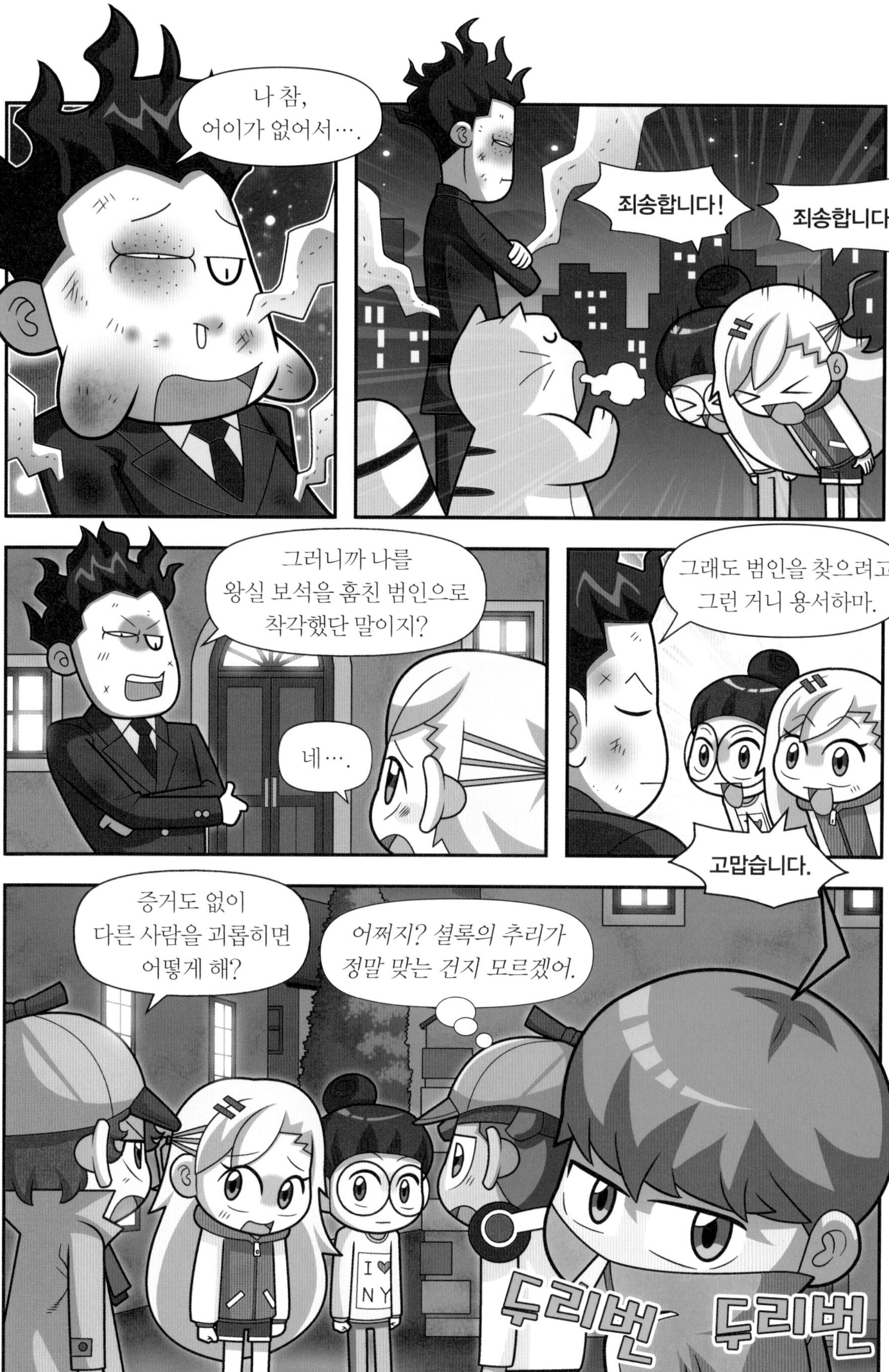
나 참,
어이가 없어서….
죄송합니다!
죄송합니다!
그러니까 나를
왕실 보석을 훔친 범인으로
착각했단 말이지?
네….
그래도 범인을 찾으려고
그런 거니 용서하마.
고맙습니다.
증거도 없이
다른 사람을 괴롭히면
어떻게 해?
어쩌지? 셜록의 추리가
정말 맞는 건지 모르겠어.
두리번 두리번

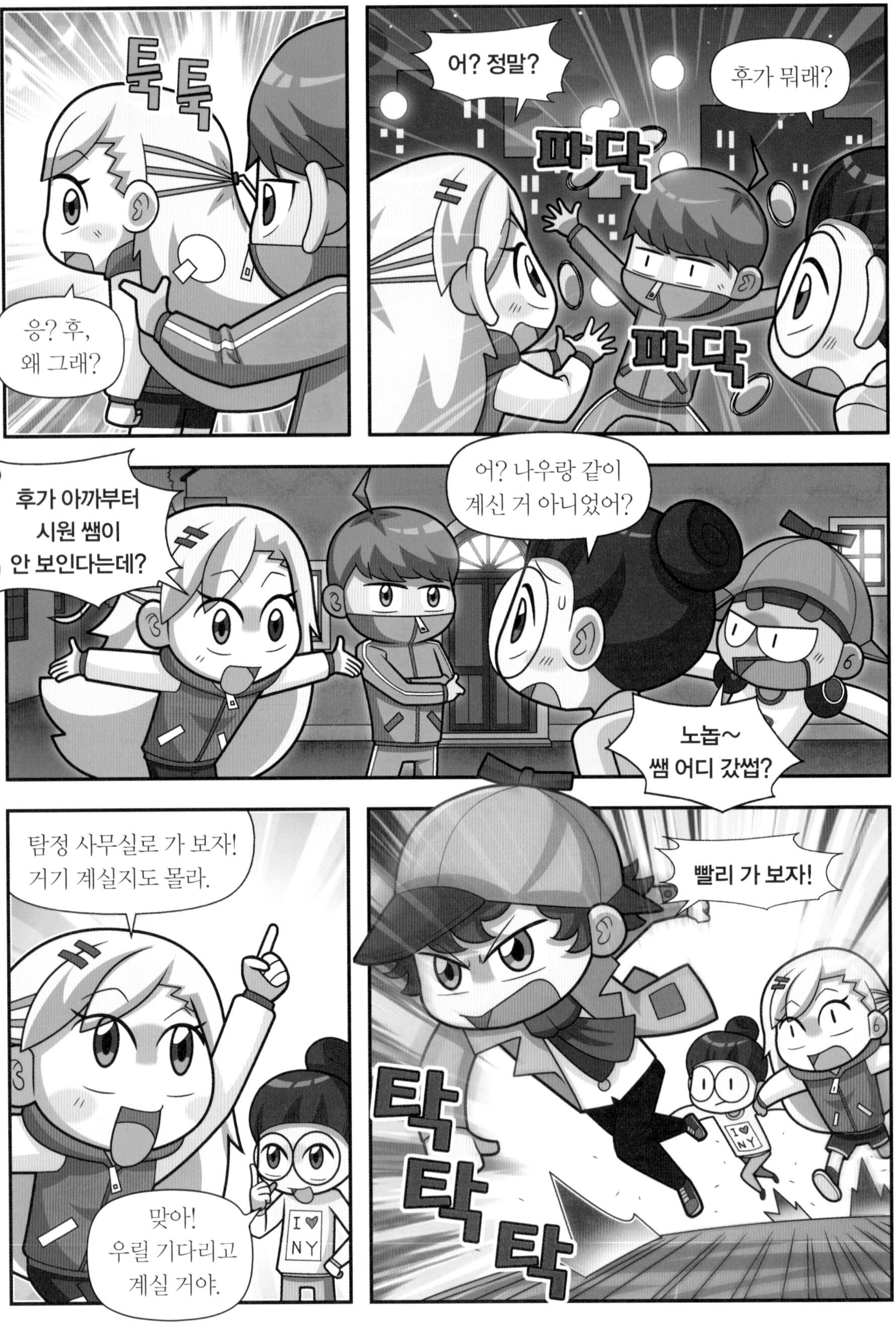

툭툭
응? 후,
왜 그래?
어? 정말?
후가 뭐래?
파닥
파닥
후가 아까부터
시원 쌤이
안 보인다는데?
어? 나우랑 같이
계신 거 아니었어?
노놉~
쌤 어디 갔썹?
탐정 사무실로 가 보자!
거기 계실지도 몰라.
맞아!
우릴 기다리고
계실 거야.
빨리 가 보자!
탁
탁
탁

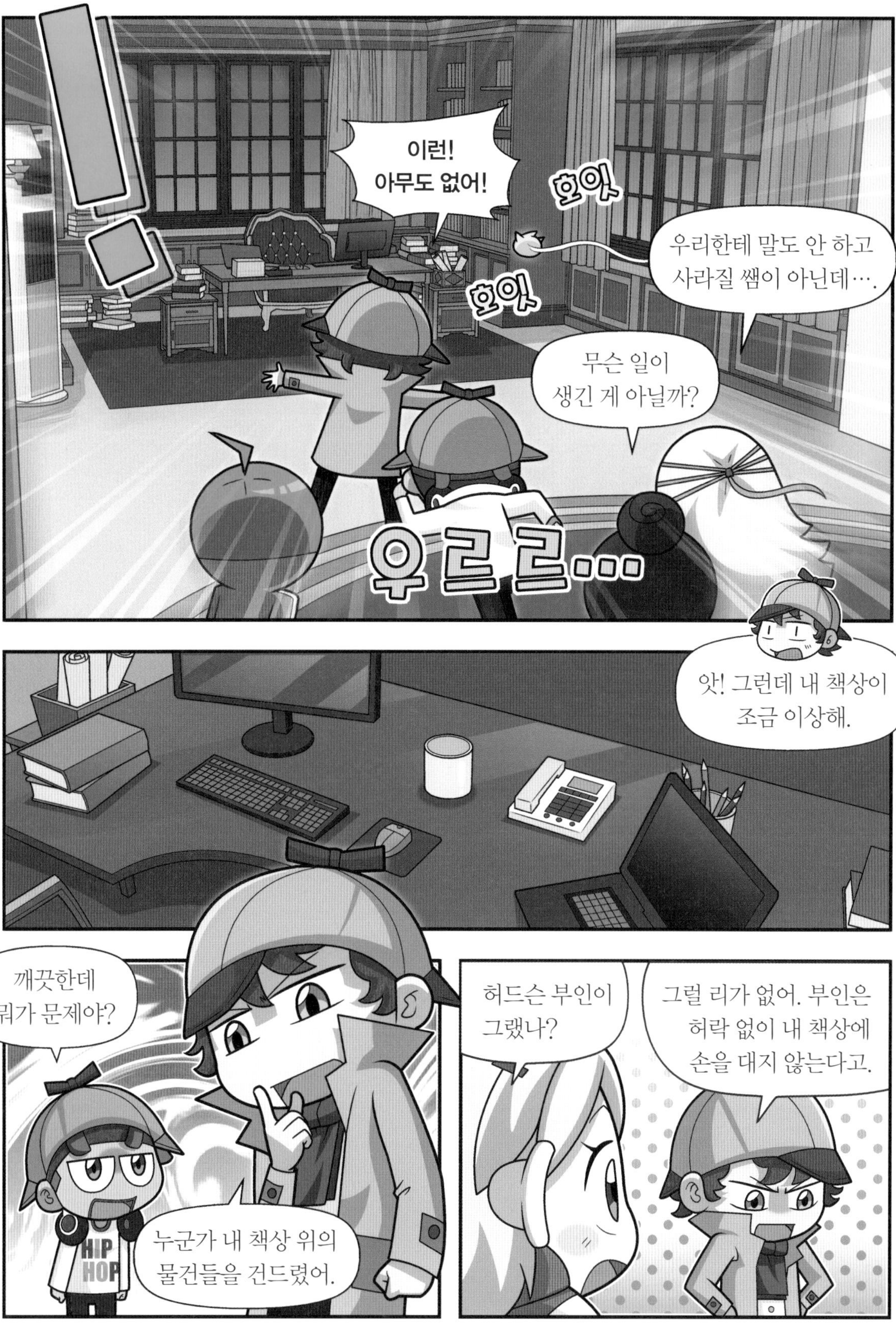
!
이런! 아무도 없어!
호잇
호잇
우리한테 말도 안 하고 사라질 쌤이 아닌데….
무슨 일이 생긴 게 아닐까?
우르르…
앗! 그런데 내 책상이 조금 이상해.
깨끗한데 뭐가 문제야?
누군가 내 책상 위의 물건들을 건드렸어.
HIP HOP
허드슨 부인이 그랬나?
그럴 리가 없어. 부인은 허락 없이 내 책상에 손을 대지 않는다고.

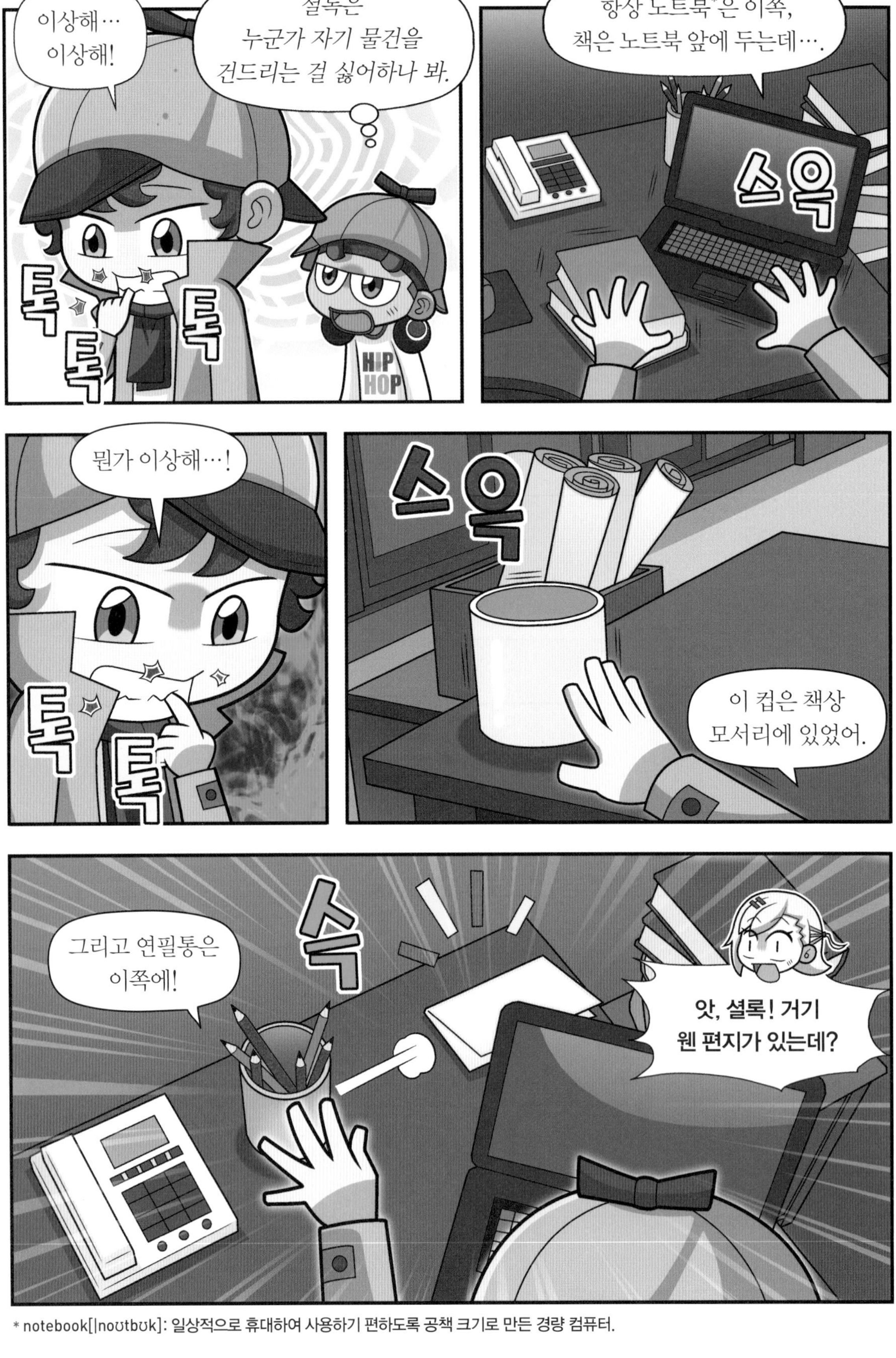

이상해…
이상해!
셜록은
누군가 자기 물건을
건드리는 걸 싫어하나 봐.
톡
톡
톡
항상 노트북*은 이쪽,
책은 노트북 앞에 두는데….
스윽
뭔가 이상해…!
톡
톡
스윽
이 컵은 책상
모서리에 있었어.
그리고 연필통은
이쪽에!
슥
앗, 셜록! 거기
웬 편지가 있는데?

* notebook[|noʊtbʊk]: 일상적으로 휴대하여 사용하기 편하도록 공책 크기로 만든 경량 컴퓨터.

누군가 이 편지를 숨겨 놨군.

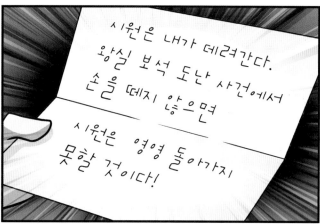

시원은 내가 데려간다.
왕실 보석 도난 사건에서
손을 떼지 않으면 ____
시원은 영영 돌아가지
못할 것이다!

이, 이럴 수가…!

셜록, 무슨 편지인데 그래?

시원 쌤이….

납치당한 것 같아!

뭐? 납치?

오 마이 가스레인지! 오 마이 갓김치!

대체 누가 우리 쌤을 납치했다는 거야!

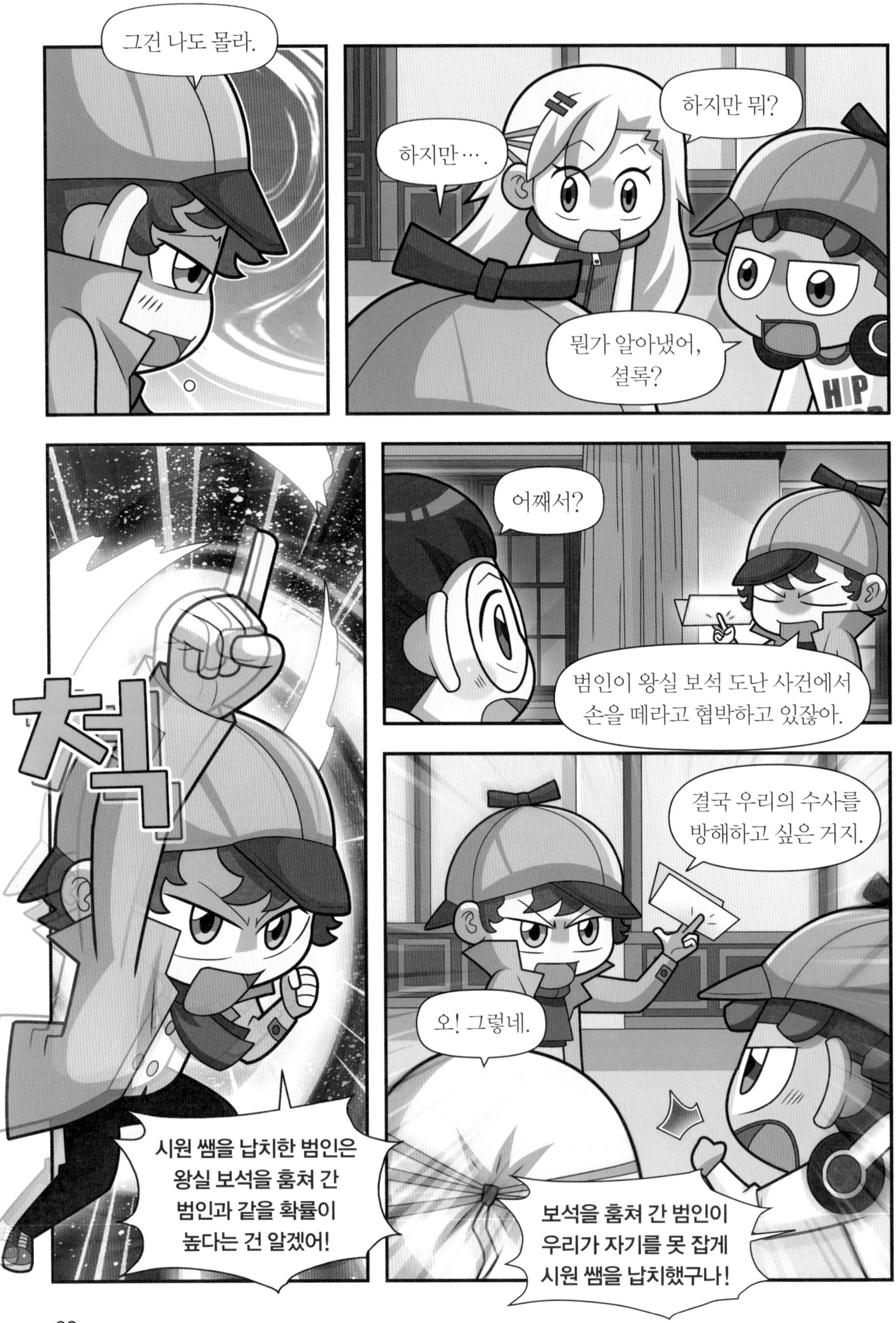

그건 나도 몰라.
하지만….
하지만 뭐?
뭔가 알아냈어, 셜록?
HIP
척
어째서?
범인이 왕실 보석 도난 사건에서 손을 떼라고 협박하고 있잖아.
결국 우리의 수사를 방해하고 싶은 거지.
오! 그렇네.
시원 쌤을 납치한 범인은 왕실 보석을 훔쳐 간 범인과 같을 확률이 높다는 건 알겠어!
보석을 훔쳐 간 범인이 우리가 자기를 못 잡게 시원 쌤을 납치했구나!

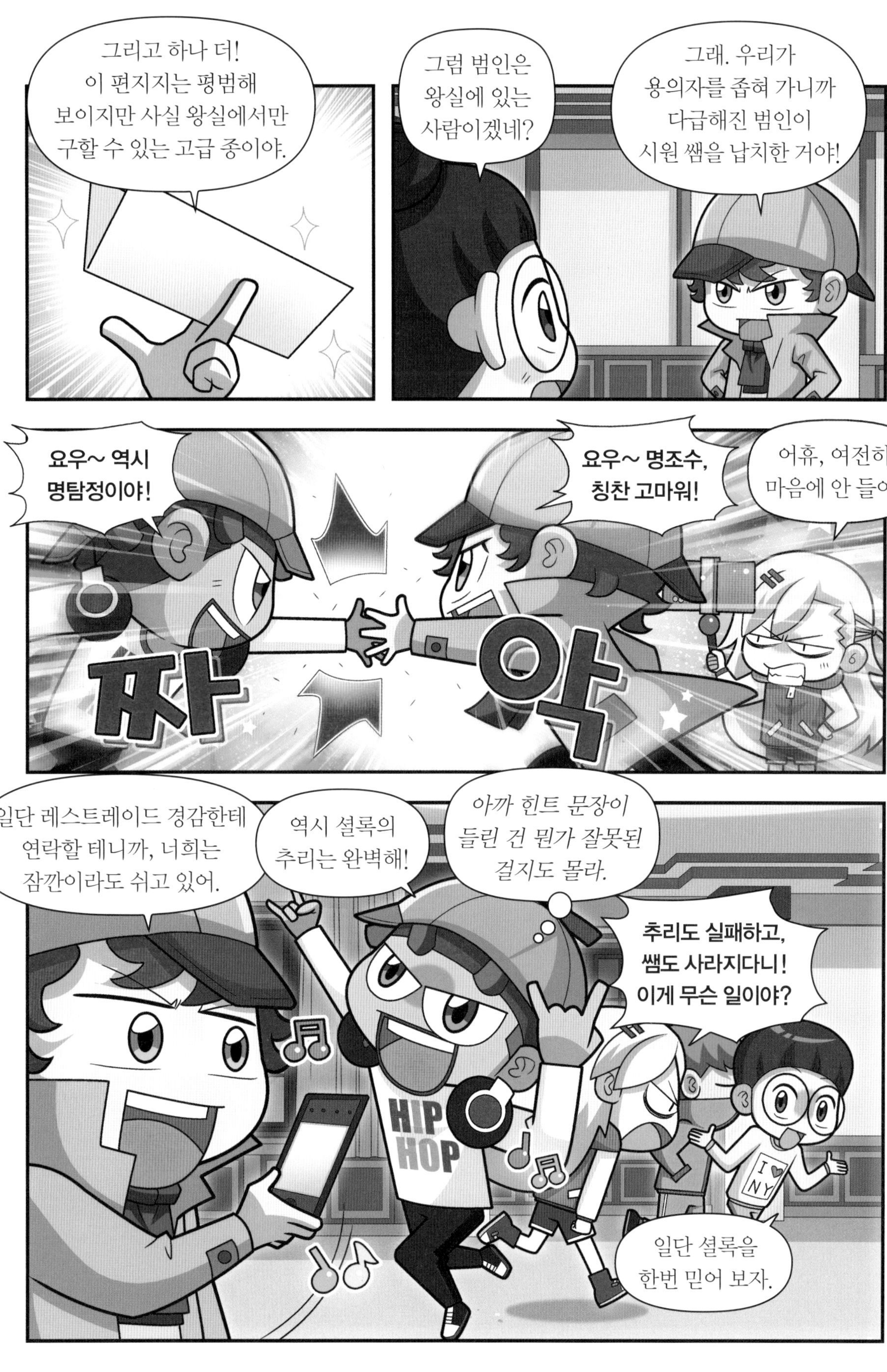
그리고 하나 더! 이 편지지는 평범해 보이지만 사실 왕실에서만 구할 수 있는 고급 종이야.
그럼 범인은 왕실에 있는 사람이겠네?
그래. 우리가 용의자를 좁혀 가니까 다급해진 범인이 시원 쌤을 납치한 거야!
요우~ 역시 명탐정이야!
요우~ 명조수, 칭찬 고마워!
어휴, 여전히 마음에 안 들어!
짜
악
일단 레스트레이드 경감한테 연락할 테니까, 너희는 잠깐이라도 쉬고 있어.
역시 셜록의 추리는 완벽해!
아까 힌트 문장이 들린 건 뭔가 잘못된 걸지도 몰라.
추리도 실패하고, 쌤도 사라지다니! 이게 무슨 일이야?
HIP HOP
I ♥ NY
일단 셜록을 한번 믿어 보자.

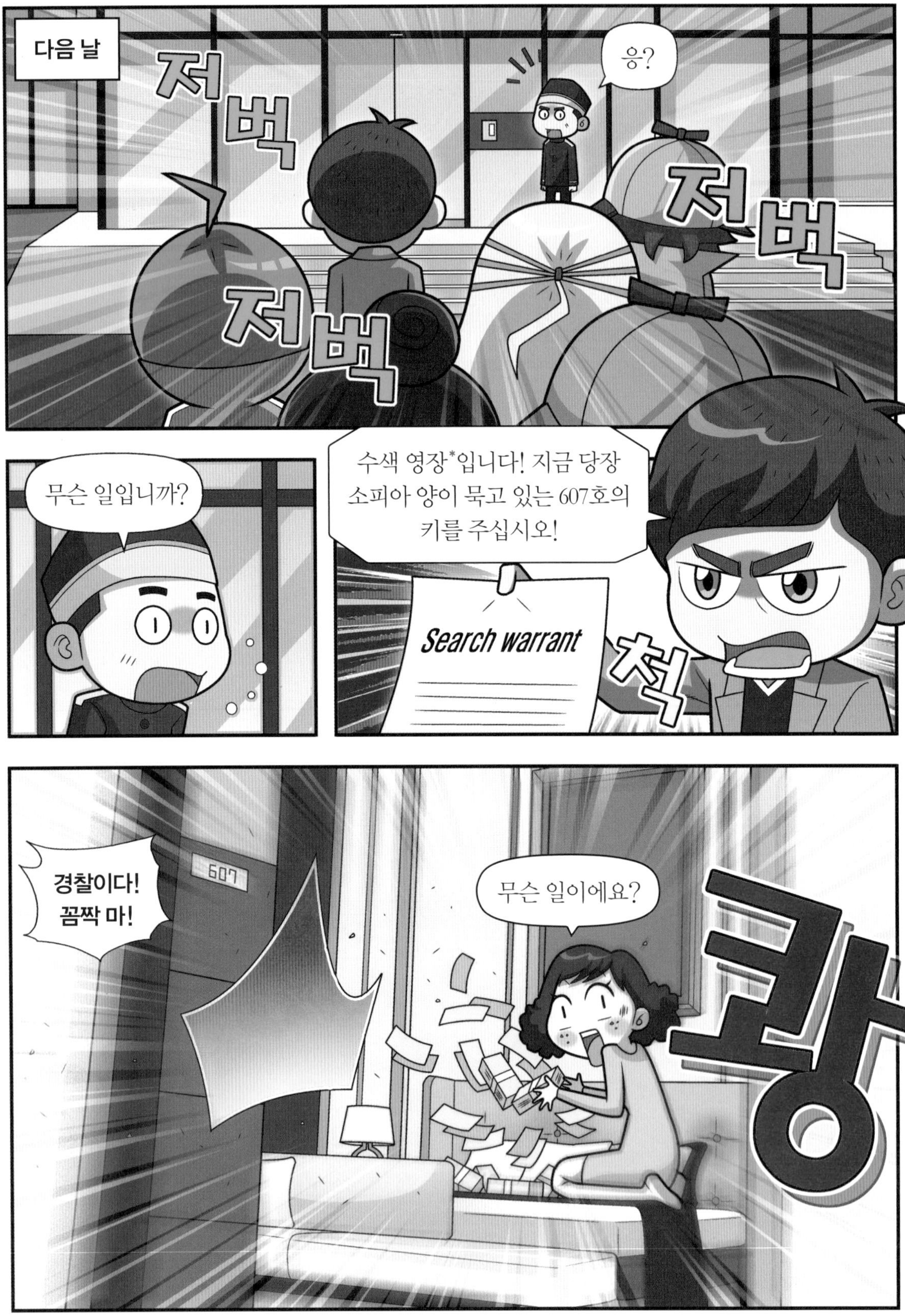
다음 날
저벅
저벅
저벅
응?
무슨 일입니까?
수색 영장*입니다! 지금 당장 소피아 양이 묵고 있는 607호의 키를 주십시오!
Search warrant
척
607
경찰이다! 꼼짝 마!
무슨 일이에요?
쾅

* 수색 영장: 검사나 사법 경찰관이 수색할 때 제시하는 영장.

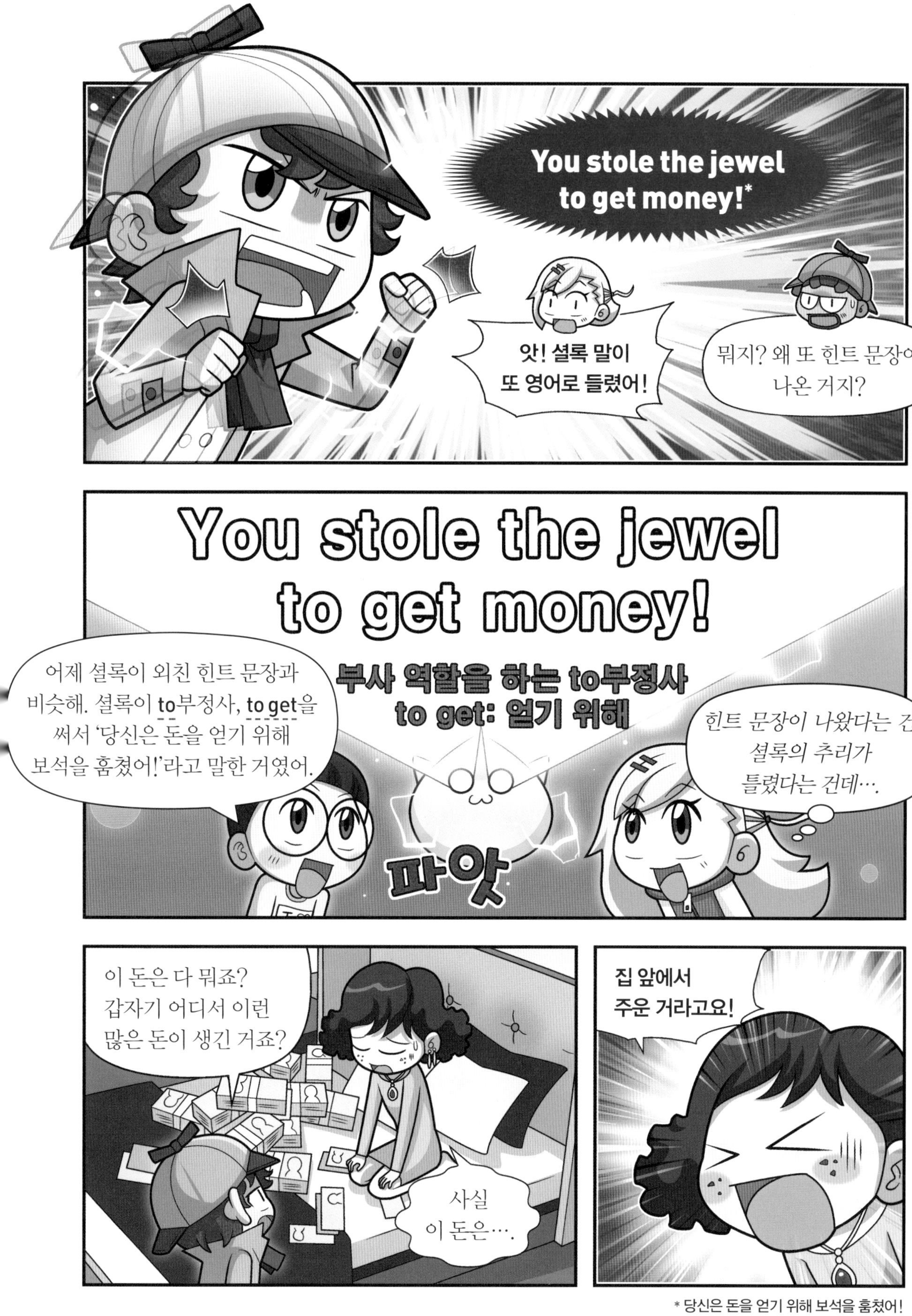
You stole the jewel to get money!*
앗! 셜록 말이 또 영어로 들렸어!
뭐지? 왜 또 힌트 문장이 나온 거지?
You stole the jewel to get money!
부사 역할을 하는 to부정사
to get: 얻기 위해
어제 셜록이 외친 힌트 문장과 비슷해. 셜록이 to부정사, to get을 써서 '당신은 돈을 얻기 위해 보석을 훔쳤어!'라고 말한 거였어.
힌트 문장이 나왔다는 건 셜록의 추리가 틀렸다는 건데….
파앗
이 돈은 다 뭐죠? 갑자기 어디서 이런 많은 돈이 생긴 거죠?
사실 이 돈은….
집 앞에서 주운 거라고요!

* 당신은 돈을 얻기 위해 보석을 훔쳤어!

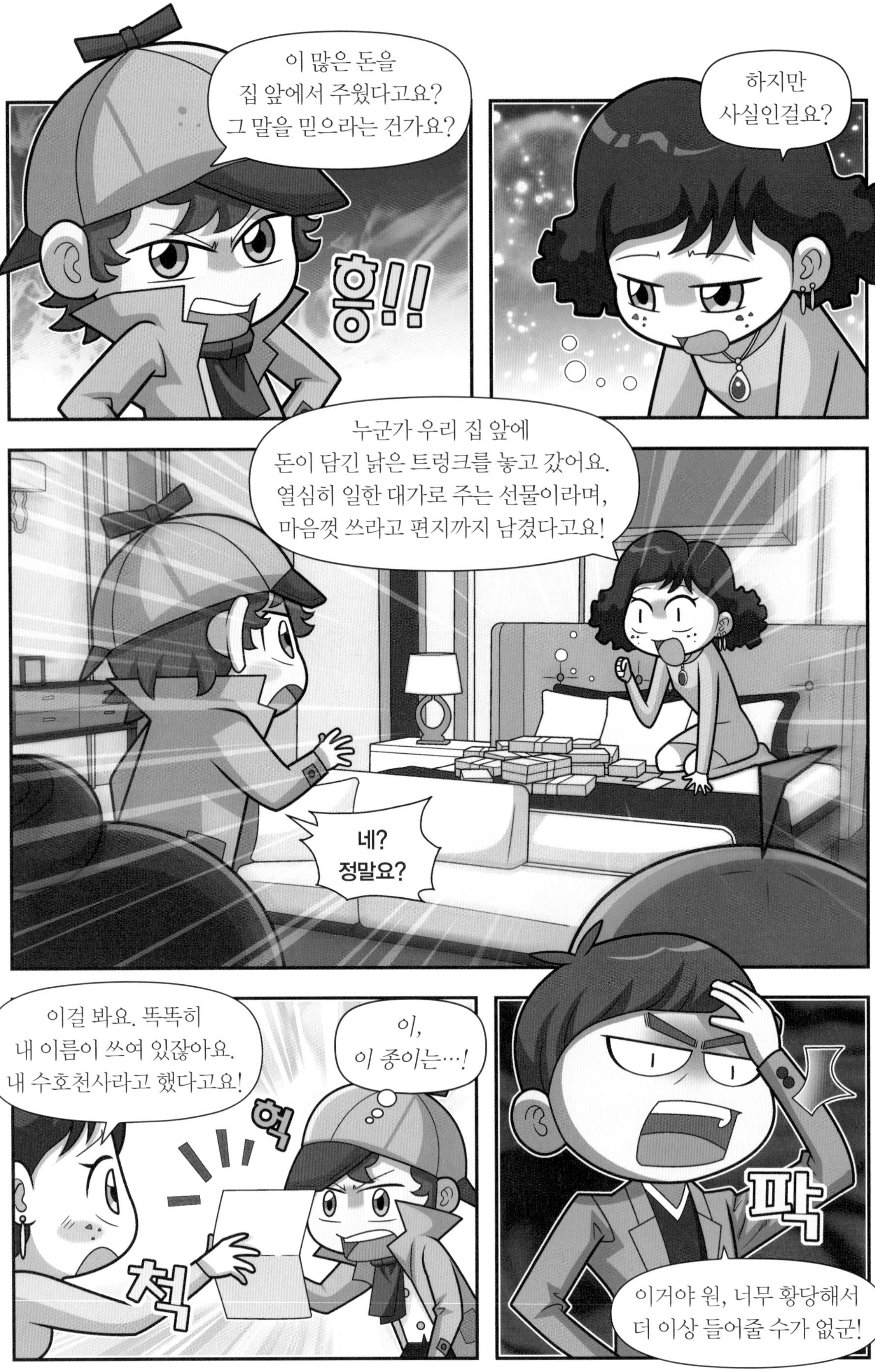

이 많은 돈을
집 앞에서 주웠다고요?
그 말을 믿으라는 건가요?
흥!!
하지만
사실인걸요?
누군가 우리 집 앞에
돈이 담긴 낡은 트렁크를 놓고 갔어요.
열심히 일한 대가로 주는 선물이라며,
마음껏 쓰라고 편지까지 남겼다고요!
네?
정말요?
이걸 봐요. 똑똑히
내 이름이 쓰여 있잖아요.
내 수호천사라고 했다고요!
이,
이 종이는…!
헉
척
팍
이거야 원, 너무 황당해서
더 이상 들어줄 수가 없군!

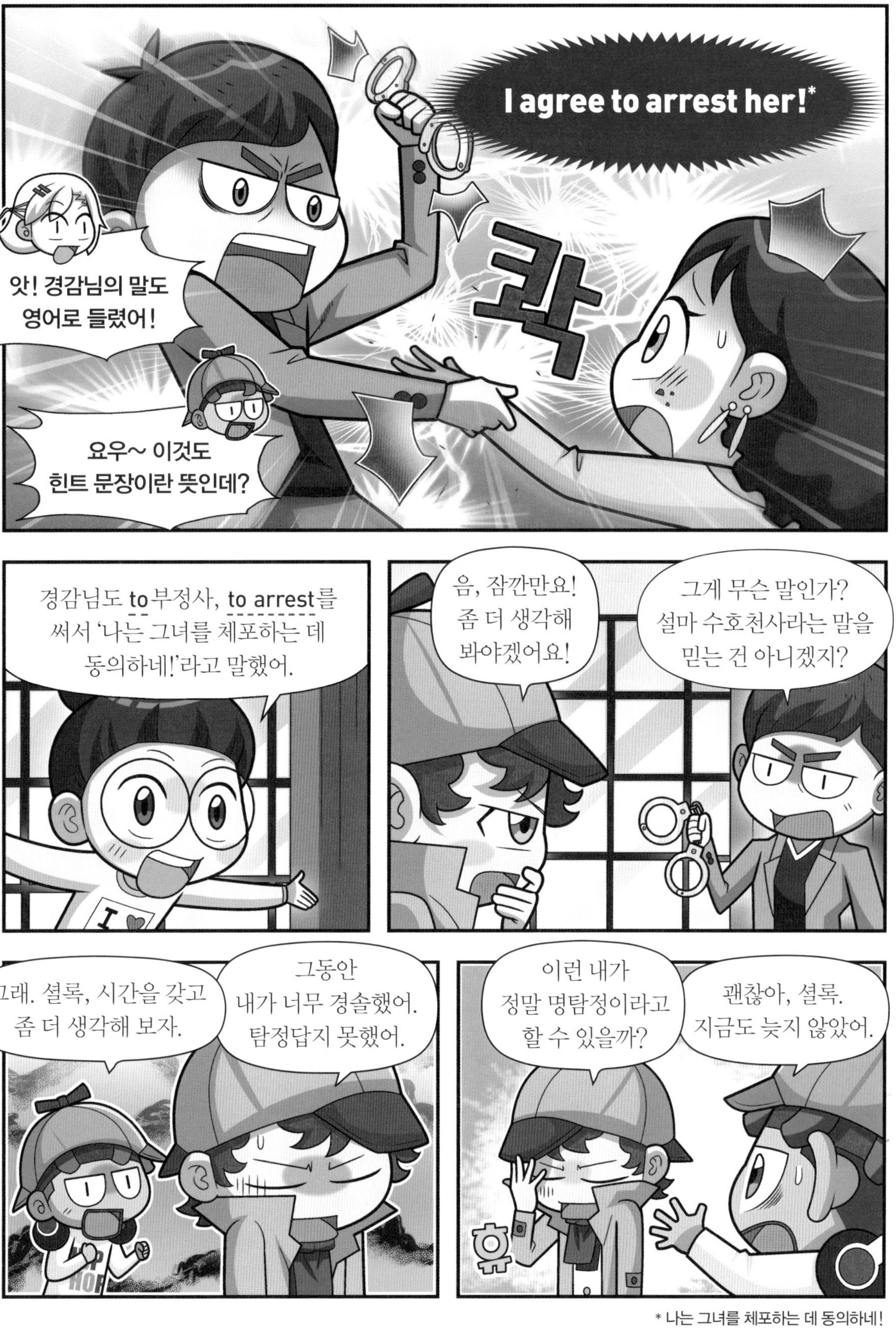
I agree to arrest her!*
콱
앗! 경감님의 말도 영어로 들렸어!
요우~ 이것도 힌트 문장이란 뜻인데?
경감님도 to부정사, to arrest를 써서 '나는 그녀를 체포하는 데 동의하네!'라고 말했어.
음, 잠깐만요! 좀 더 생각해 봐야겠어요!
그게 무슨 말인가? 설마 수호천사라는 말을 믿는 건 아니겠지?
그래. 셜록, 시간을 갖고 좀 더 생각해 보자.
그동안 내가 너무 경솔했어. 탐정답지 못했어.
이런 내가 정말 명탐정이라고 할 수 있을까?
괜찮아, 셜록. 지금도 늦지 않았어.
휴

* 나는 그녀를 체포하는 데 동의하네!

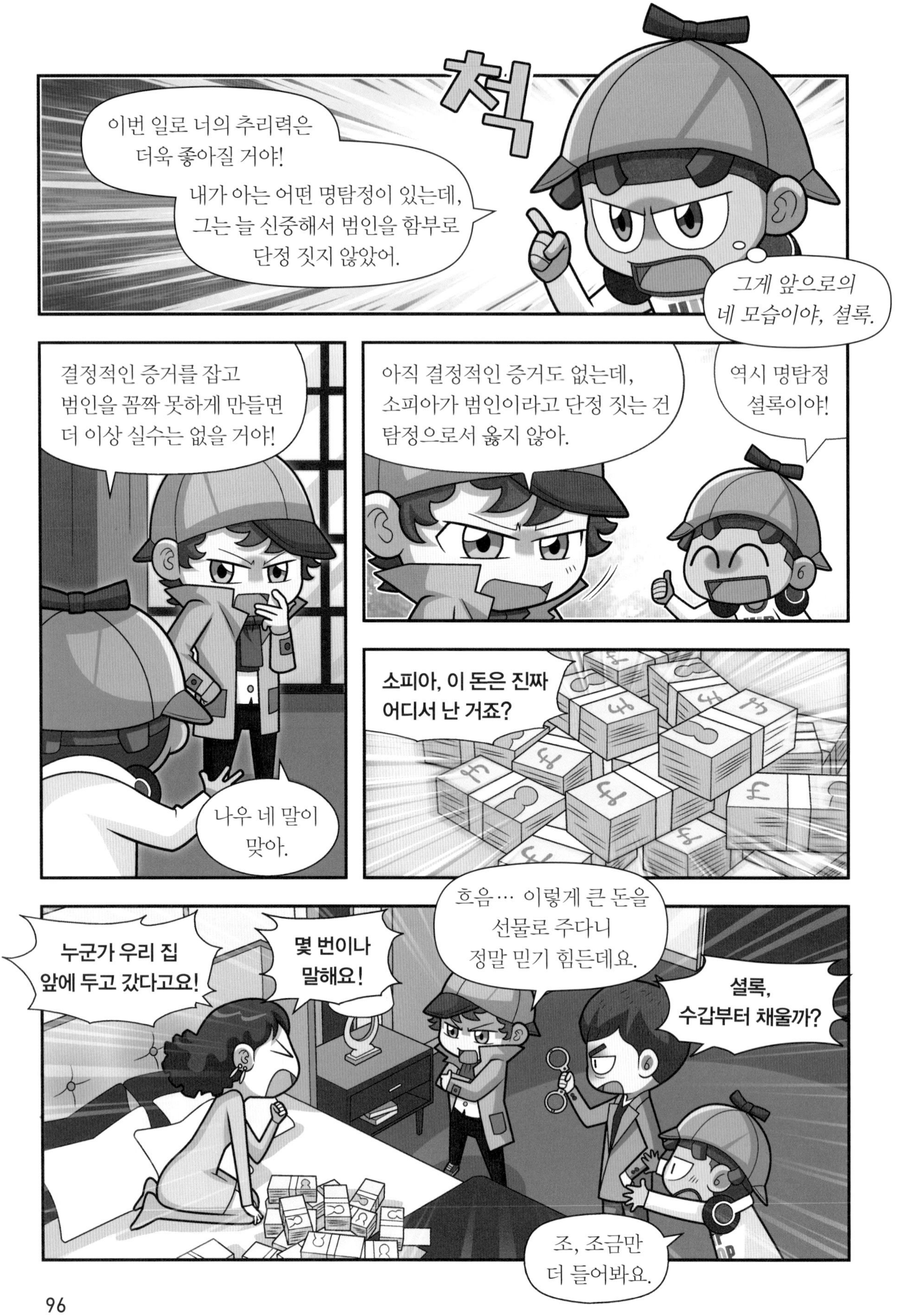
척
이번 일로 너의 추리력은 더욱 좋아질 거야!
내가 아는 어떤 명탐정이 있는데, 그는 늘 신중해서 범인을 함부로 단정 짓지 않았어.
그게 앞으로의 네 모습이야, 셜록.
결정적인 증거를 잡고 범인을 꼼짝 못하게 만들면 더 이상 실수는 없을 거야!
나우 네 말이 맞아.
아직 결정적인 증거도 없는데, 소피아가 범인이라고 단정 짓는 건 탐정으로서 옳지 않아.
역시 명탐정 셜록이야!
소피아, 이 돈은 진짜 어디서 난 거죠?
누군가 우리 집 앞에 두고 갔다고요!
몇 번이나 말해요!
흐음… 이렇게 큰 돈을 선물로 주다니 정말 믿기 힘든데요.
셜록, 수갑부터 채울까?
조, 조금만 더 들어봐요.

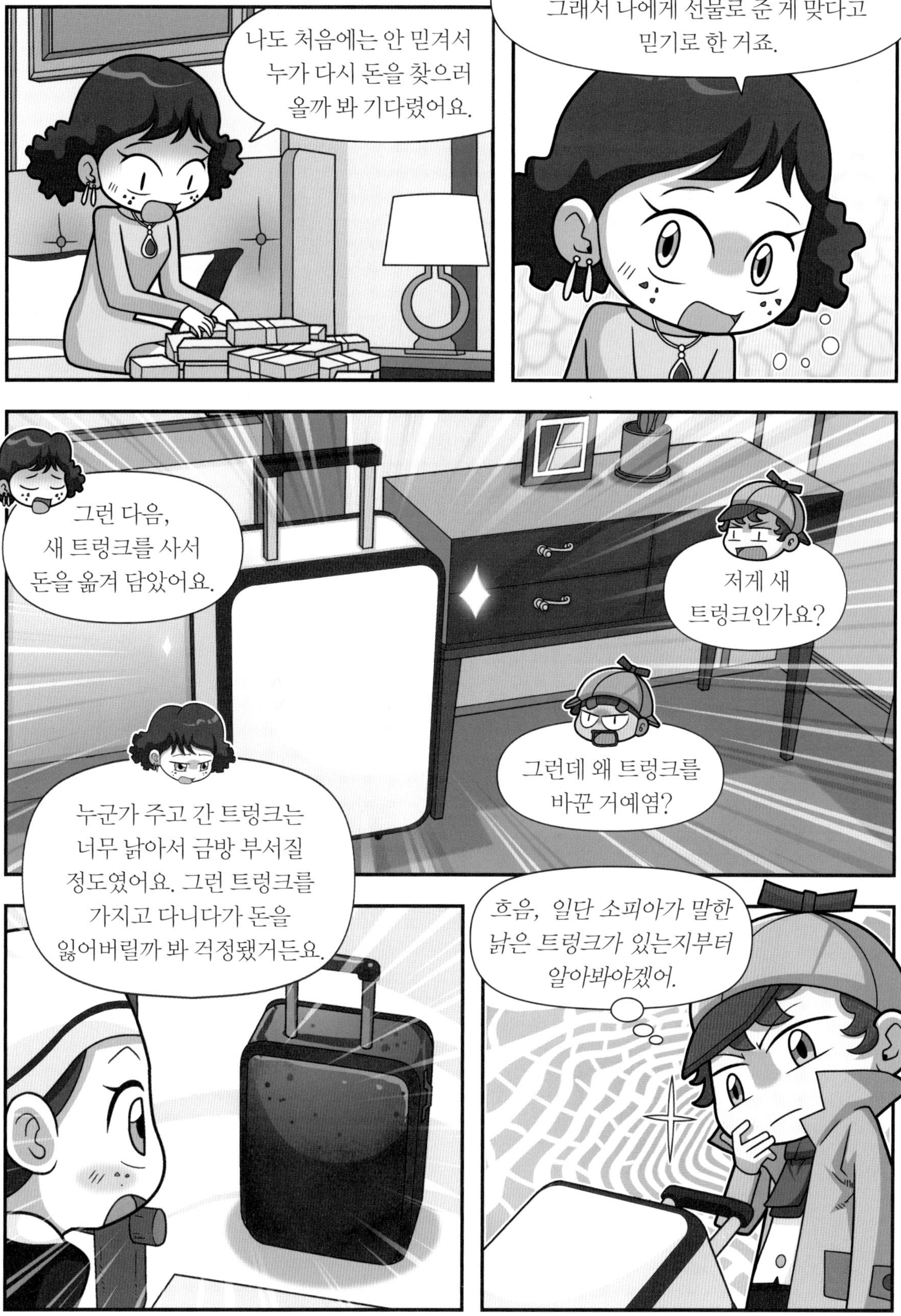

나도 처음에는 안 믿겨서 누가 다시 돈을 찾으러 올까 봐 기다렸어요.
하지만 며칠이 지나도 찾으러 오지 않았죠. 그래서 나에게 선물로 준 게 맞다고 믿기로 한 거죠.
그런 다음, 새 트렁크를 사서 돈을 옮겨 담았어요.
저게 새 트렁크인가요?
그런데 왜 트렁크를 바꾼 거예염?
누군가 주고 간 트렁크는 너무 낡아서 금방 부서질 정도였어요. 그런 트렁크를 가지고 다니다가 돈을 잃어버릴까 봐 걱정됐거든요.
흐음, 일단 소피아가 말한 낡은 트렁크가 있는지부터 알아봐야겠어.

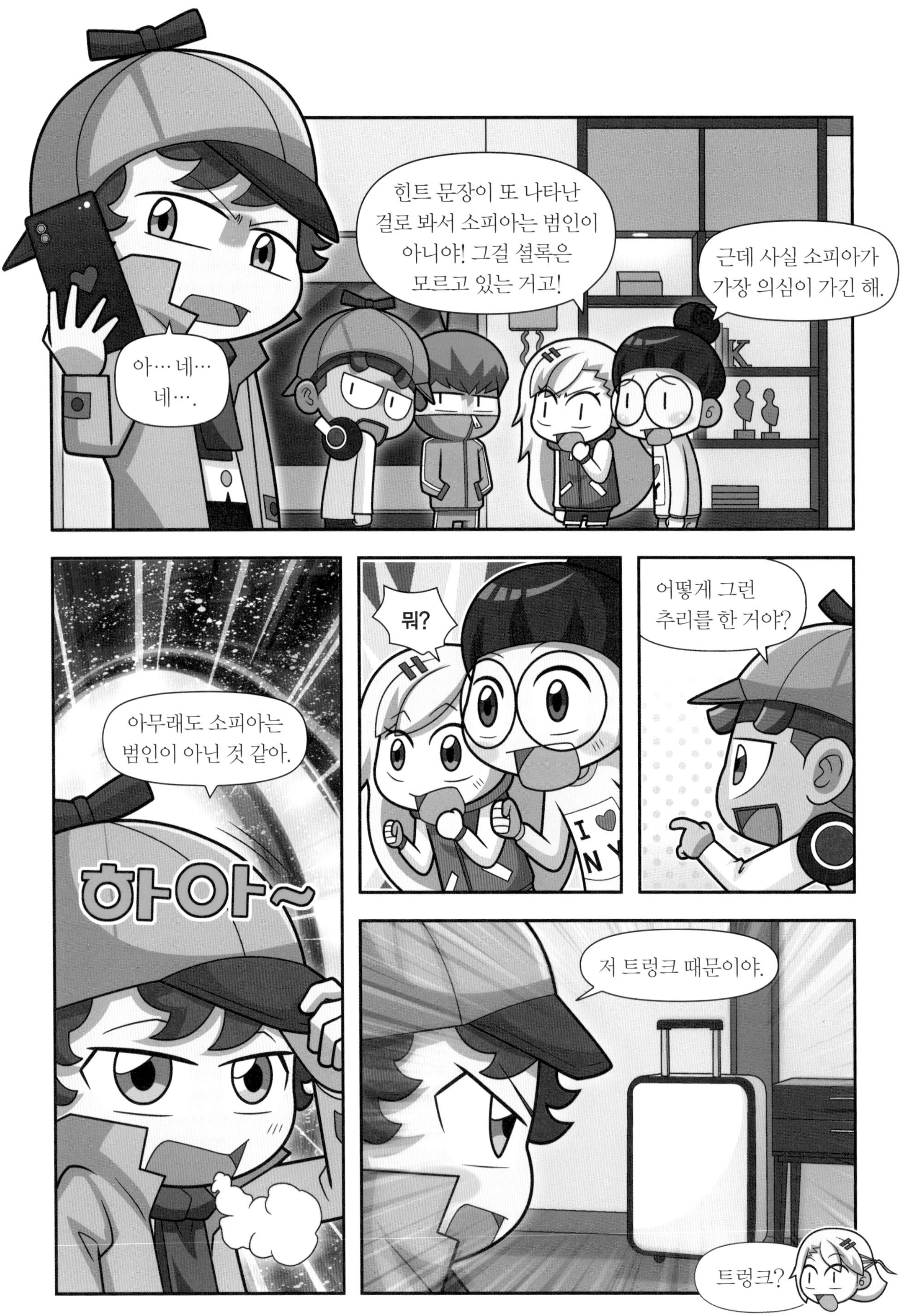

힌트 문장이 또 나타난 걸로 봐서 소피아는 범인이 아니야! 그걸 셜록은 모르고 있는 거고!
아… 네… 네….
근데 사실 소피아가 가장 의심이 가긴 해.
아무래도 소피아는 범인이 아닌 것 같아.
하아~
뭐?
어떻게 그런 추리를 한 거야?
저 트렁크 때문이야.
트렁크?

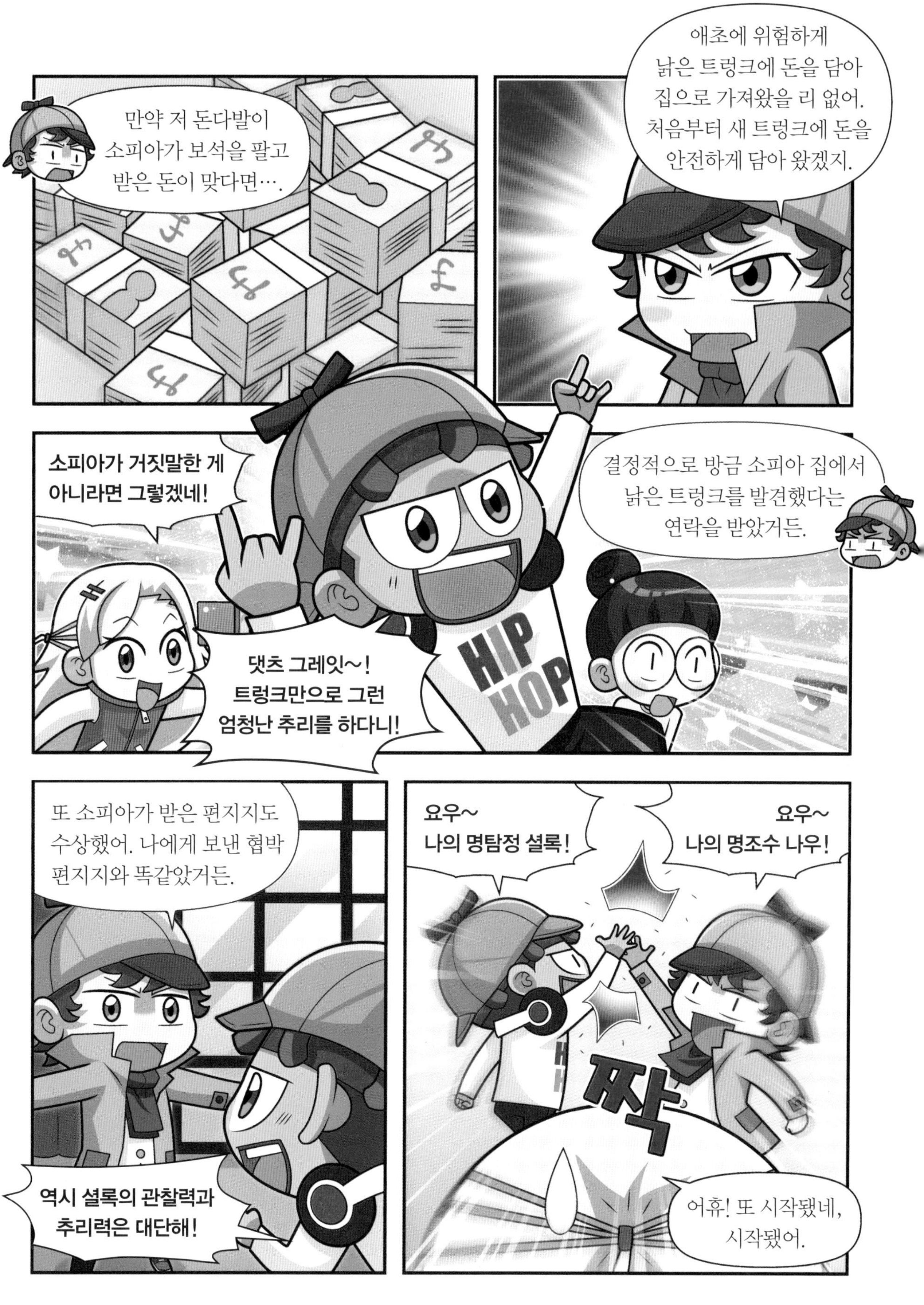

만약 저 돈다발이 소피아가 보석을 팔고 받은 돈이 맞다면….
애초에 위험하게 낡은 트렁크에 돈을 담아 집으로 가져왔을 리 없어. 처음부터 새 트렁크에 돈을 안전하게 담아 왔겠지.
소피아가 거짓말한 게 아니라면 그렇겠네!
결정적으로 방금 소피아 집에서 낡은 트렁크를 발견했다는 연락을 받았거든.
댓츠 그레잇~! 트렁크만으로 그런 엄청난 추리를 하다니!
HIP HOP
또 소피아가 받은 편지지도 수상했어. 나에게 보낸 협박 편지지와 똑같았거든.
역시 셜록의 관찰력과 추리력은 대단해!
요우~ 나의 명탐정 셜록!
요우~ 나의 명조수 나우!
짝
어휴! 또 시작됐네, 시작됐어.

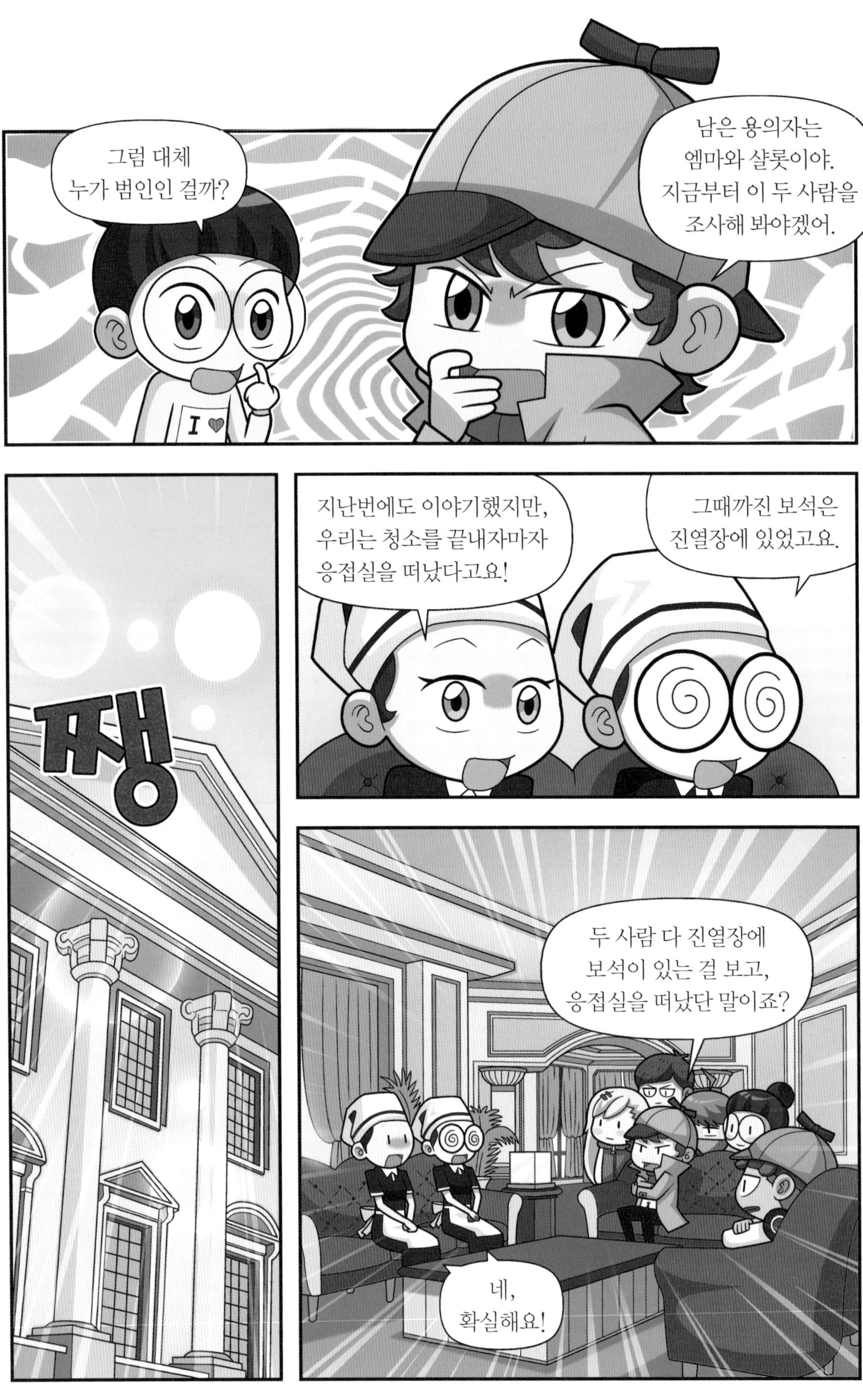
그럼 대체 누가 범인인 걸까?
남은 용의자는 엠마와 샬롯이야. 지금부터 이 두 사람을 조사해 봐야겠어.
쨍
지난번에도 이야기했지만, 우리는 청소를 끝내자마자 응접실을 떠났다고요!
그때까진 보석은 진열장에 있었고요.
두 사람 다 진열장에 보석이 있는 걸 보고, 응접실을 떠났단 말이죠?
네, 확실해요!

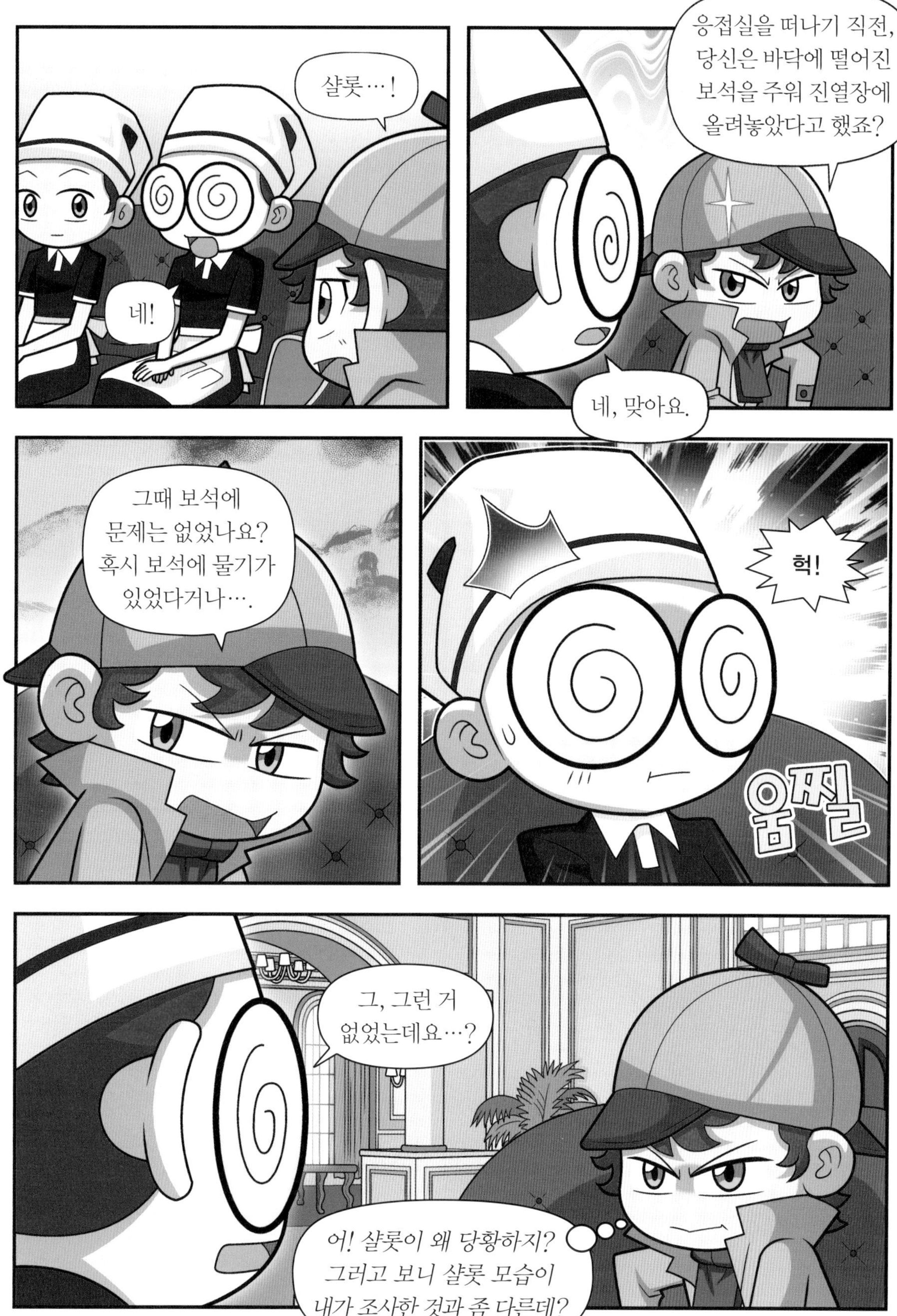
샬롯…!
네!
응접실을 떠나기 직전, 당신은 바닥에 떨어진 보석을 주워 진열장에 올려놓았다고 했죠?
네, 맞아요.
그때 보석에 문제는 없었나요? 혹시 보석에 물기가 있었다거나….
헉!
움찔
그, 그런 거 없었는데요…?
어! 샬롯이 왜 당황하지? 그러고 보니 샬롯 모습이 내가 조사한 것과 좀 다른데?

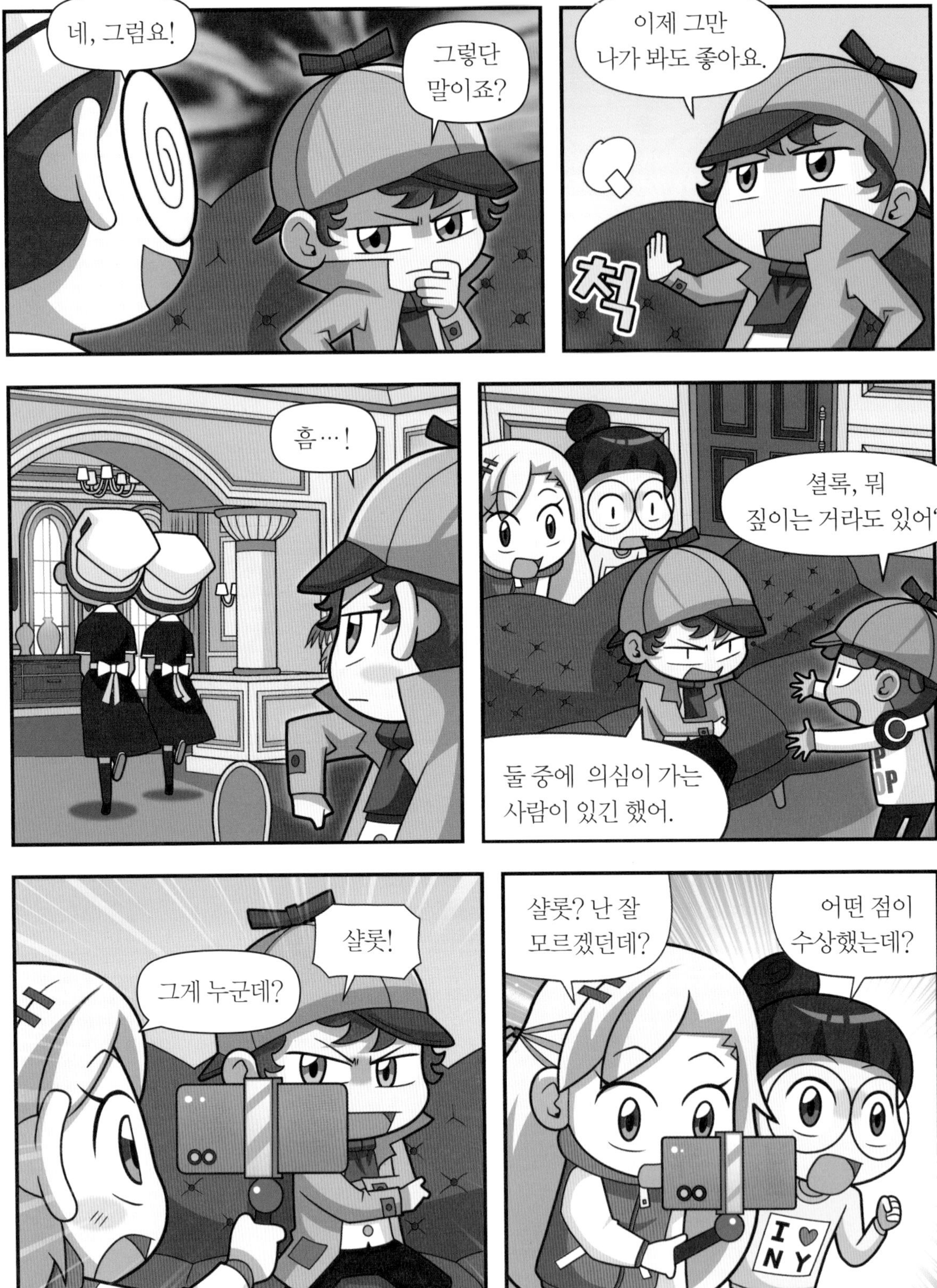
네, 그럼요!
그렇단 말이죠?
이제 그만 나가 봐도 좋아요.
척
흠…!
셜록, 뭐 짚이는 거라도 있어?
둘 중에 의심이 가는 사람이 있긴 했어.
샬롯!
그게 누군데?
샬롯? 난 잘 모르겠던데?
어떤 점이 수상했는데?

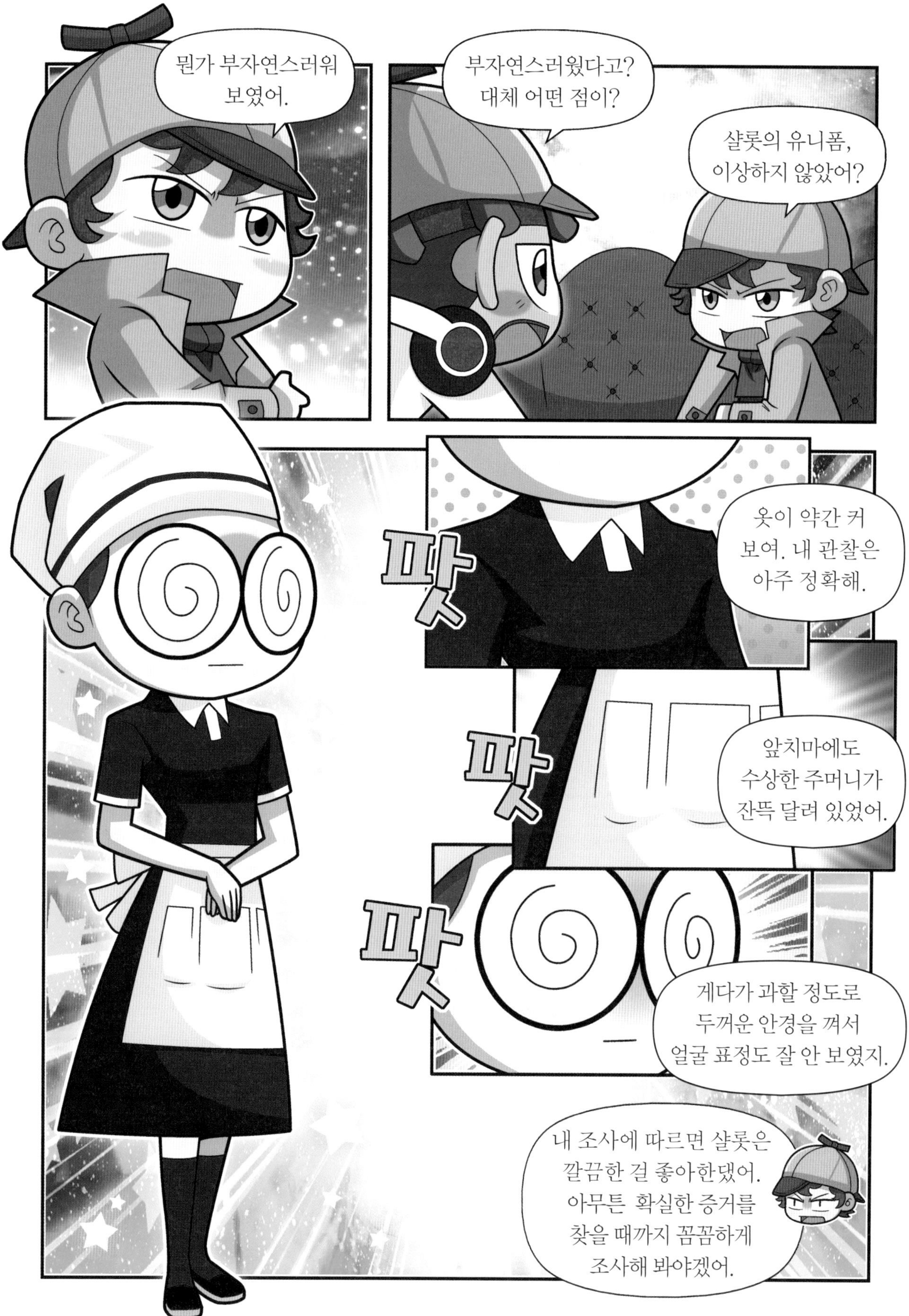
뭔가 부자연스러워 보였어.
부자연스러웠다고? 대체 어떤 점이?
샬롯의 유니폼, 이상하지 않았어?
팟
옷이 약간 커 보여. 내 관찰은 아주 정확해.
팟
앞치마에도 수상한 주머니가 잔뜩 달려 있었어.
팟
게다가 과할 정도로 두꺼운 안경을 껴서 얼굴 표정도 잘 안 보였지.
내 조사에 따르면 샬롯은 깔끔한 걸 좋아한댔어. 아무튼 확실한 증거를 찾을 때까지 꼼꼼하게 조사해 봐야겠어.

Chapter 5

샬롯의 정체

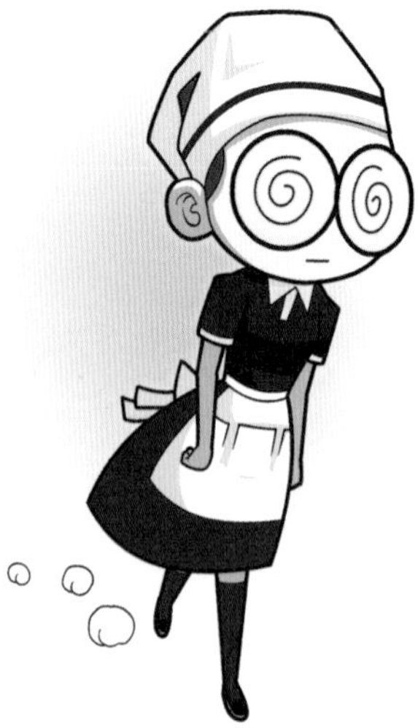

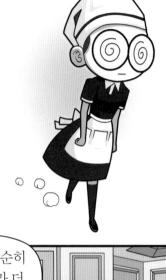

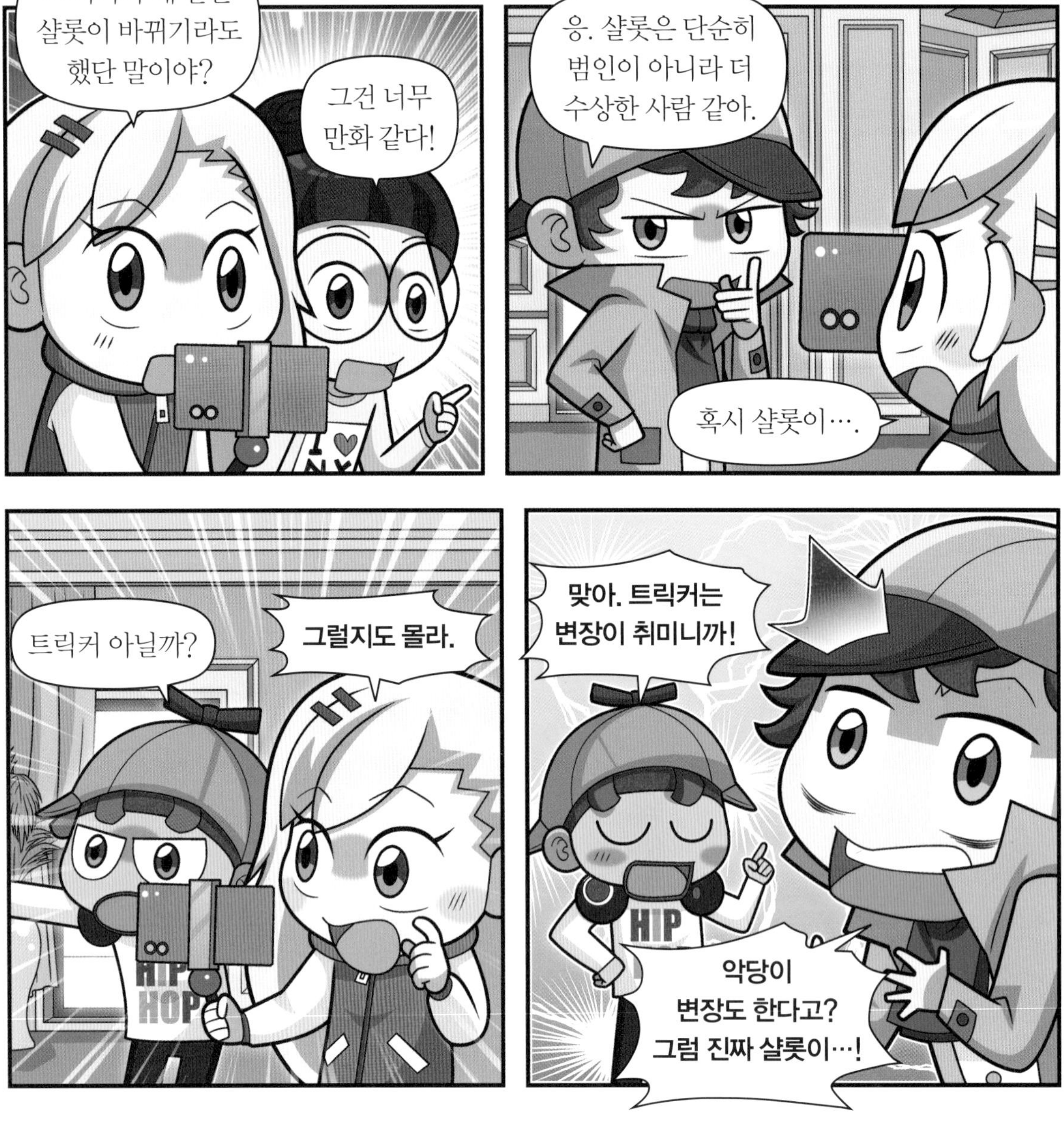
그러니까 네 말은 샬롯이 바뀌기라도 했단 말이야?
그건 너무 만화 같다!
응. 샬롯은 단순히 범인이 아니라 더 수상한 사람 같아.
혹시 샬롯이….
트릭커 아닐까?
그럴지도 몰라.
맞아. 트릭커는 변장이 취미니까!
악당이 변장도 한다고? 그럼 진짜 샬롯이…!

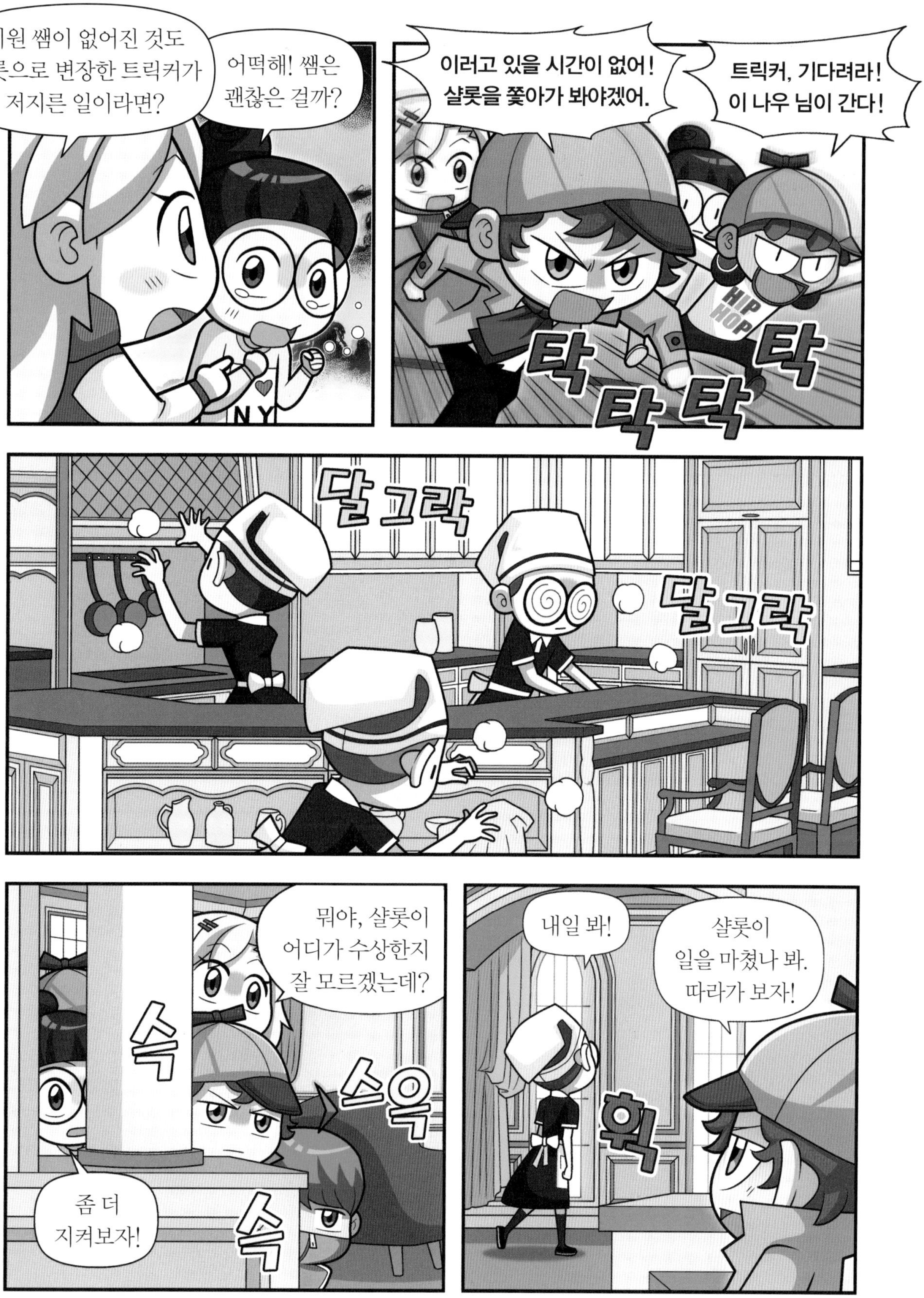
시원 쌤이 없어진 것도 샬롯으로 변장한 트릭커가 저지른 일이라면?
어떡해! 쌤은 괜찮은 걸까?
이러고 있을 시간이 없어! 샬롯을 쫓아가 봐야겠어.
트릭커, 기다려라! 이 나우 님이 간다!
HIP HOP
탁 탁 탁 탁
달그락
달그락
뭐야, 샬롯이 어디가 수상한지 잘 모르겠는데?
쏙
스윽
쏙
좀 더 지켜보자!
내일 봐!
샬롯이 일을 마쳤나 봐. 따라가 보자!
휙

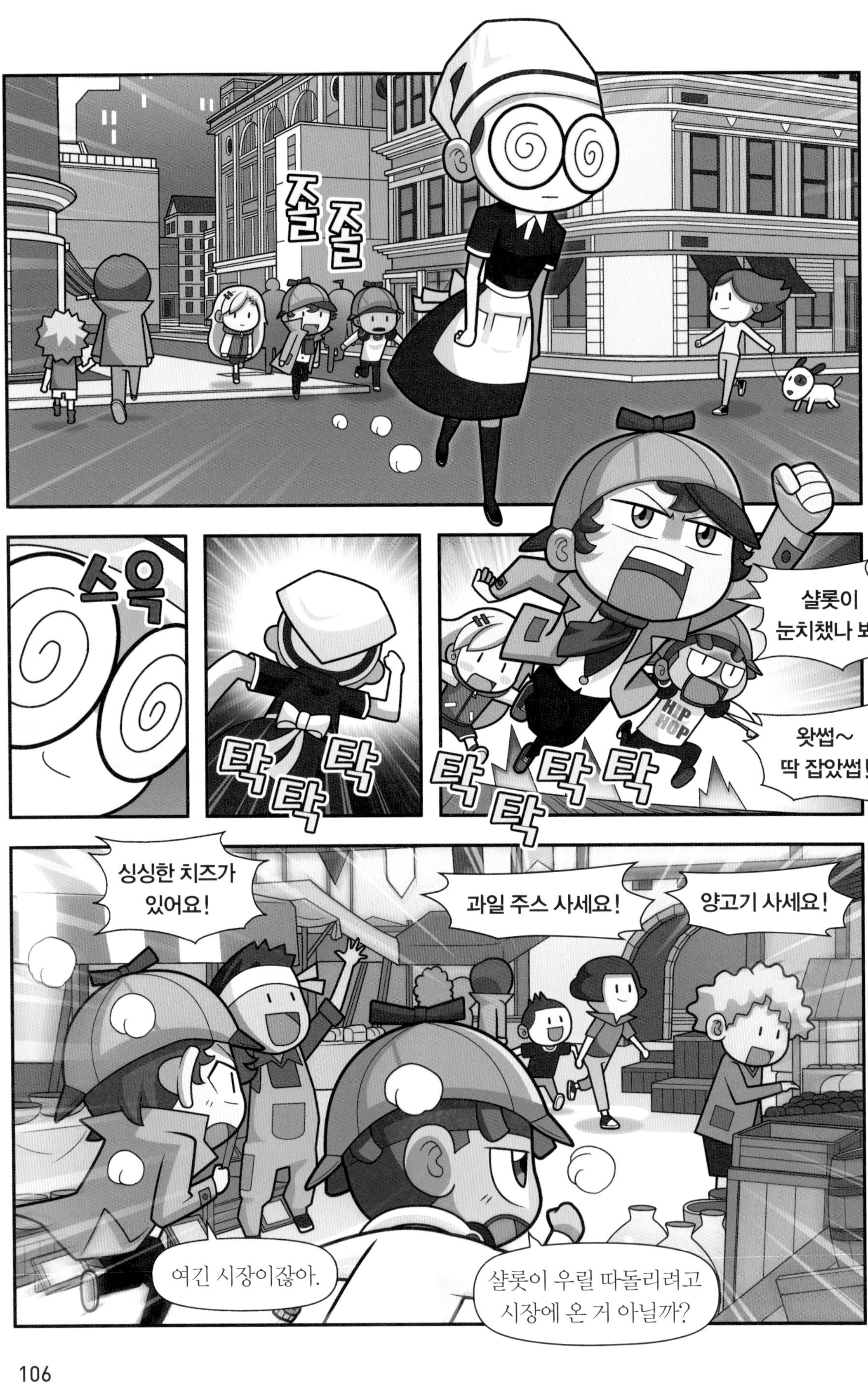

졸졸
스윽
탁탁 탁
탁 탁탁 탁
샬롯이 눈치챘나 봐!
HIP HOP
왓썹~ 딱 잡았썹!
싱싱한 치즈가 있어요!
과일 주스 사세요!
양고기 사세요!
여긴 시장이잖아.
샬롯이 우릴 따돌리려고 시장에 온 거 아닐까?

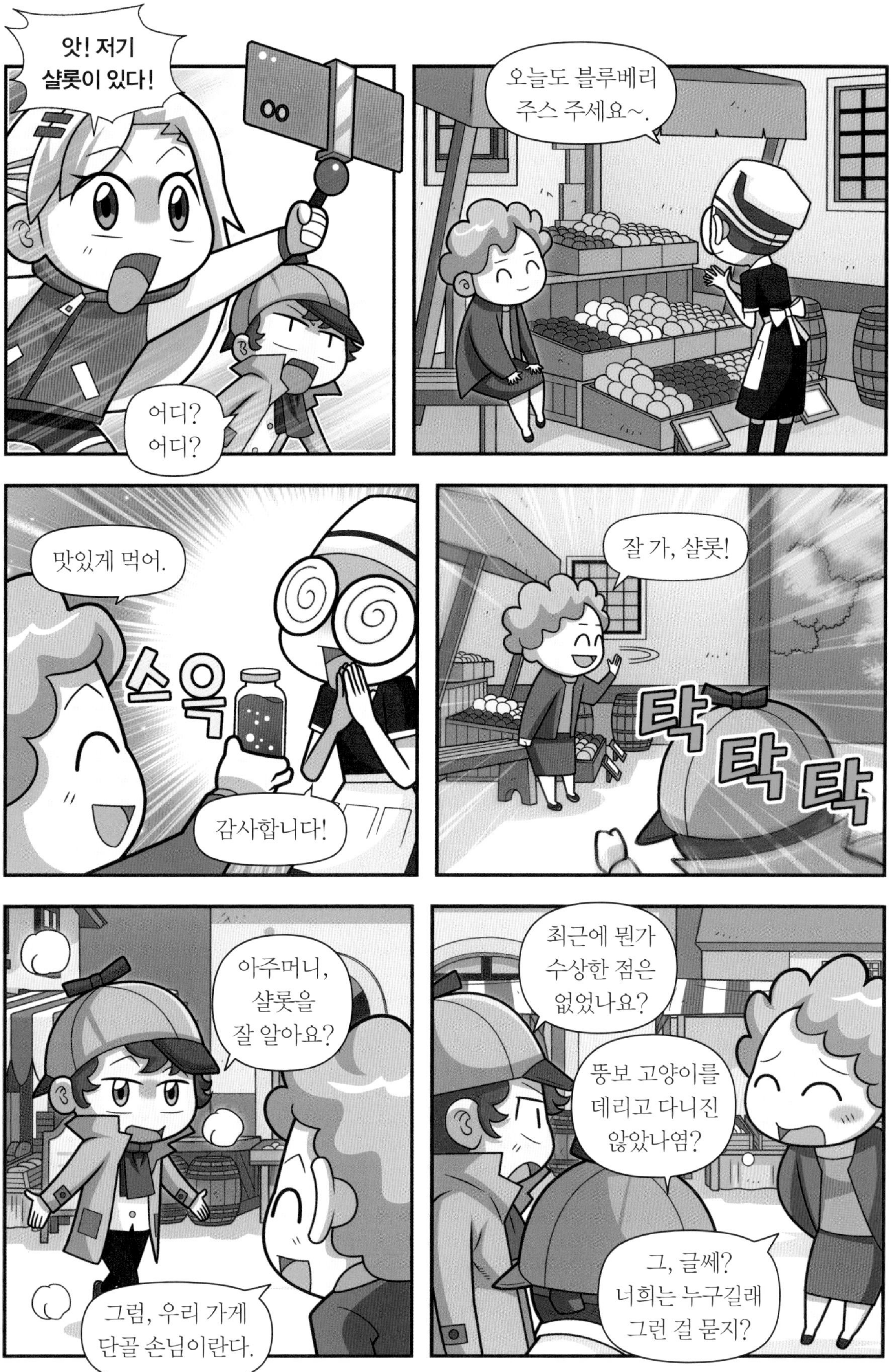
앗! 저기
샬롯이 있다!
어디?
어디?
오늘도 블루베리
주스 주세요~.
맛있게 먹어.
스윽
감사합니다!
잘 가, 샬롯!
탁
탁
탁
아주머니,
샬롯을
잘 알아요?
그럼, 우리 가게
단골 손님이란다.
최근에 뭔가
수상한 점은
없었나요?
뚱보 고양이를
데리고 다니진
않았나염?
그, 글쎄?
너희는 누구길래
그런 걸 묻지?

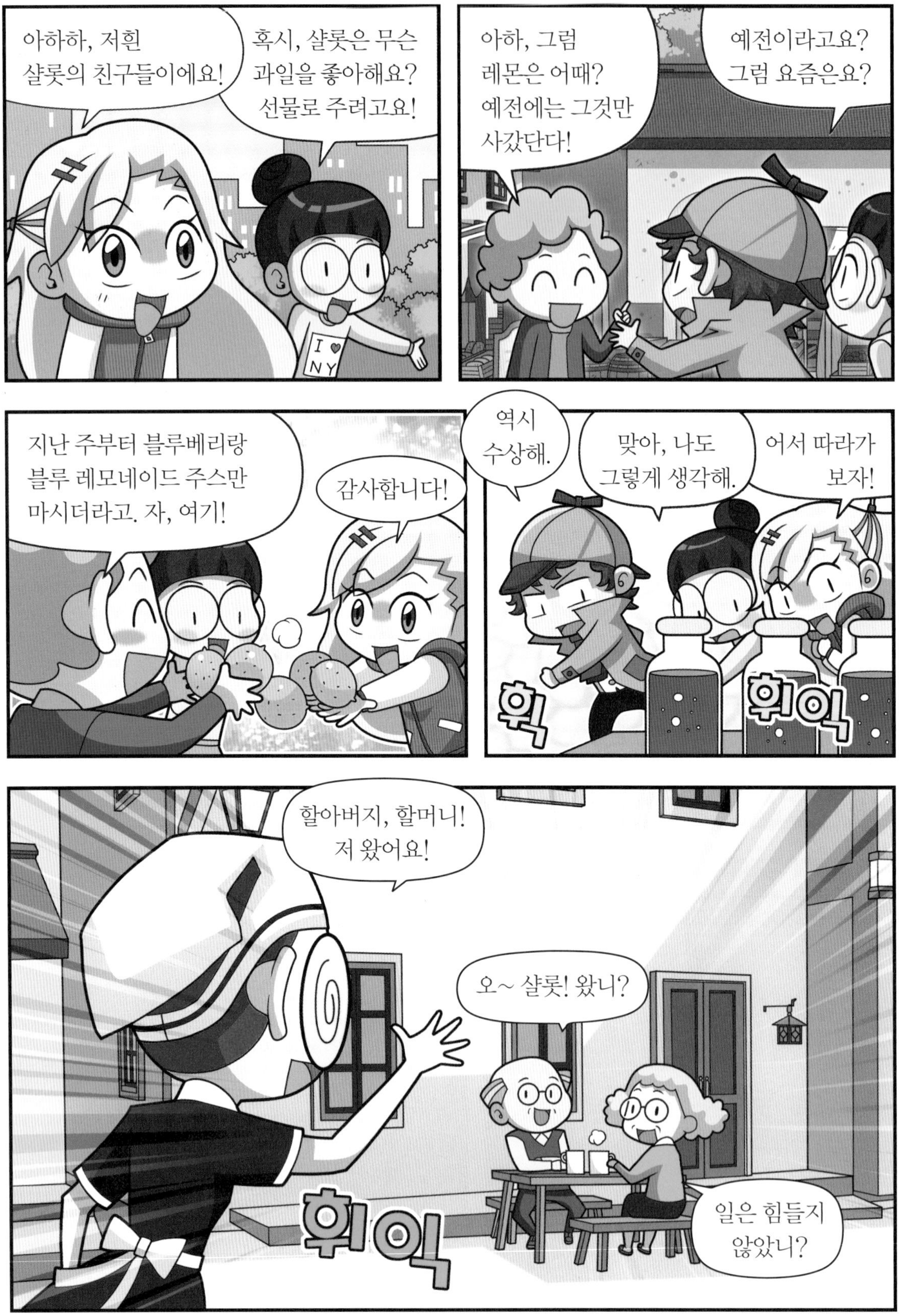

아하하, 저흰 샬롯의 친구들이에요!
혹시, 샬롯은 무슨 과일을 좋아해요? 선물로 주려고요!
아하, 그럼 레몬은 어때? 예전에는 그것만 사갔단다!
예전이라고요? 그럼 요즘은요?
지난 주부터 블루베리랑 블루 레모네이드 주스만 마시더라고. 자, 여기!
감사합니다!
역시 수상해.
맞아, 나도 그렇게 생각해.
어서 따라가 보자!
휙
휘익
할아버지, 할머니! 저 왔어요!
오~ 샬롯! 왔니?
일은 힘들지 않았니?
휘익

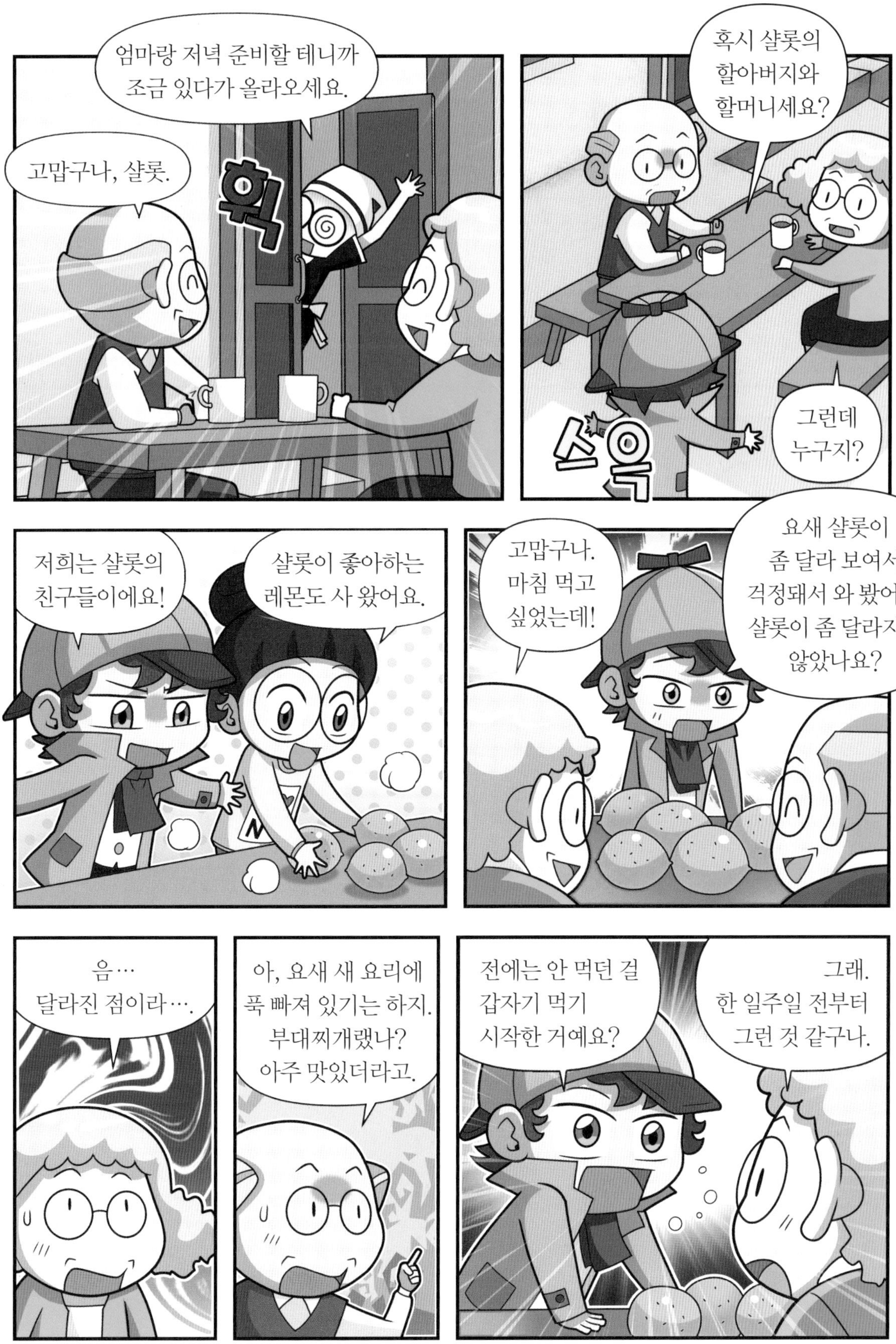
엄마랑 저녁 준비할 테니까
조금 있다가 올라오세요.
고맙구나, 샬롯.
휙
혹시 샬롯의
할아버지와
할머니세요?
그런데
누구지?
스윽
저희는 샬롯의
친구들이에요!
샬롯이 좋아하는
레몬도 사 왔어요.
요새 샬롯이
좀 달라 보여서
걱정돼서 와 봤어요.
샬롯이 좀 달라지지
않았나요?
고맙구나.
마침 먹고
싶었는데!
음…
달라진 점이라….
아, 요새 새 요리에
푹 빠져 있기는 하지.
부대찌개랬나?
아주 맛있더라고.
전에는 안 먹던 걸
갑자기 먹기
시작한 거예요?
그래.
한 일주일 전부터
그런 것 같구나.

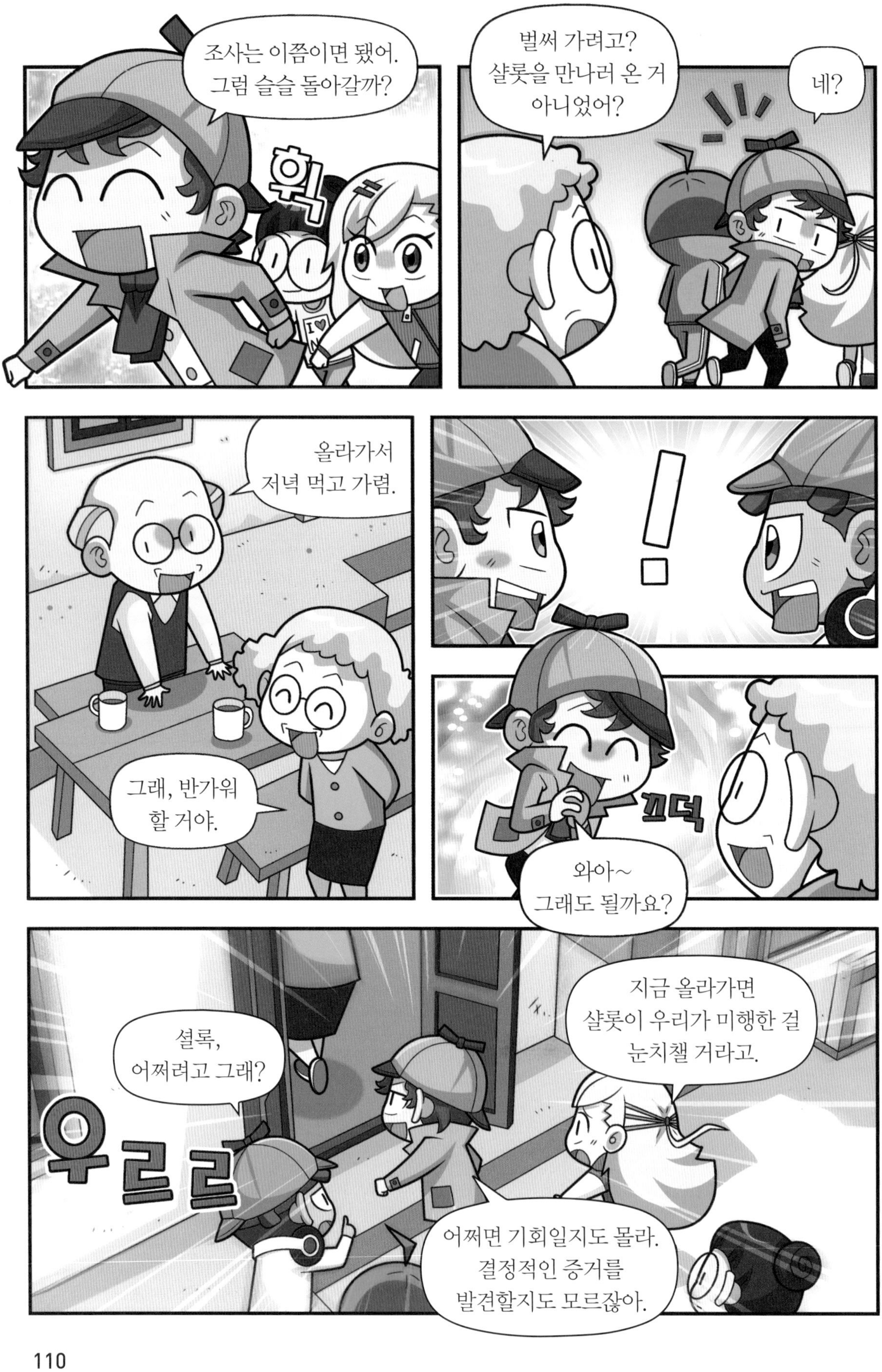

조사는 이쯤이면 됐어. 그럼 슬슬 돌아갈까?
휙
벌써 가려고? 샬롯을 만나러 온 거 아니었어?
네?
올라가서 저녁 먹고 가렴.
그래, 반가워 할 거야.
!
와아~ 그래도 될까요?
끄덕
셜록, 어쩌려고 그래?
우르르
지금 올라가면 샬롯이 우리가 미행한 걸 눈치챌 거라고.
어쩌면 기회일지도 몰라. 결정적인 증거를 발견할지도 모르잖아.

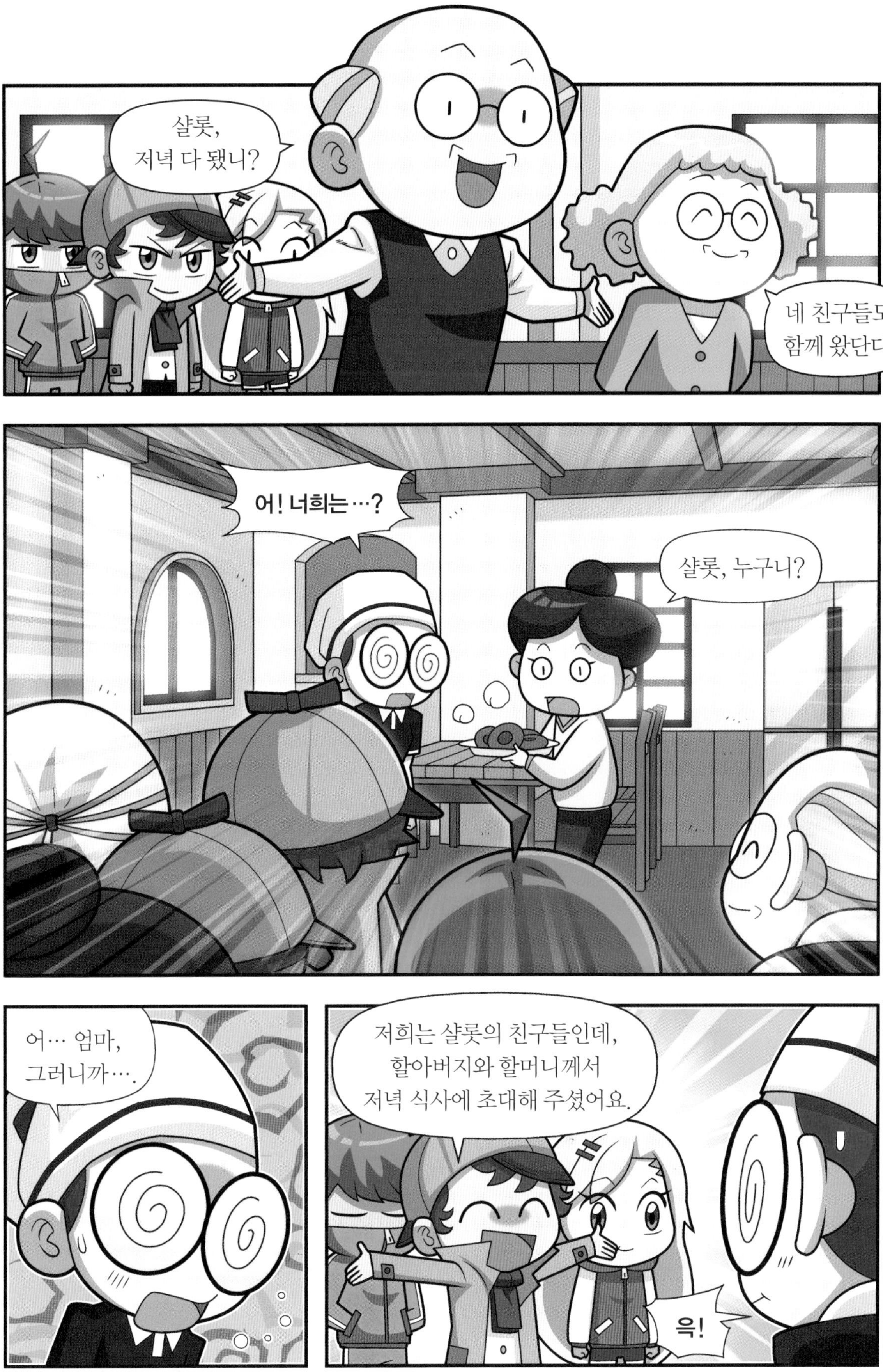
샬롯,
저녁 다 됐니?
네 친구들도
함께 왔단다.
어! 너희는…?
샬롯, 누구니?
어… 엄마,
그러니까….
저희는 샬롯의 친구들인데,
할아버지와 할머니께서
저녁 식사에 초대해 주셨어요.
윽!

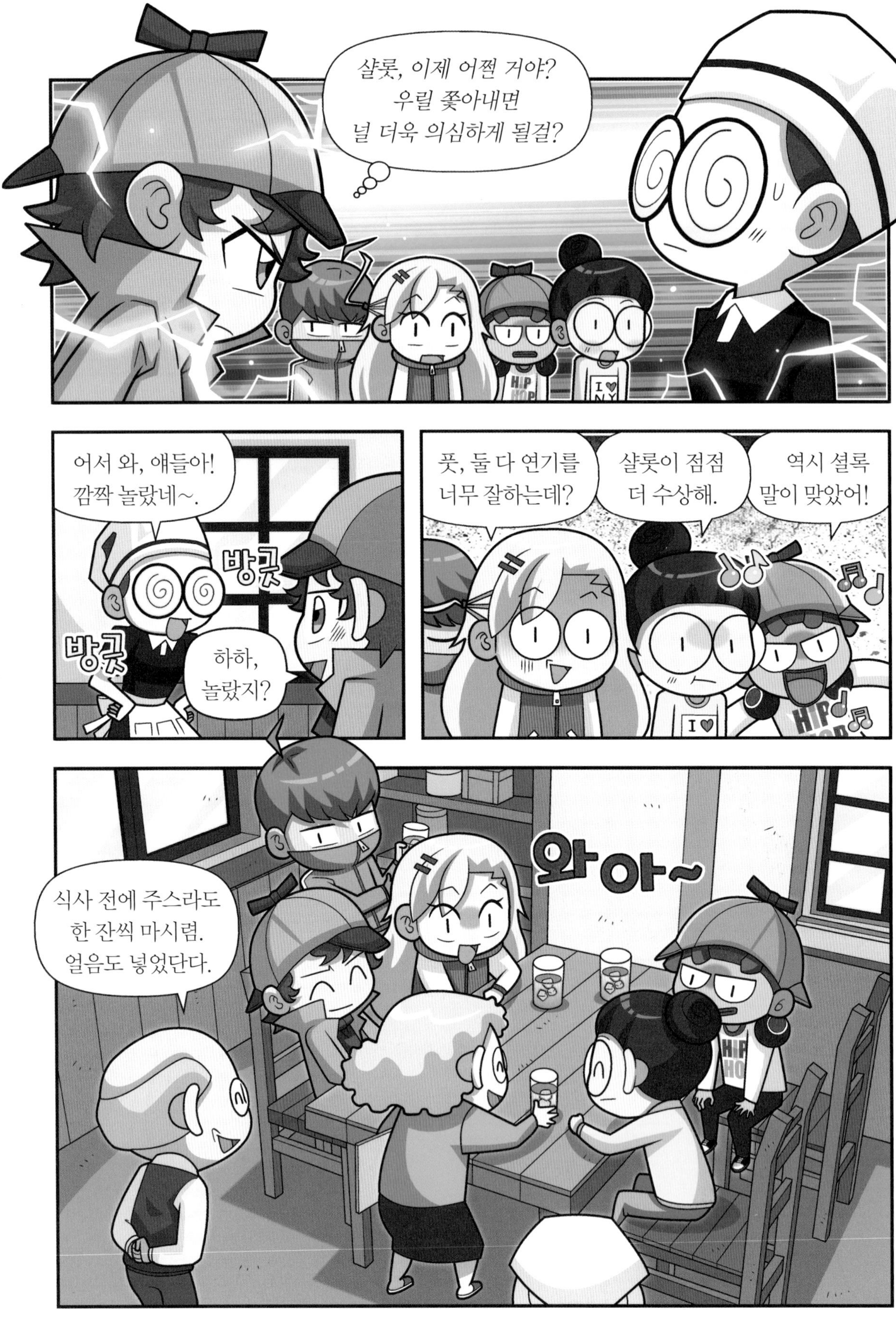
샬롯, 이제 어쩔 거야?
우릴 쫓아내면
널 더욱 의심하게 될걸?
어서 와, 애들아!
깜짝 놀랐네~.
방긋
방긋
하하,
놀랐지?
풋, 둘 다 연기를
너무 잘하는데?
샬롯이 점점
더 수상해.
역시 셜록
말이 맞았어!
와아~
식사 전에 주스라도
한 잔씩 마시렴.
얼음도 넣었단다.

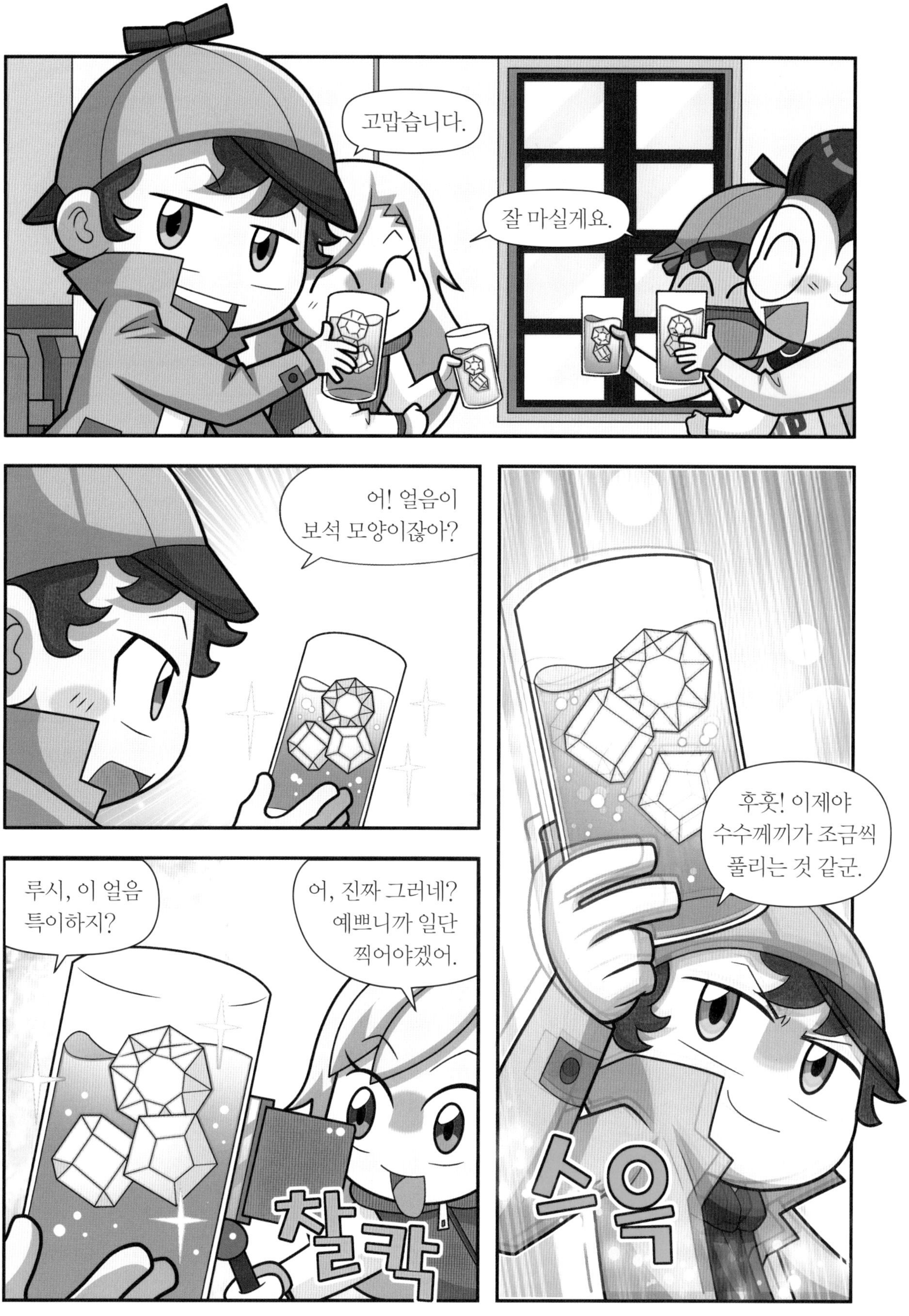
고맙습니다.
잘 마실게요.
어! 얼음이 보석 모양이잖아?
후훗! 이제야 수수께끼가 조금씩 풀리는 것 같군.
루시, 이 얼음 특이하지?
어, 진짜 그러네? 예쁘니까 일단 찍어야겠어.
찰칵
스윽

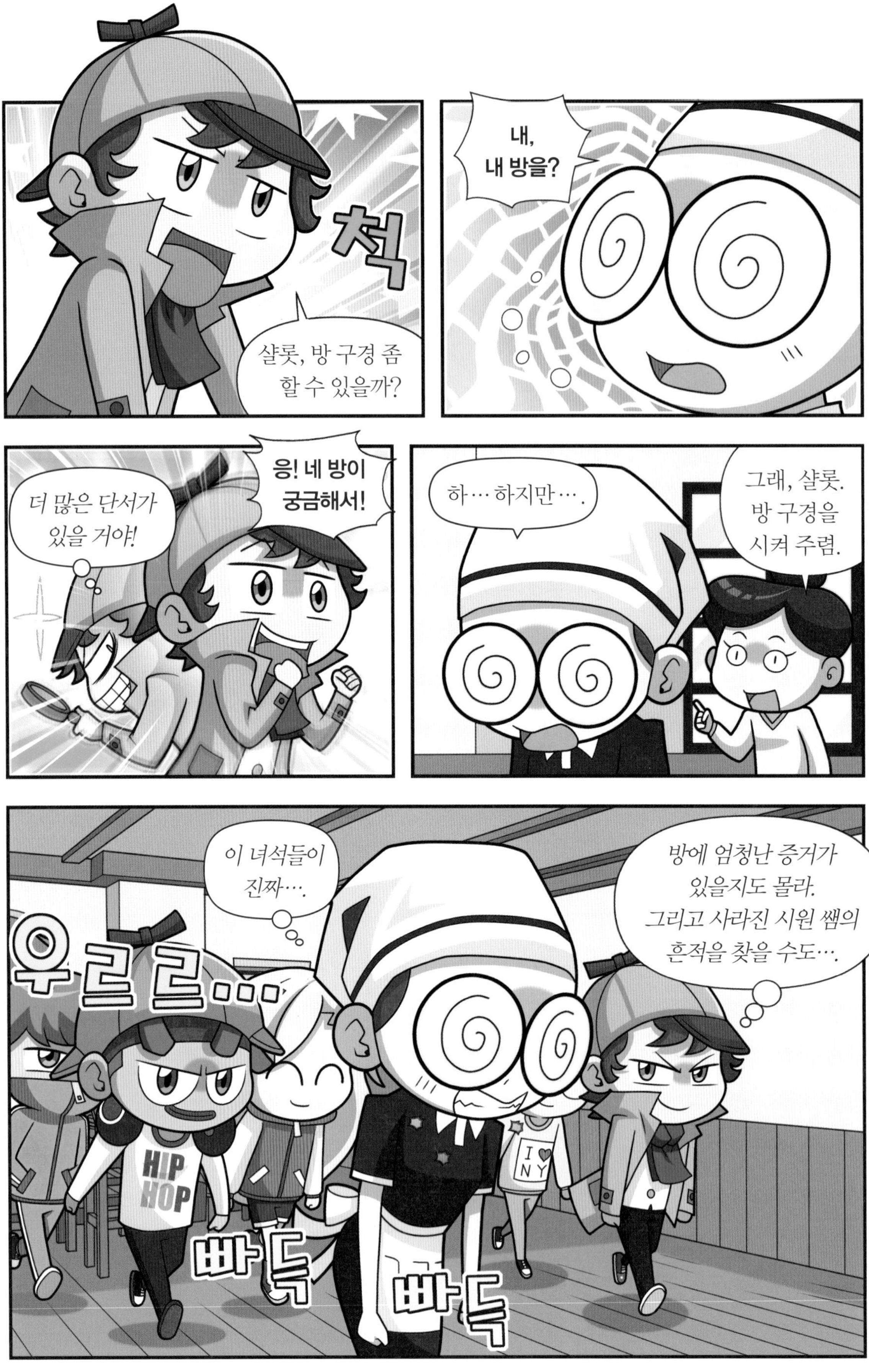
척
샬롯, 방 구경 좀 할 수 있을까?
내, 내 방을?
응! 네 방이 궁금해서!
더 많은 단서가 있을 거야!
하… 하지만….
그래, 샬롯. 방 구경을 시켜 주렴.
이 녀석들이 진짜….
방에 엄청난 증거가 있을지도 몰라. 그리고 사라진 시원 쌤의 흔적을 찾을 수도….
우르르…
빠드득
빠드득

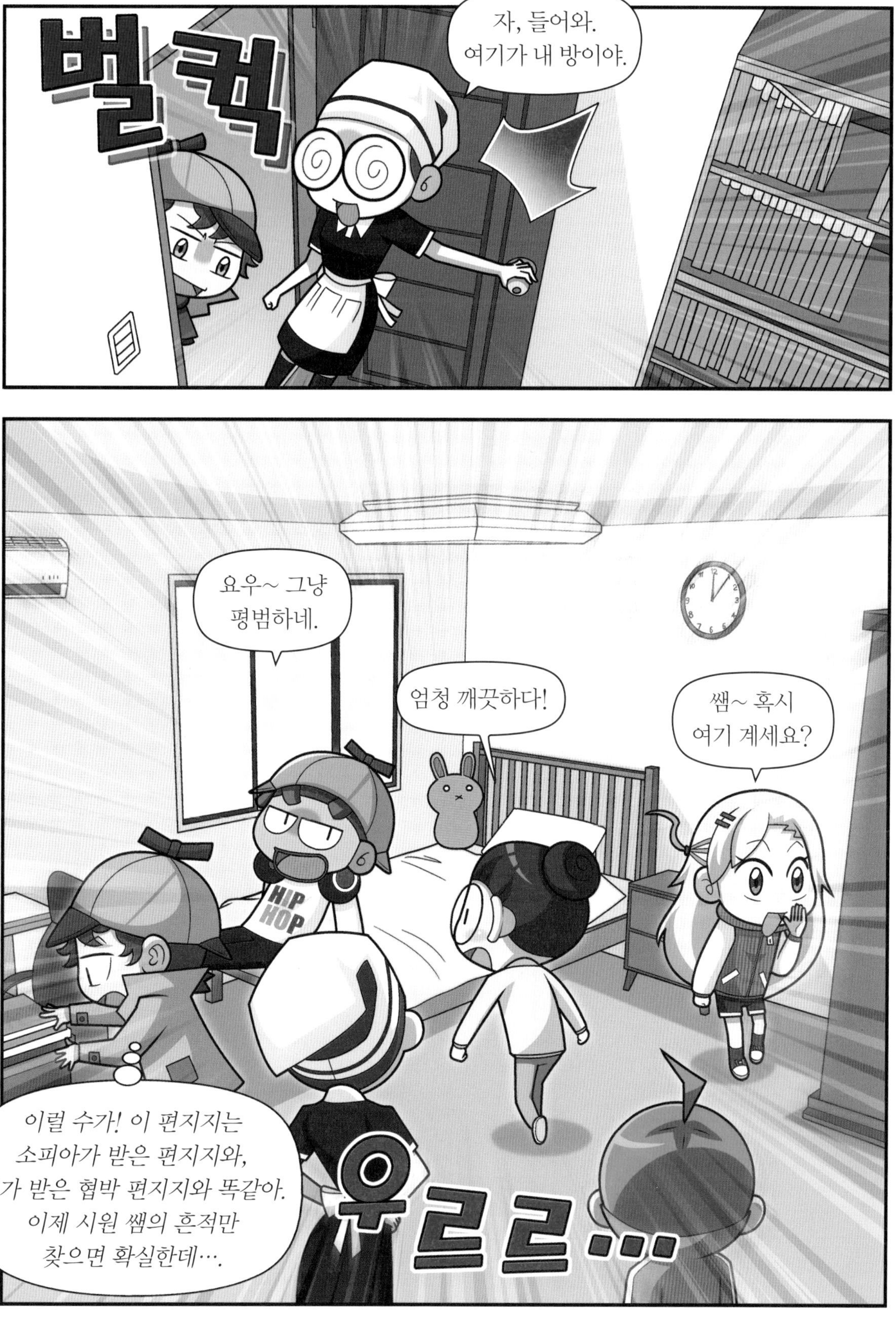
벌컥
자, 들어와.
여기가 내 방이야.
요우~ 그냥
평범하네.
엄청 깨끗하다!
쌤~ 혹시
여기 계세요?
HIP HOP
이럴 수가! 이 편지지는
소피아가 받은 편지지와,
내가 받은 협박 편지지와 똑같아.
이제 시원 쌤의 흔적만
찾으면 확실한데….
우르르…

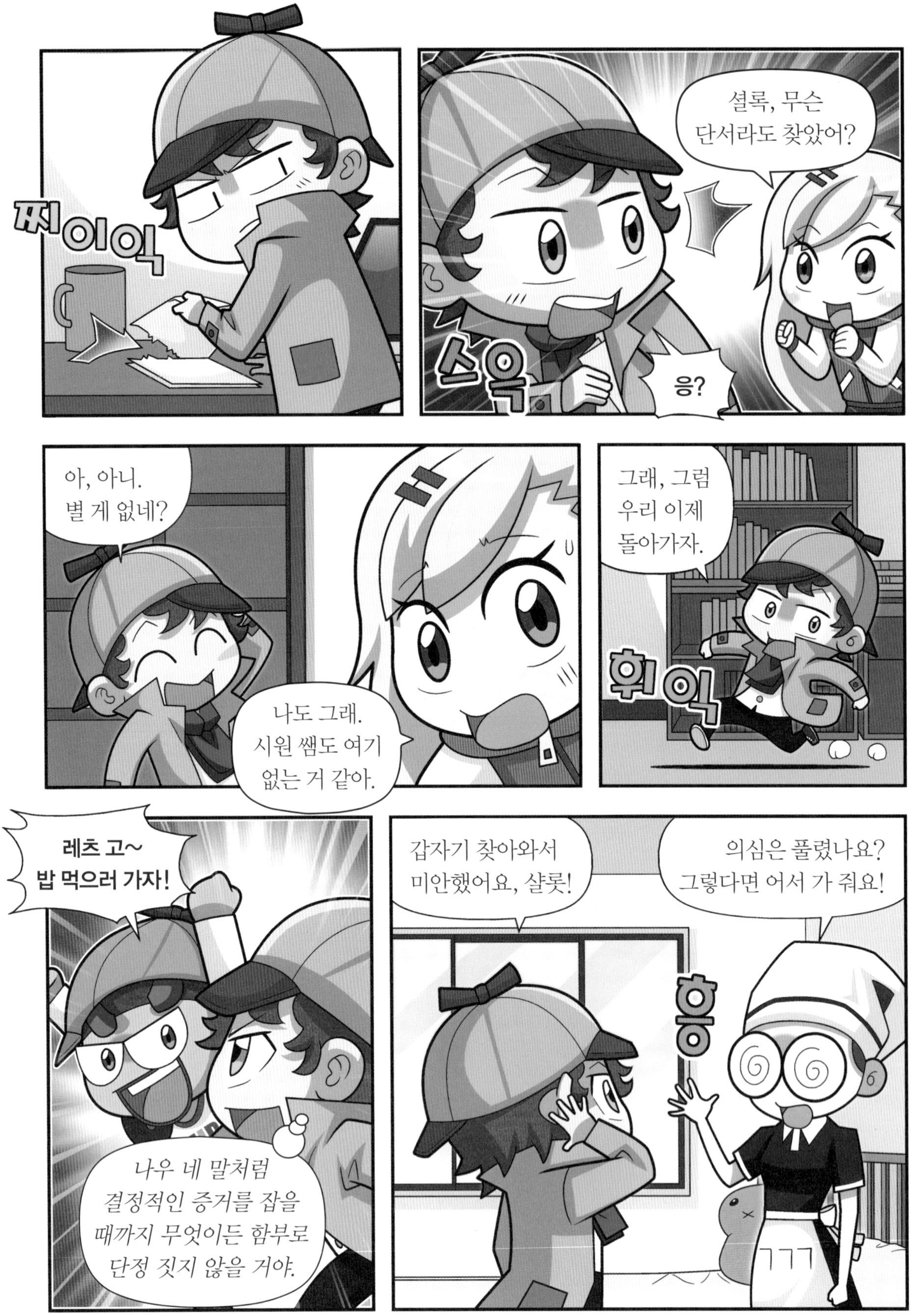

찌이익
셜록, 무슨 단서라도 찾았어?
스윽
응?
아, 아니. 별 게 없네?
나도 그래. 시원 쌤도 여기 없는 거 같아.
그래, 그럼 우리 이제 돌아가자.
휘익
레츠 고~ 밥 먹으러 가자!
나우 네 말처럼 결정적인 증거를 잡을 때까지 무엇이든 함부로 단정 짓지 않을 거야.
갑자기 찾아와서 미안했어요, 샬롯!
의심은 풀렸나요? 그렇다면 어서 가 줘요!
흥

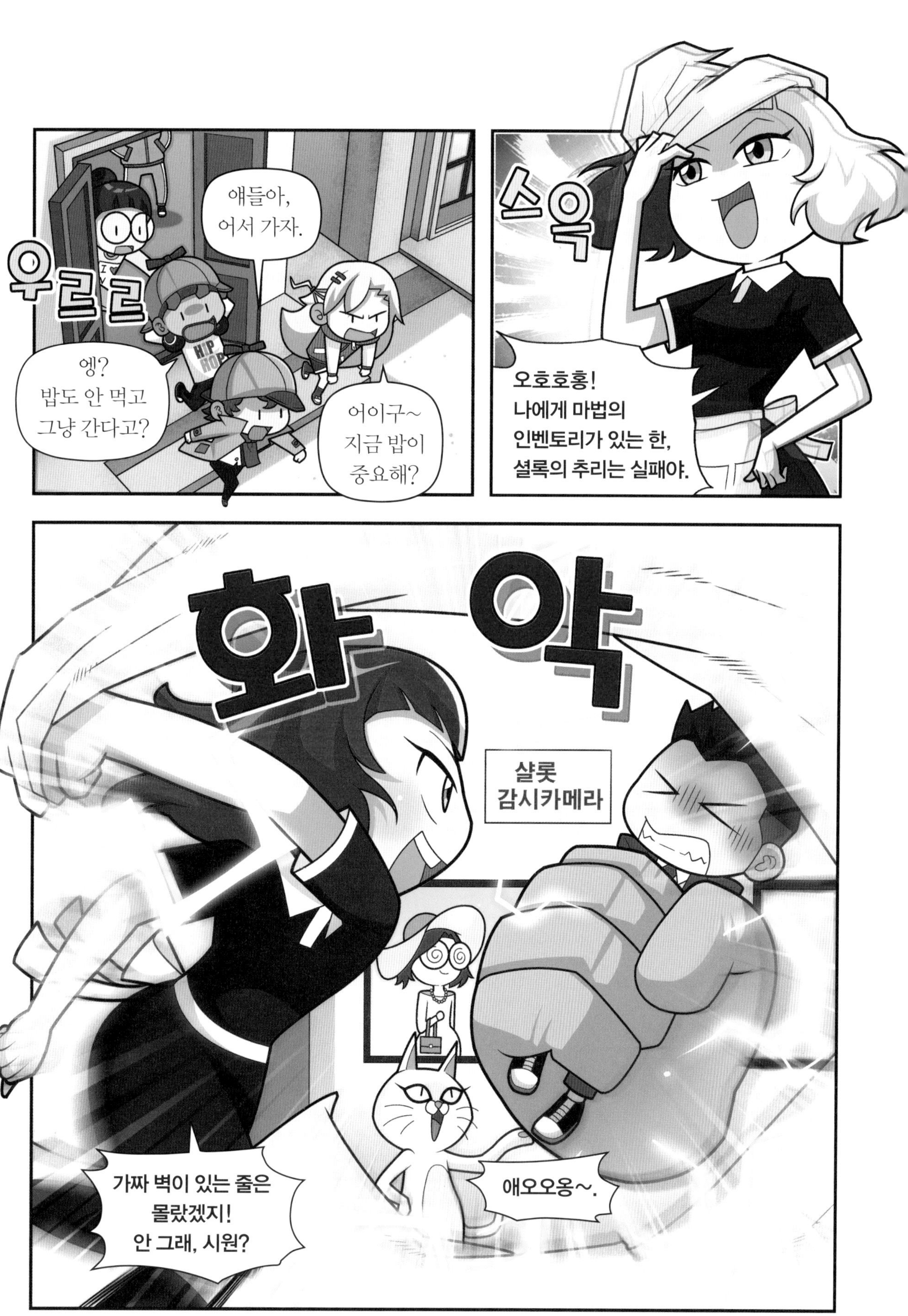
애들아,
어서 가자.
우르르
엥?
밥도 안 먹고
그냥 간다고?
어이구~
지금 밥이
중요해?
스윽
오호호홍!
나에게 마법의
인벤토리가 있는 한,
셜록의 추리는 실패야.
화악
샬롯
감시카메라
가짜 벽이 있는 줄은
몰랐겠지!
안 그래, 시원?
애오오옹~.

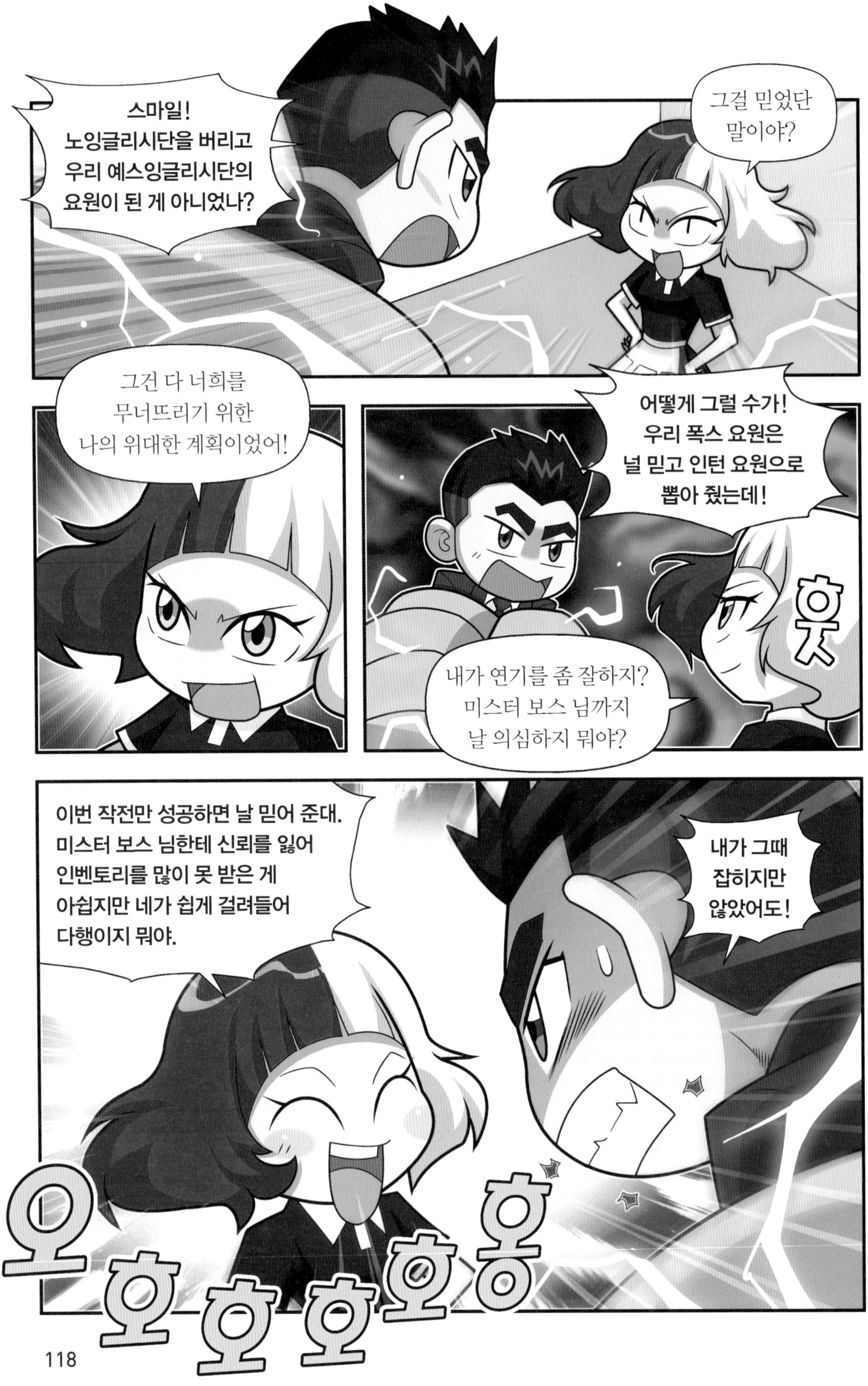

스마일!
노잉글리시단을 버리고
우리 예스잉글리시단의
요원이 된 게 아니었나?
그걸 믿었단
말이야?
그건 다 너희를
무너뜨리기 위한
나의 위대한 계획이었어!
어떻게 그럴 수가!
우리 폭스 요원은
널 믿고 인턴 요원으로
뽑아 줬는데!
훗
내가 연기를 좀 잘하지?
미스터 보스 님까지
날 의심하지 뭐야?
이번 작전만 성공하면 날 믿어 준대.
미스터 보스 님한테 신뢰를 잃어
인벤토리를 많이 못 받은 게
아쉽지만 네가 쉽게 걸려들어
다행이지 뭐야.
내가 그때
잡히지만
않았어도!
오호호호호홍

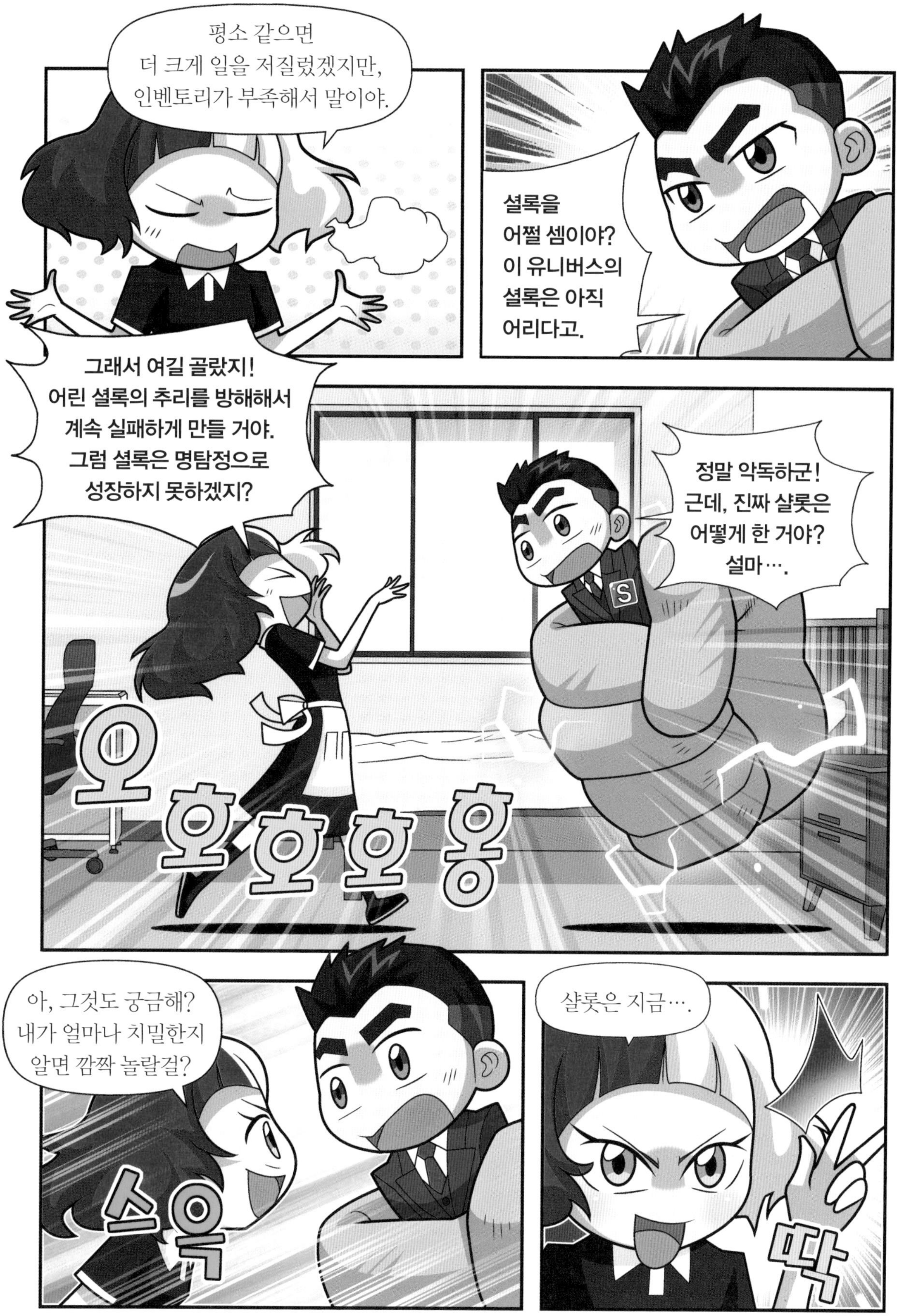
평소 같으면 더 크게 일을 저질렀겠지만, 인벤토리가 부족해서 말이야.
셜록을 어쩔 셈이야? 이 유니버스의 셜록은 아직 어리다고.
그래서 여길 골랐지! 어린 셜록의 추리를 방해해서 계속 실패하게 만들 거야. 그럼 셜록은 명탐정으로 성장하지 못하겠지?
정말 악독하군! 근데, 진짜 샬롯은 어떻게 한 거야? 설마….
오호호호홍
아, 그것도 궁금해? 내가 얼마나 치밀한지 알면 깜짝 놀랄걸?
스윽
샬롯은 지금….
딱

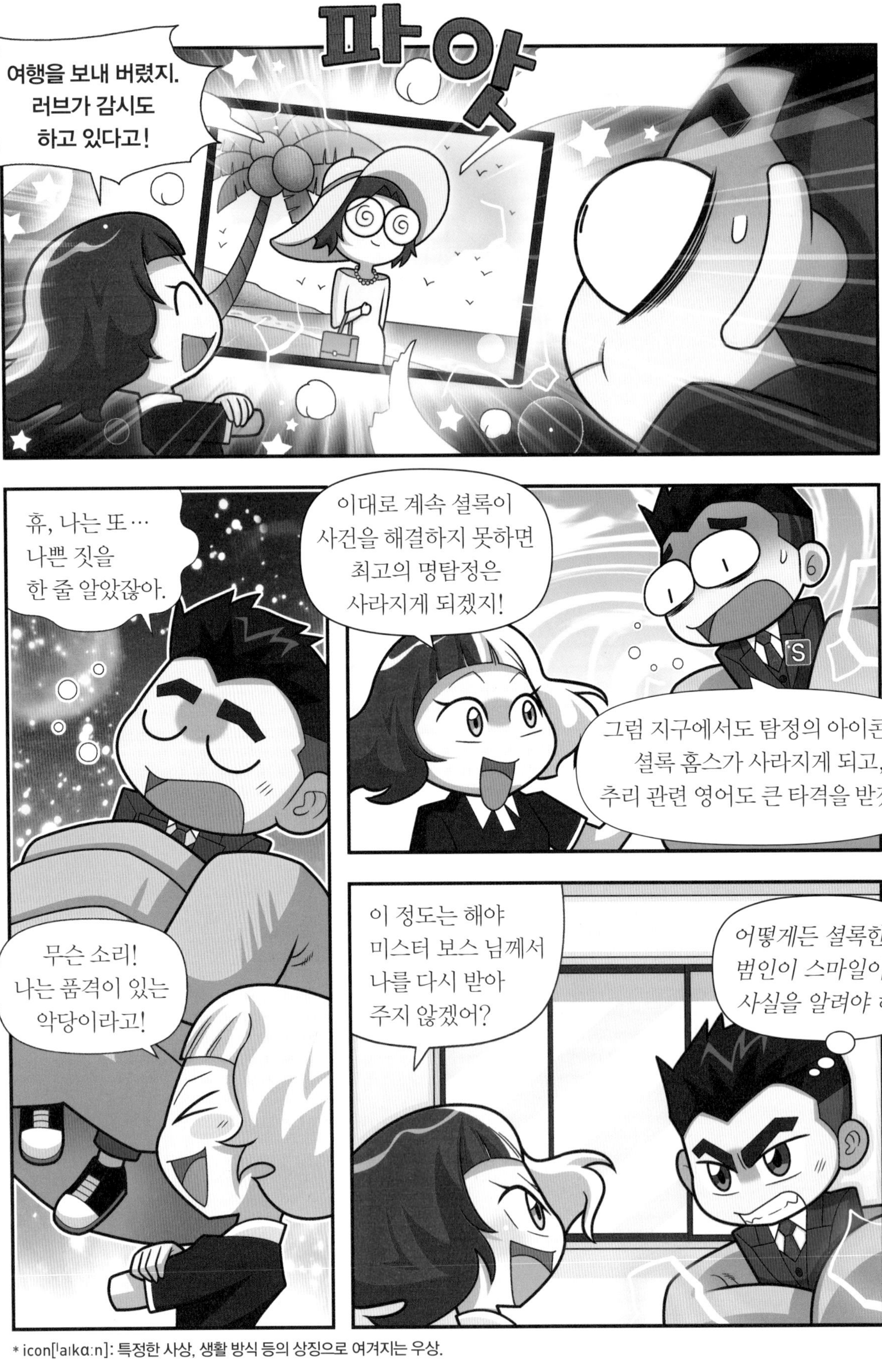
파앗
여행을 보내 버렸지. 러브가 감시도 하고 있다고!
휴, 나는 또… 나쁜 짓을 한 줄 알았잖아.
무슨 소리! 나는 품격이 있는 악당이라고!
이대로 계속 셜록이 사건을 해결하지 못하면 최고의 명탐정은 사라지게 되겠지!
그럼 지구에서도 탐정의 아이콘*인 셜록 홈스가 사라지게 되고, 추리 관련 영어도 큰 타격을 받겠군.
이 정도는 해야 미스터 보스 님께서 나를 다시 받아 주지 않겠어?
어떻게든 셜록한테 범인이 스마일이란 사실을 알려야 해!

* icon[ˈaɪkɑːn]: 특정한 사상, 생활 방식 등의 상징으로 여겨지는 우상.

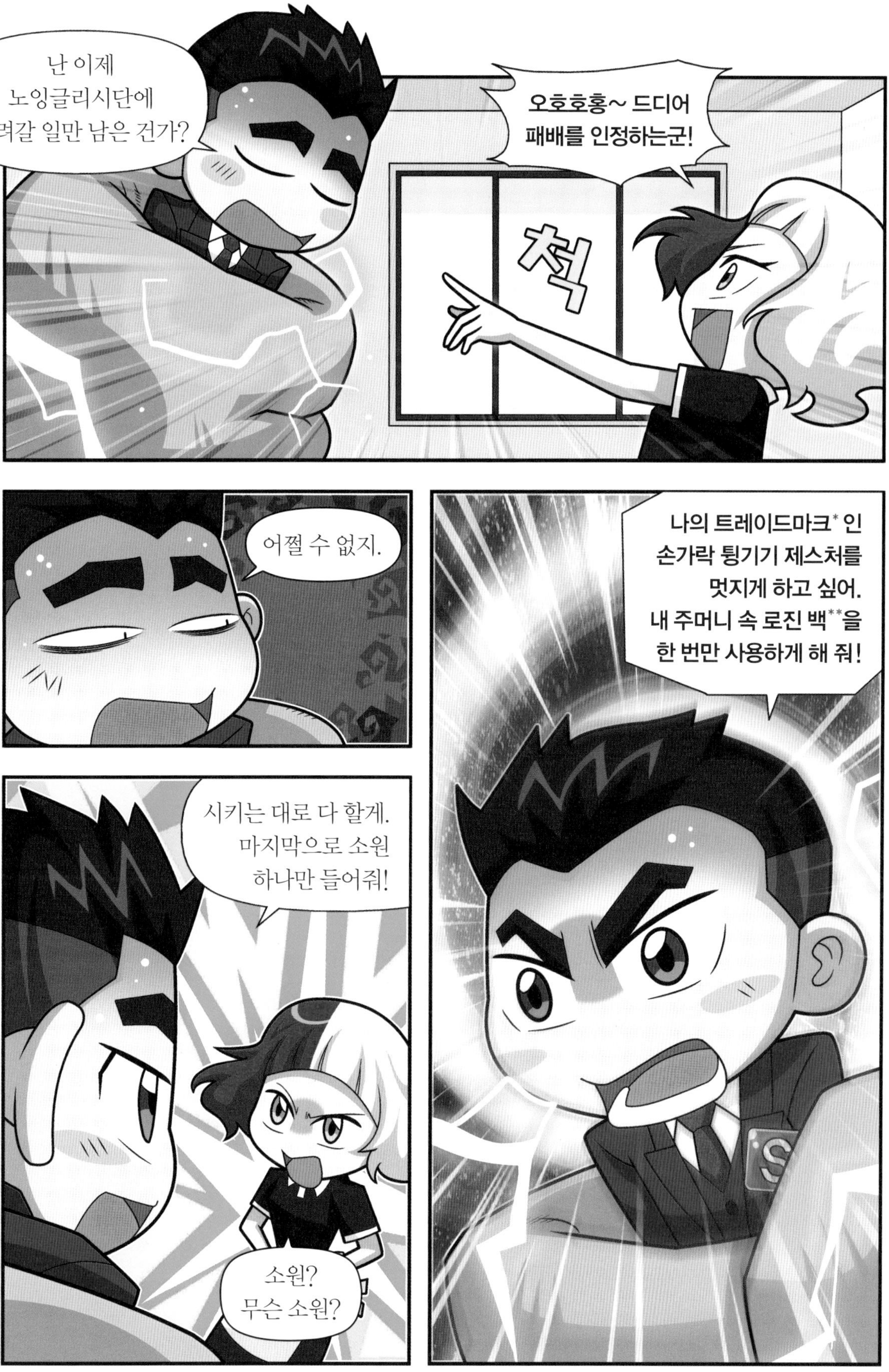
난 이제 노잉글리시단에 끌려갈 일만 남은 건가?
오호호홍~ 드디어 패배를 인정하는군!
척
어쩔 수 없지.
나의 트레이드마크* 인 손가락 튕기기 제스처를 멋지게 하고 싶어. 내 주머니 속 로진 백**을 한 번만 사용하게 해 줘!
시키는 대로 다 할게. 마지막으로 소원 하나만 들어줘!
소원? 무슨 소원?

* trademark[ˈtreɪdmɑːrk]: 그 사람 하면 떠오르는 것, 그 사람을 상징할 만한 것을 주로 지칭함.

** rosin bag[ˈrɑːzn bæg]: 야구에서 투수나 타자가 공의 미끄럼을 방지하기 위하여 손에 바르는 송진 가루를 넣은 작은 주머니.

Chapter 6

최후의 시그널

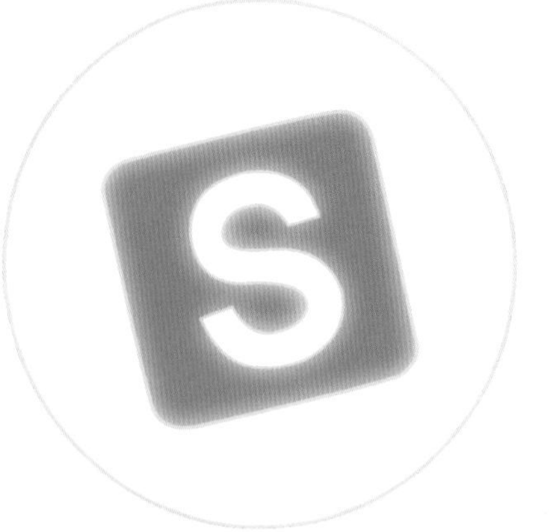

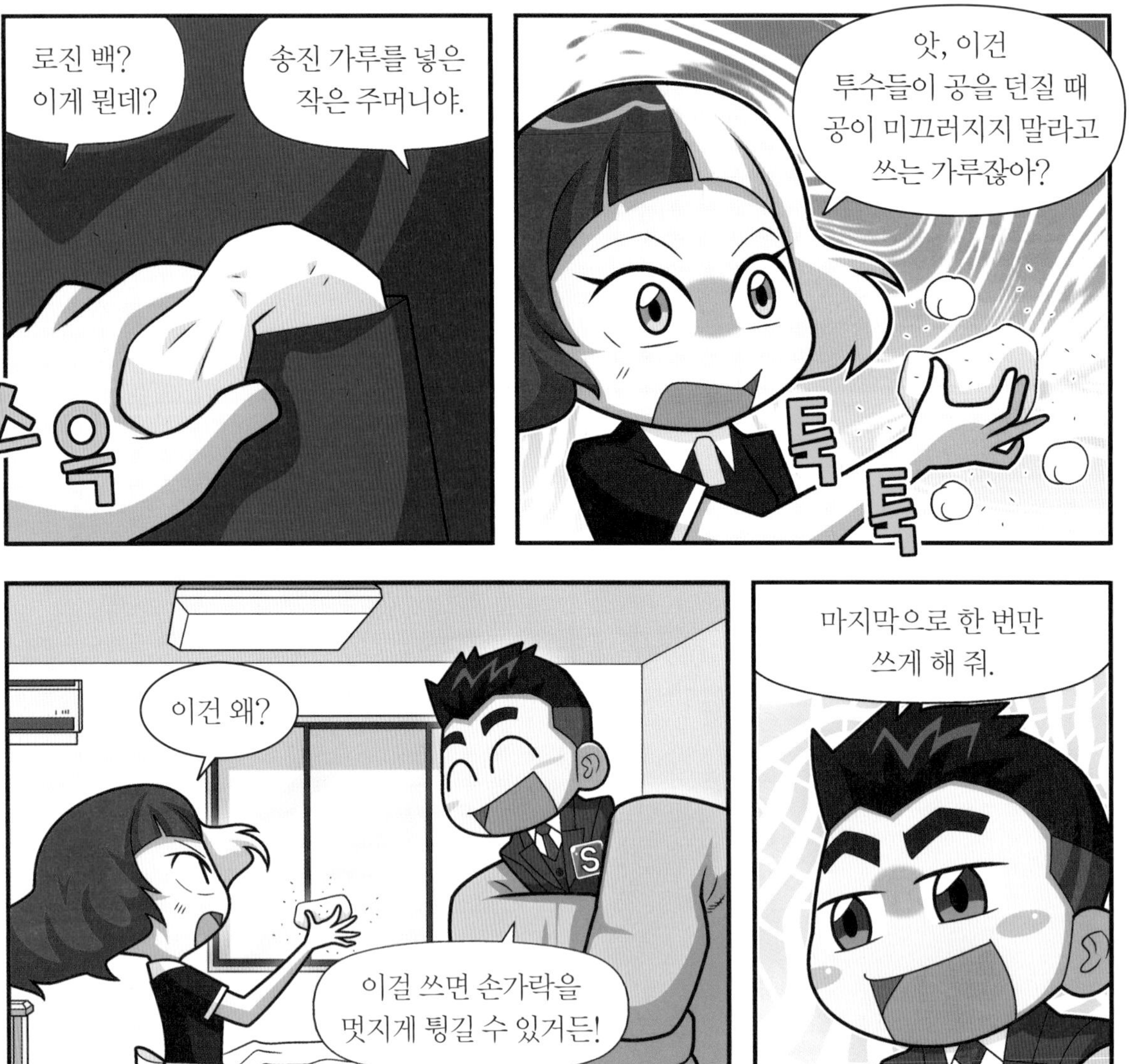
로진 백? 이게 뭔데?
송진 가루를 넣은 작은 주머니야.
스윽
앗, 이건 투수들이 공을 던질 때 공이 미끄러지지 말라고 쓰는 가루잖아?
툭
툭
이건 왜?
이걸 쓰면 손가락을 멋지게 튕길 수 있거든!
마지막으로 한 번만 쓰게 해 줘.

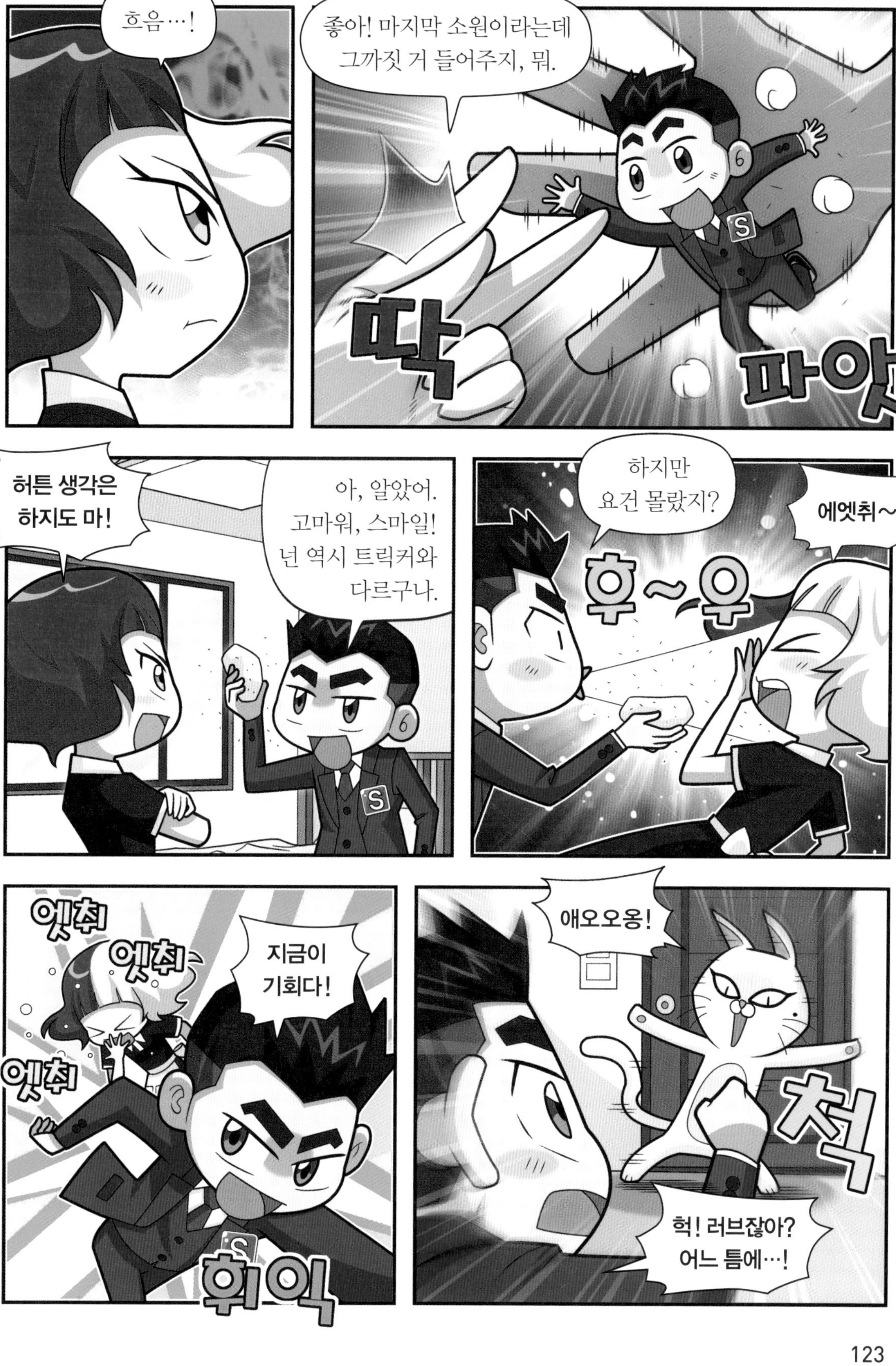
흐음…!
좋아! 마지막 소원이라는데 그까짓 거 들어주지, 뭐.
딱
파앗
허튼 생각은 하지도 마!
아, 알았어. 고마워, 스마일! 넌 역시 트릭커와 다르구나.
하지만 요건 몰랐지?
후~우
에엣취~!
엣취
엣취
엣취
지금이 기회다!
휘익
애오오옹!
척
헉! 러브잖아? 어느 틈에…!

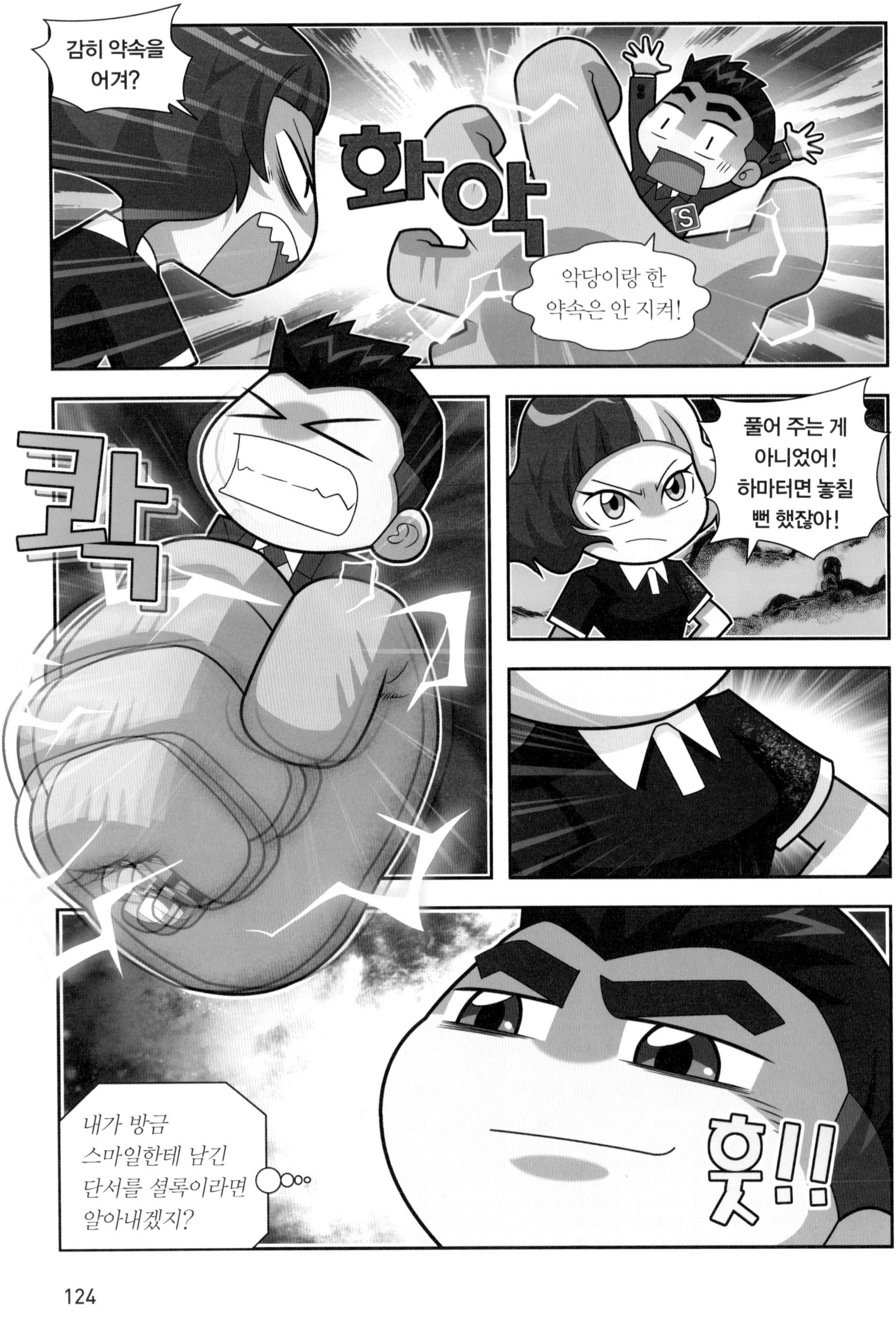
감히 약속을 어겨?
화악
악당이랑 한 약속은 안 지켜!
콱
풀어 주는 게 아니었어! 하마터면 놓칠 뻔 했잖아!
훗!!
내가 방금 스마일한테 남긴 단서를 셜록이라면 알아내겠지?

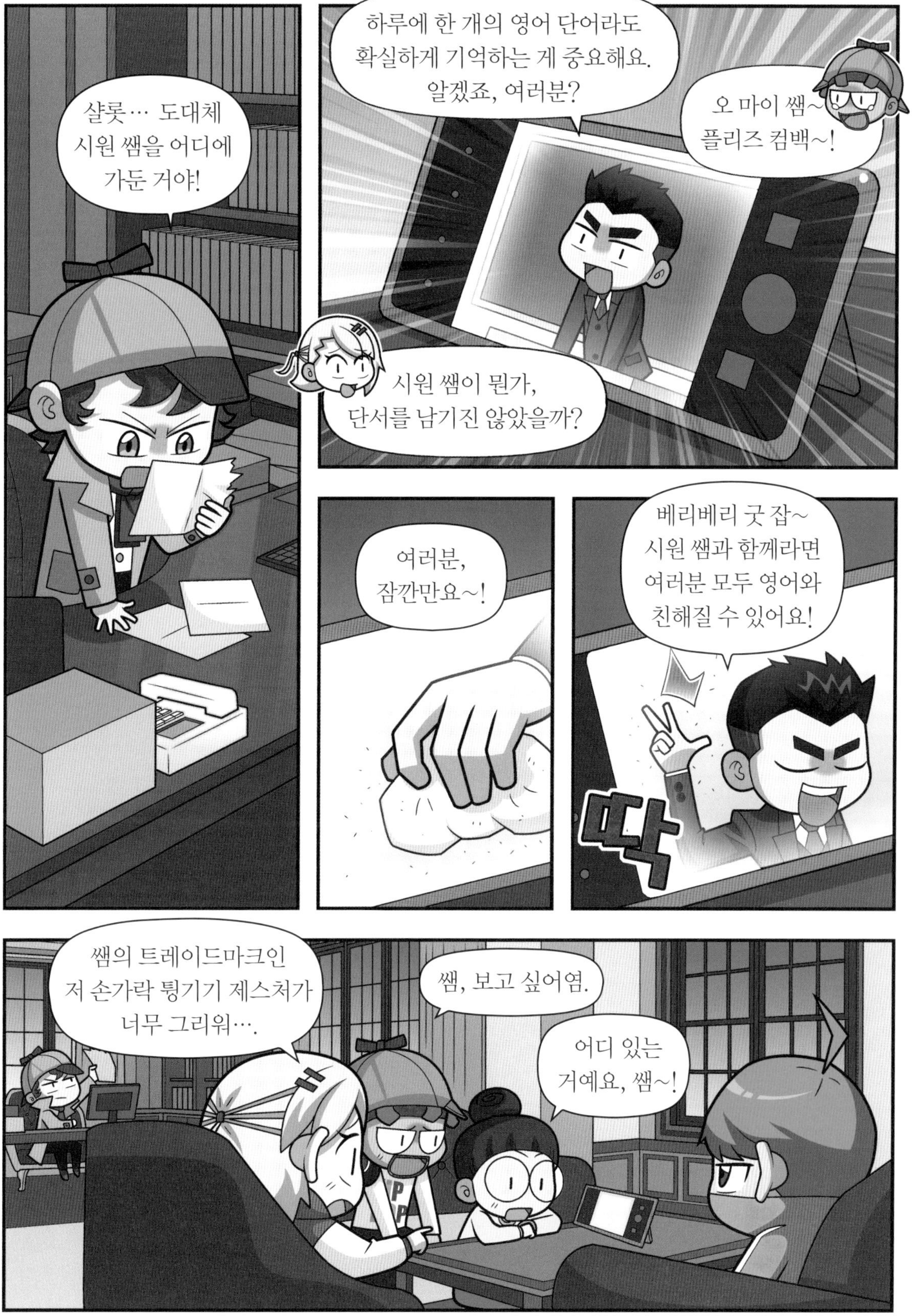
샬롯… 도대체 시원 쌤을 어디에 가둔 거야!
하루에 한 개의 영어 단어라도 확실하게 기억하는 게 중요해요. 알겠죠, 여러분?
오 마이 쌤~ 플리즈 컴백~!
시원 쌤이 뭔가, 단서를 남기진 않았을까?
여러분, 잠깐만요~!
베리베리 굿 잡~ 시원 쌤과 함께라면 여러분 모두 영어와 친해질 수 있어요!
딱
쌤의 트레이드마크인 저 손가락 튕기기 제스처가 너무 그리워….
쌤, 보고 싶어염.
어디 있는 거예요, 쌤~!

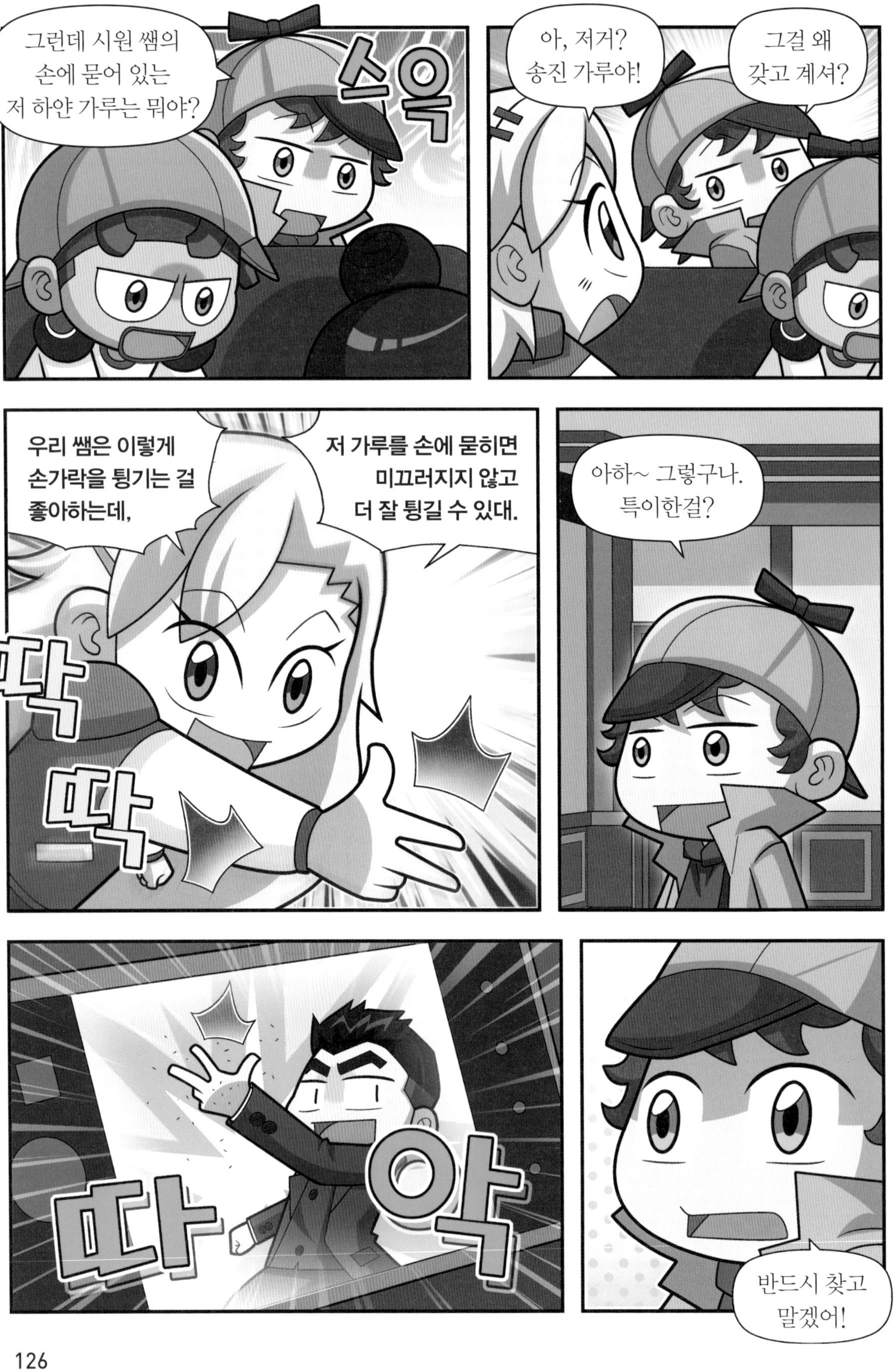
그런데 시원 쌤의 손에 묻어 있는 저 하얀 가루는 뭐야?
스윽
아, 저거? 송진 가루야!
그걸 왜 갖고 계셔?
우리 쌤은 이렇게 손가락을 튕기는 걸 좋아하는데,
저 가루를 손에 묻히면 미끄러지지 않고 더 잘 튕길 수 있대.
딱
딱
아하~ 그렇구나. 특이한걸?
따악
반드시 찾고 말겠어!

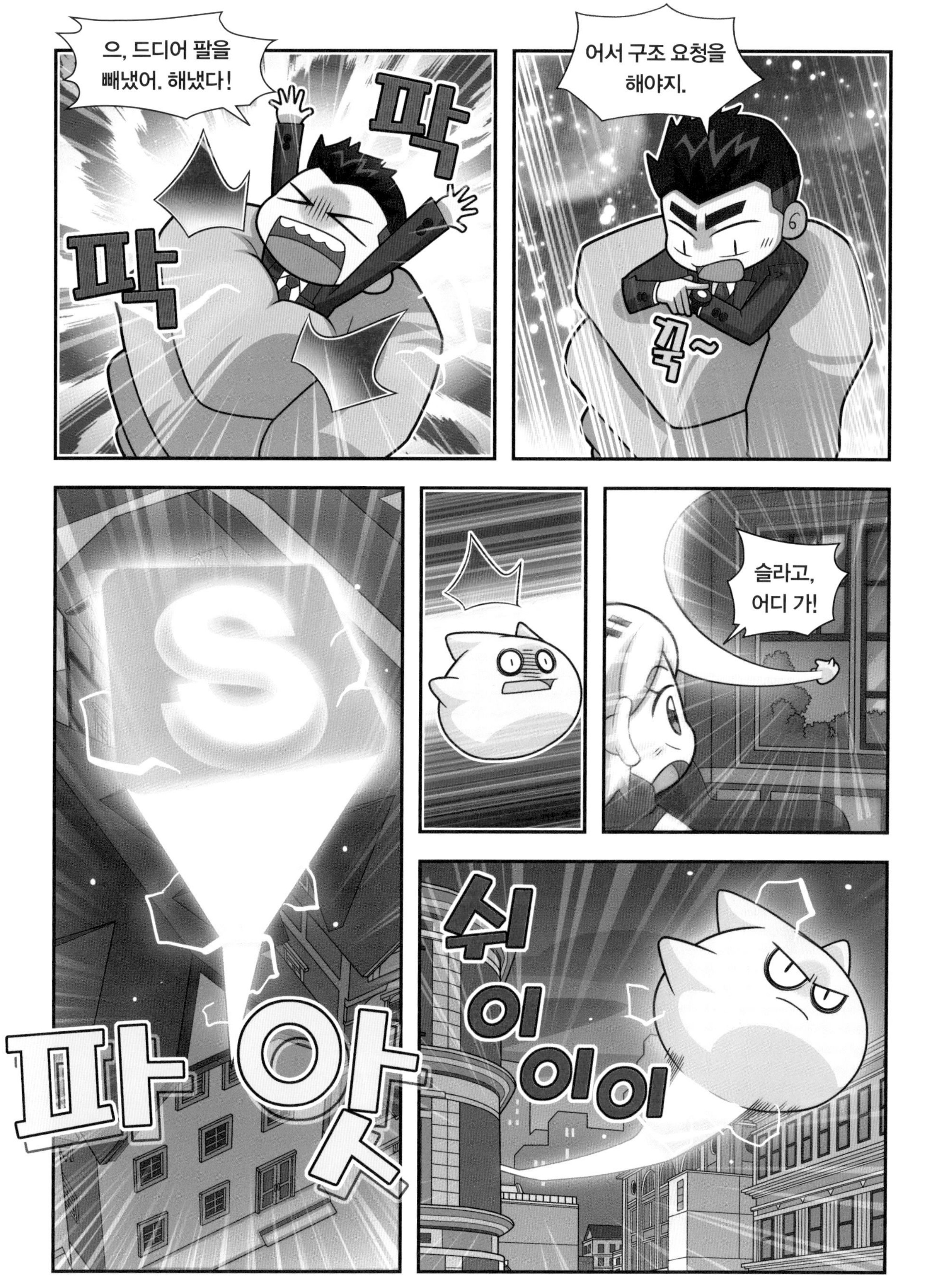

으, 드디어 팔을 빼냈어. 해냈다!
팍
팍
어서 구조 요청을 해야지.
꾹~
슬라고, 어디 가!
파앗
쉬이이이

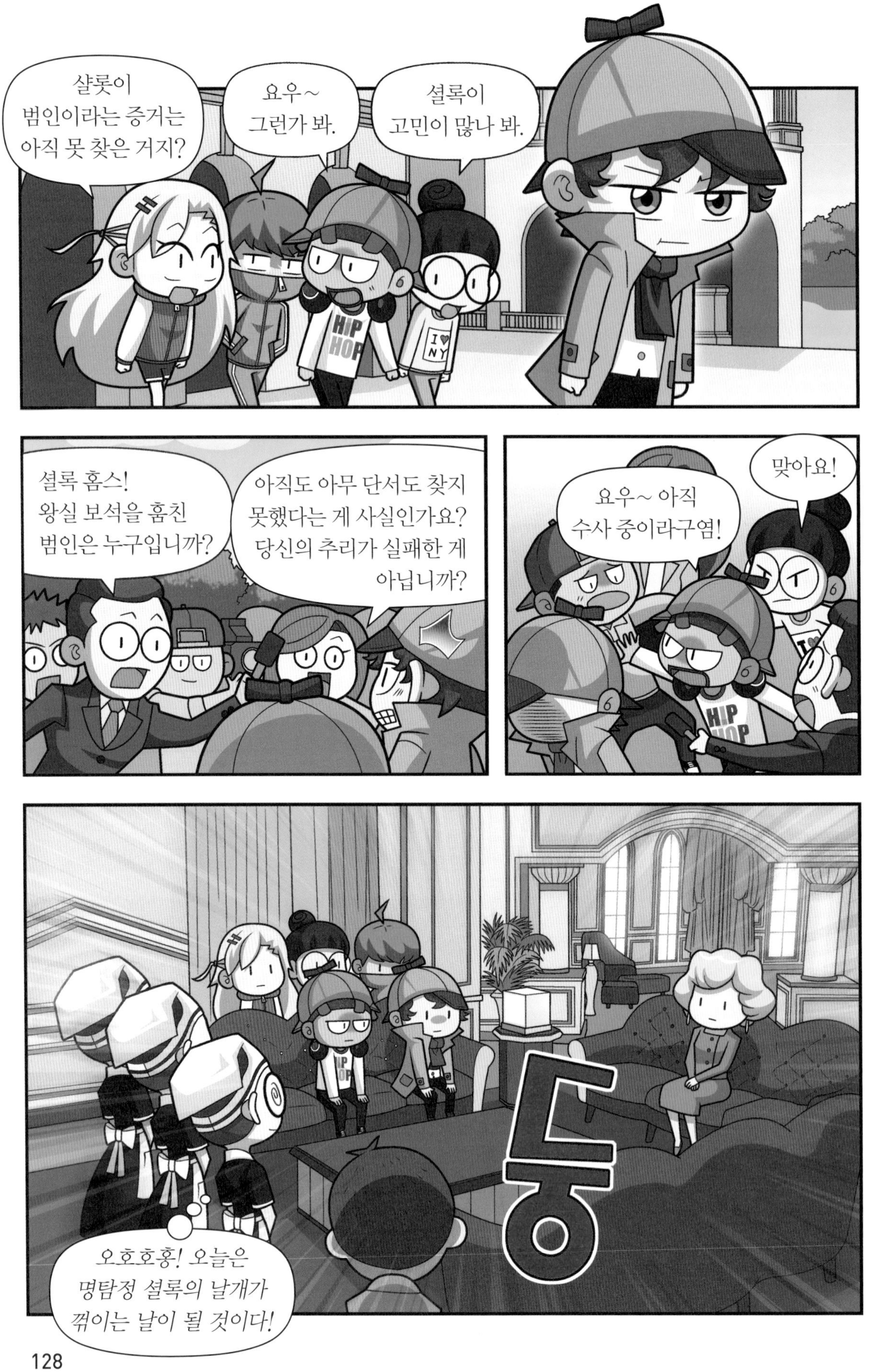
샬롯이 범인이라는 증거는 아직 못 찾은 거지?
요우~ 그런가 봐.
셜록이 고민이 많나 봐.
셜록 홈스! 왕실 보석을 훔친 범인은 누구입니까?
아직도 아무 단서도 찾지 못했다는 게 사실인가요? 당신의 추리가 실패한 게 아닙니까?
요우~ 아직 수사 중이라구염!
맞아요!
둥
오호호홍! 오늘은 명탐정 셜록의 날개가 꺾이는 날이 될 것이다!

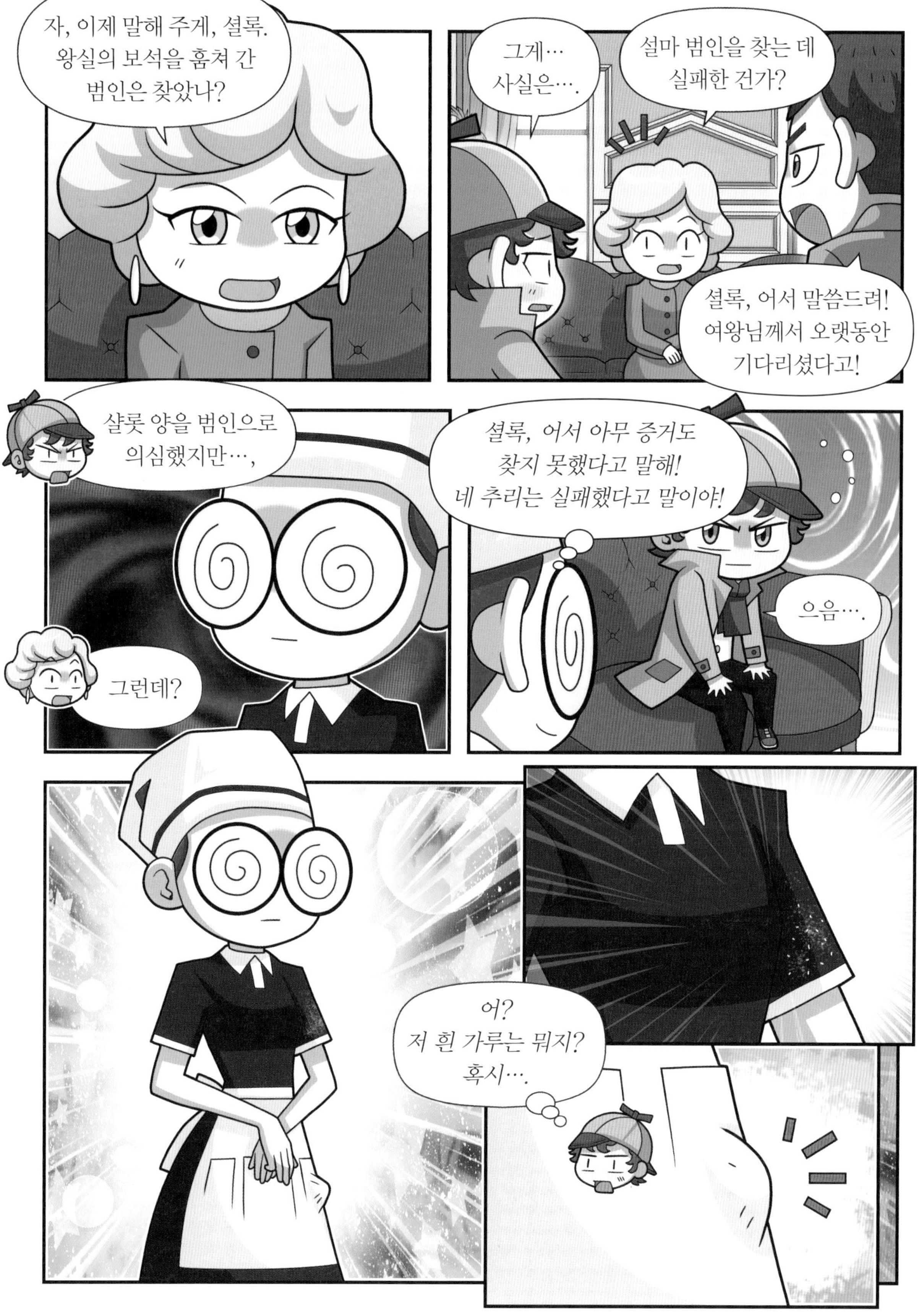

자, 이제 말해 주게, 셜록.
왕실의 보석을 훔쳐 간
범인은 찾았나?
그게…
사실은….
설마 범인을 찾는 데
실패한 건가?
셜록, 어서 말씀드려!
여왕님께서 오랫동안
기다리셨다고!
샬롯 양을 범인으로
의심했지만…,
그런데?
셜록, 어서 아무 증거도
찾지 못했다고 말해!
네 추리는 실패했다고 말이야!
으음….
어?
저 흰 가루는 뭐지?
혹시….

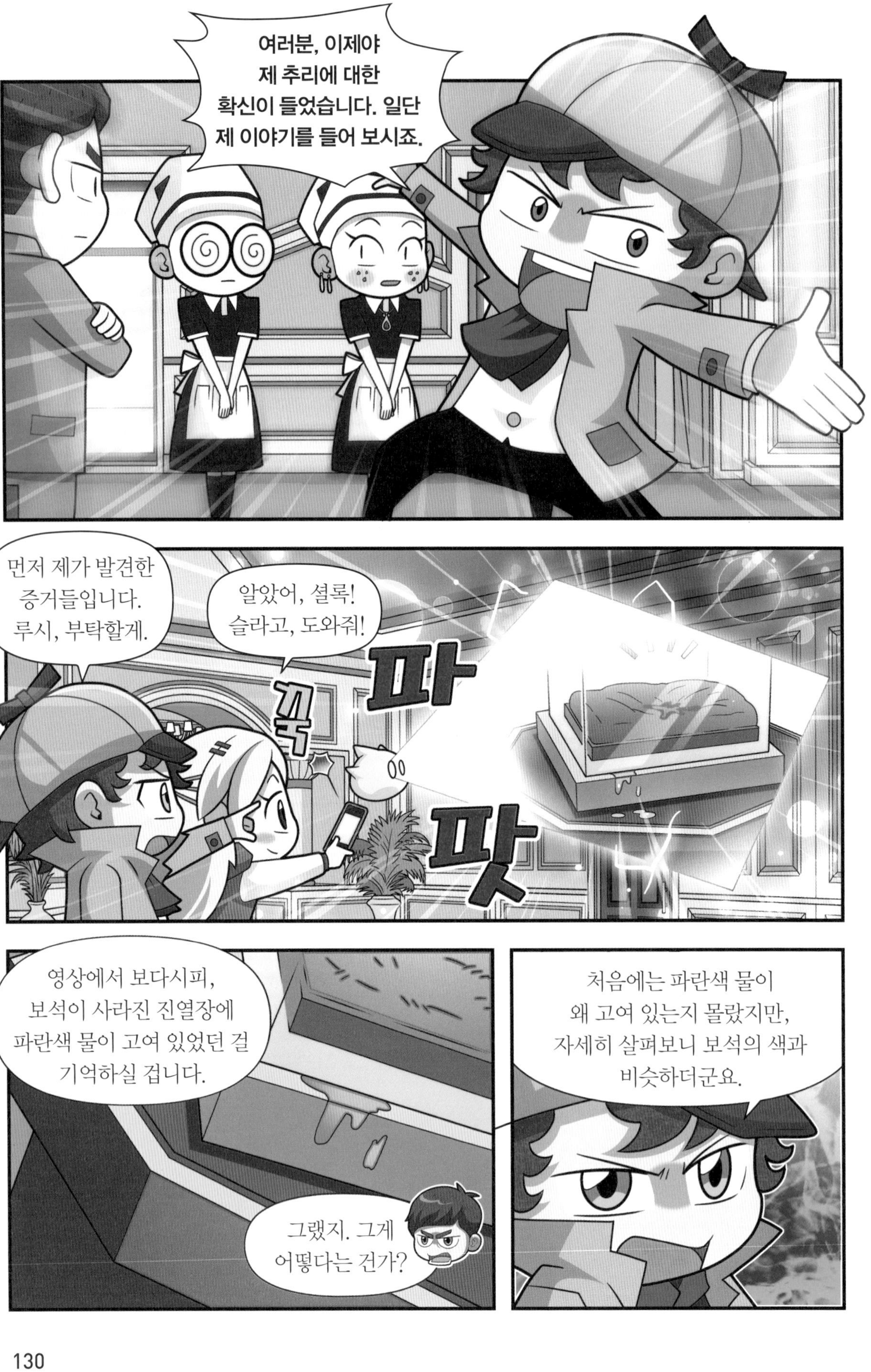
여러분, 이제야 제 추리에 대한 확신이 들었습니다. 일단 제 이야기를 들어 보시죠.
먼저 제가 발견한 증거들입니다. 루시, 부탁할게.
알았어, 셜록! 슬라고, 도와줘!
꾹
파
팟
영상에서 보다시피, 보석이 사라진 진열장에 파란색 물이 고여 있었던 걸 기억하실 겁니다.
그랬지. 그게 어떻다는 건가?
처음에는 파란색 물이 왜 고여 있는지 몰랐지만, 자세히 살펴보니 보석의 색과 비슷하더군요.

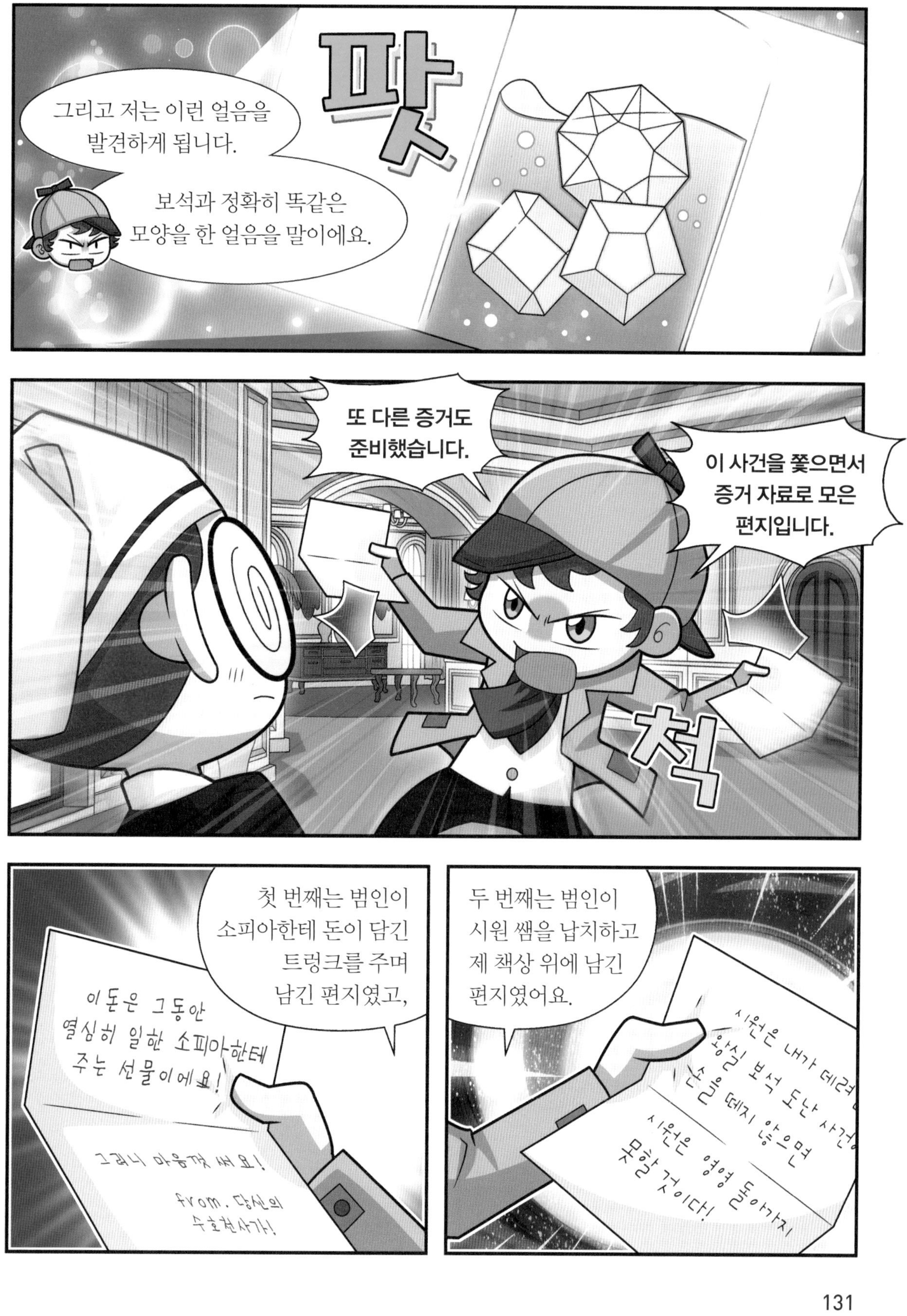
팟
그리고 저는 이런 얼음을 발견하게 됩니다.
보석과 정확히 똑같은 모양을 한 얼음을 말이에요.
또 다른 증거도 준비했습니다.
이 사건을 쫓으면서 증거 자료로 모은 편지입니다.
척
첫 번째는 범인이 소피아한테 돈이 담긴 트렁크를 주며 남긴 편지였고,
이 돈은 그동안 열심히 일한 소피아한테 주는 선물이에요!
그러니 마음껏 써요!
from. 당신의 수호천사가!
두 번째는 범인이 시원 쌤을 납치하고 제 책상 위에 남긴 편지였어요.
시원은 내가 데려
왕실 보석 도난 사건
손을 떼지 않으면
시원은 영영 돌아가지
못할 것이다!

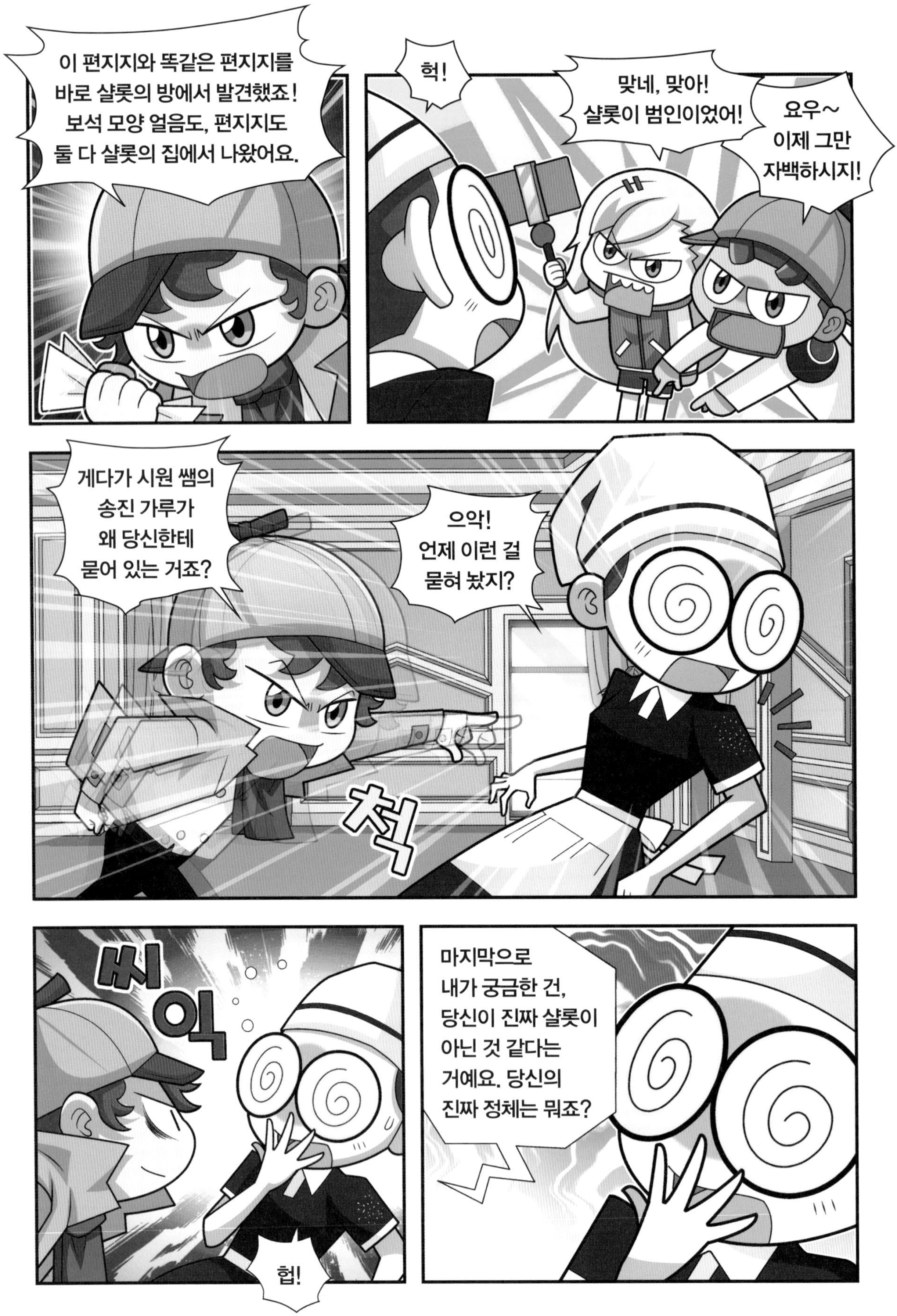
이 편지지와 똑같은 편지지를
바로 샬롯의 방에서 발견했죠!
보석 모양 얼음도, 편지지도
둘 다 샬롯의 집에서 나왔어요.
헉!
맞네, 맞아!
샬롯이 범인이었어!
요우~
이제 그만
자백하시지!
게다가 시원 쌤의
송진 가루가
왜 당신한테
묻어 있는 거죠?
으악!
언제 이런 걸
묻혀 놨지?
척
씨익
헙!
마지막으로
내가 궁금한 건,
당신이 진짜 샬롯이
아닌 것 같다는
거예요. 당신의
진짜 정체는 뭐죠?

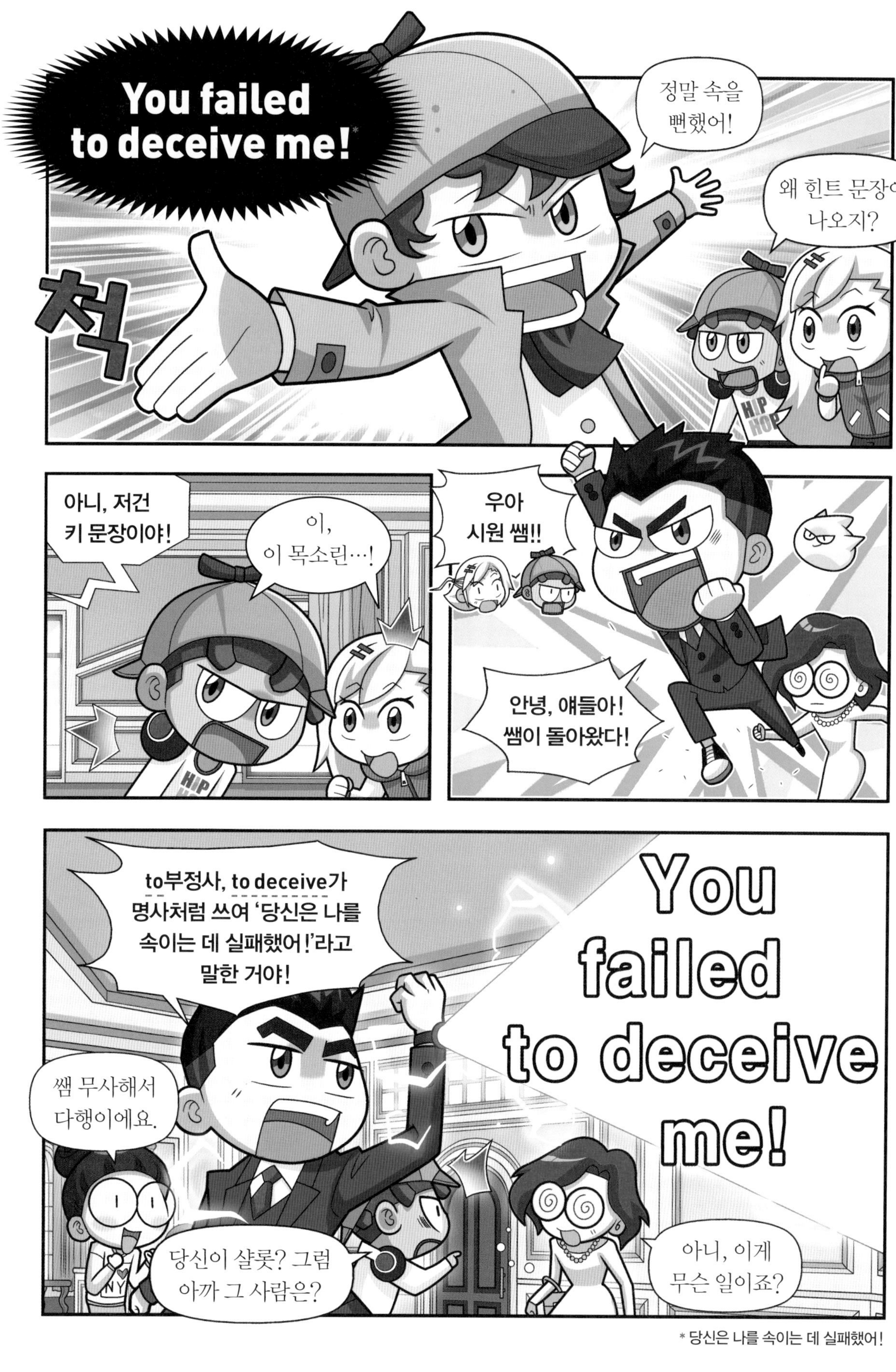
You failed to deceive me!*
정말 속을 뻔했어!
왜 힌트 문장이 나오지?
척
아니, 저건 키 문장이야!
이, 이 목소린…!
우아 시원 쌤!!
안녕, 얘들아! 쌤이 돌아왔다!
to부정사, to deceive가 명사처럼 쓰여 '당신은 나를 속이는 데 실패했어!'라고 말한 거야!
You failed to deceive me!
쌤 무사해서 다행이에요.
당신이 샬롯? 그럼 아까 그 사람은?
아니, 이게 무슨 일이죠?

* 당신은 나를 속이는 데 실패했어!

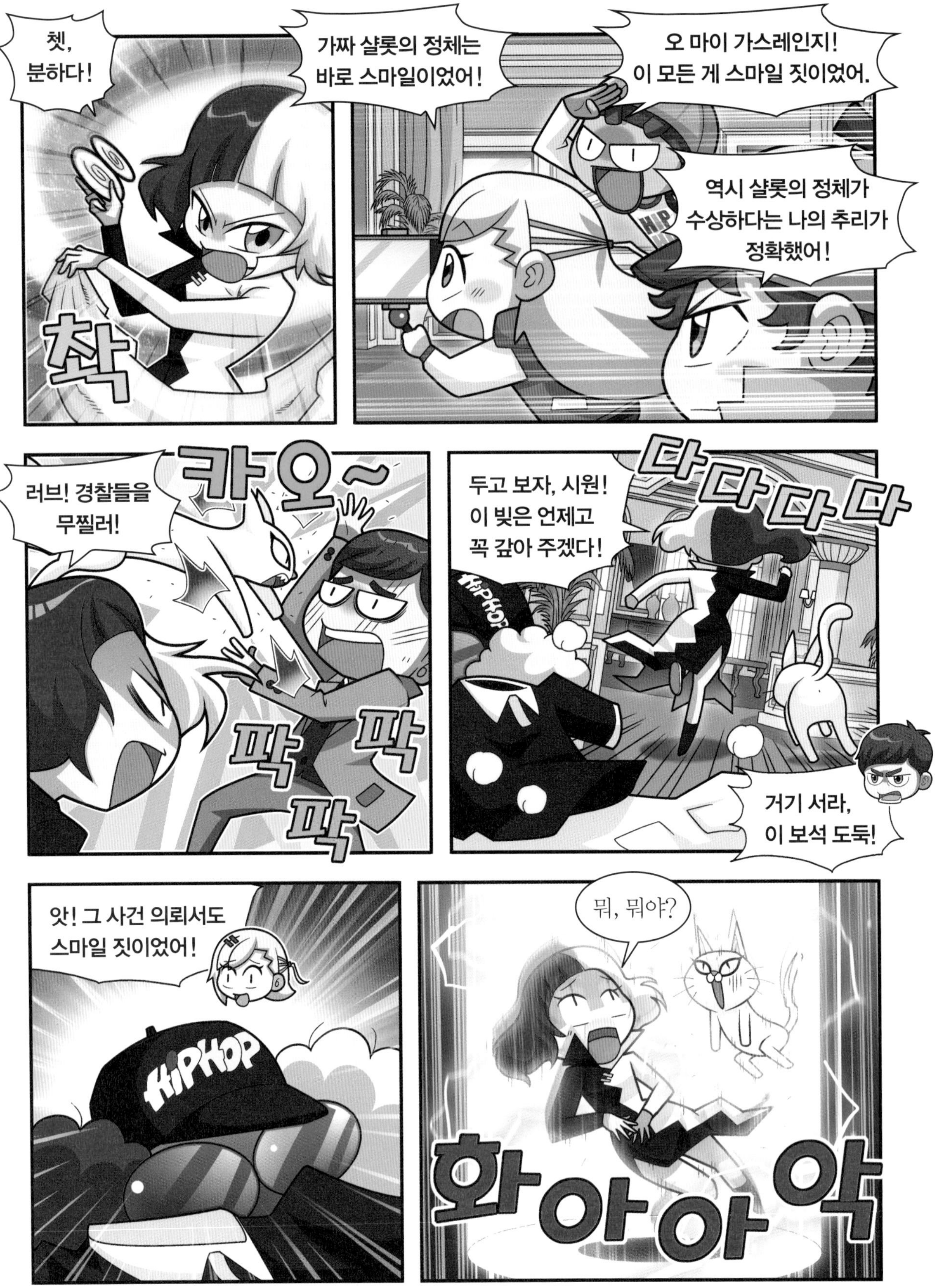

쳇,
분하다!
착
가짜 샬롯의 정체는
바로 스마일이었어!
오 마이 가스레인지!
이 모든 게 스마일 짓이었어.
역시 샬롯의 정체가
수상하다는 나의 추리가
정확했어!
러브! 경찰들을
무찔러!
카오~
팍
팍
팍
두고 보자, 시원!
이 빚은 언제고
꼭 갚아 주겠다!
다다다다다
거기 서라,
이 보석 도둑!
앗! 그 사건 의뢰서도
스마일 짓이었어!
HIPHOP
뭐, 뭐야?
화아아악

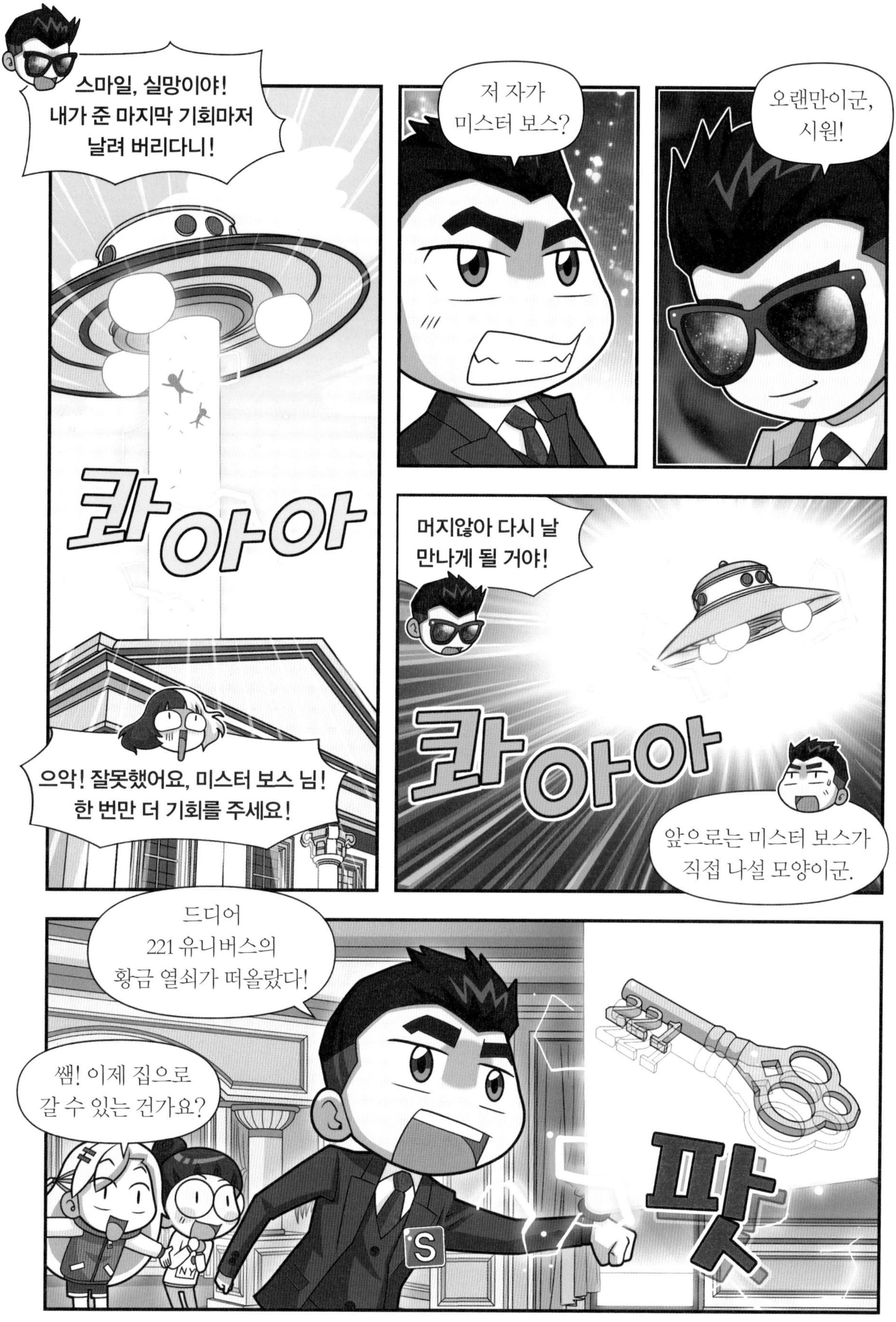

스마일, 실망이야! 내가 준 마지막 기회마저 날려 버리다니!
콰아아
으악! 잘못했어요, 미스터 보스 님! 한 번만 더 기회를 주세요!
저 자가 미스터 보스?
오랜만이군, 시원!
머지않아 다시 날 만나게 될 거야!
콰아아
앞으로는 미스터 보스가 직접 나설 모양이군.
드디어 221 유니버스의 황금 열쇠가 떠올랐다!
쌤! 이제 집으로 갈 수 있는 건가요?
팍

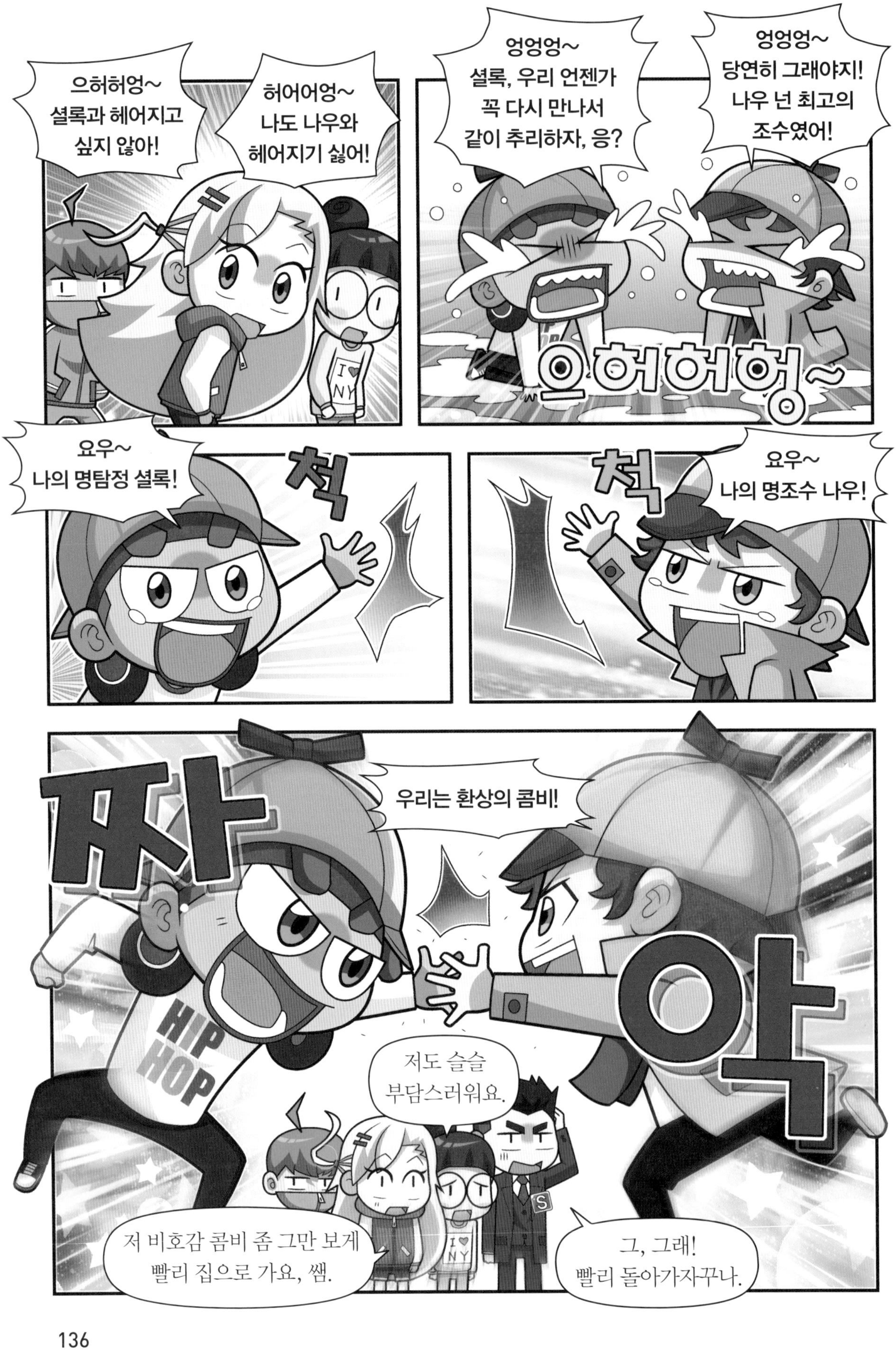

으허허엉~ 셜록과 헤어지고 싶지 않아!
허어어엉~ 나도 나우와 헤어지기 싫어!
엉엉엉~ 셜록, 우리 언젠가 꼭 다시 만나서 같이 추리하자, 응?
엉엉엉~ 당연히 그래야지! 나우 넌 최고의 조수였어!
으허허헝~
요우~ 나의 명탐정 셜록!
척
척
요우~ 나의 명조수 나우!
짜
우리는 환상의 콤비!
악
저도 슬슬 부담스러워요.
저 비호감 콤비 좀 그만 보게 빨리 집으로 가요, 쌤.
그, 그래! 빨리 돌아가자꾸나.

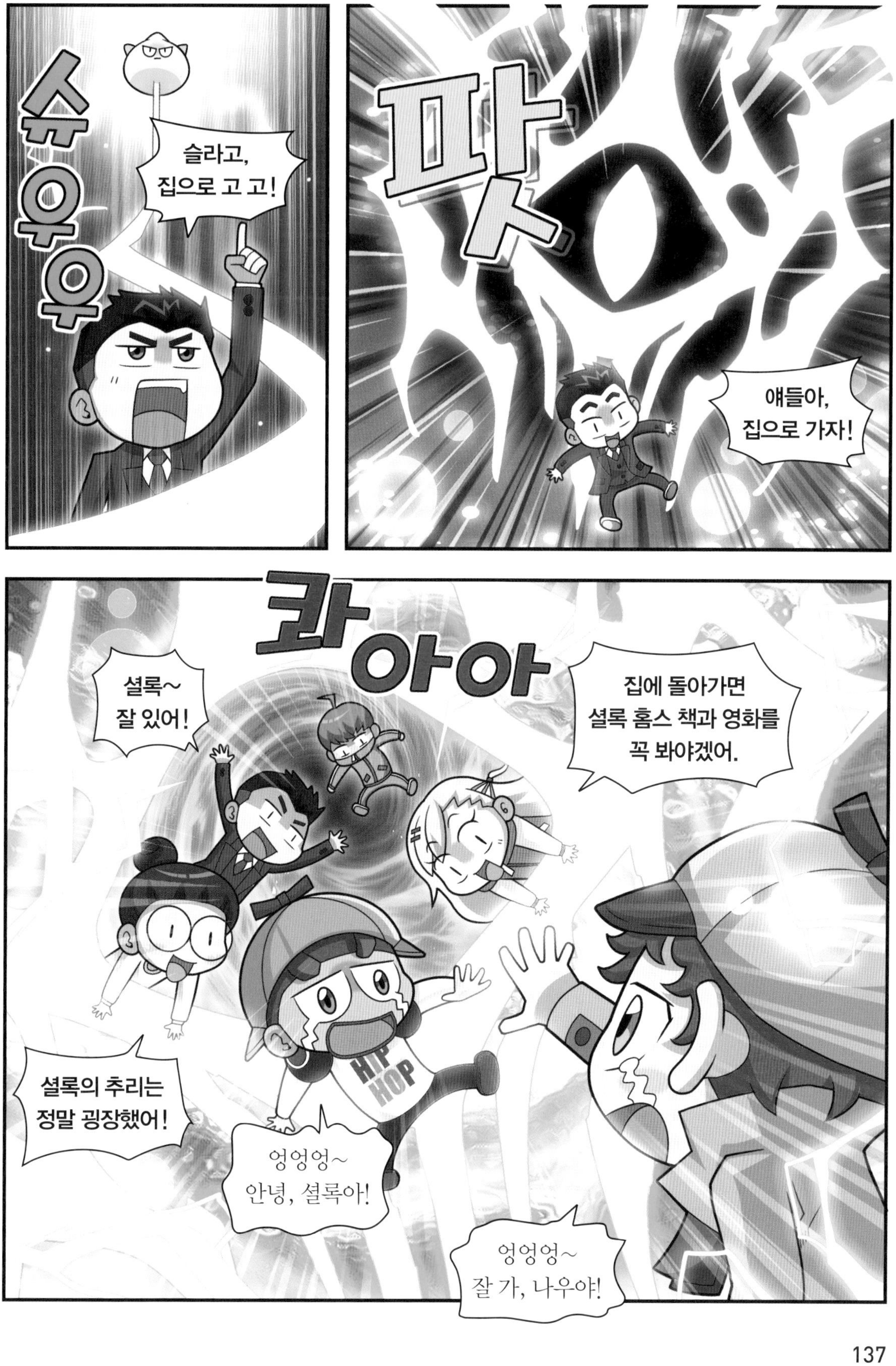

슈우우
슬라고,
집으로 고 고!
파사
얘들아,
집으로 가자!
콰아아
셜록~
잘 있어!
집에 돌아가면
셜록 홈스 책과 영화를
꼭 봐야겠어.
HIP HOP
셜록의 추리는
정말 굉장했어!
엉엉엉~
안녕, 셜록아!
엉엉엉~
잘 가, 나우야!

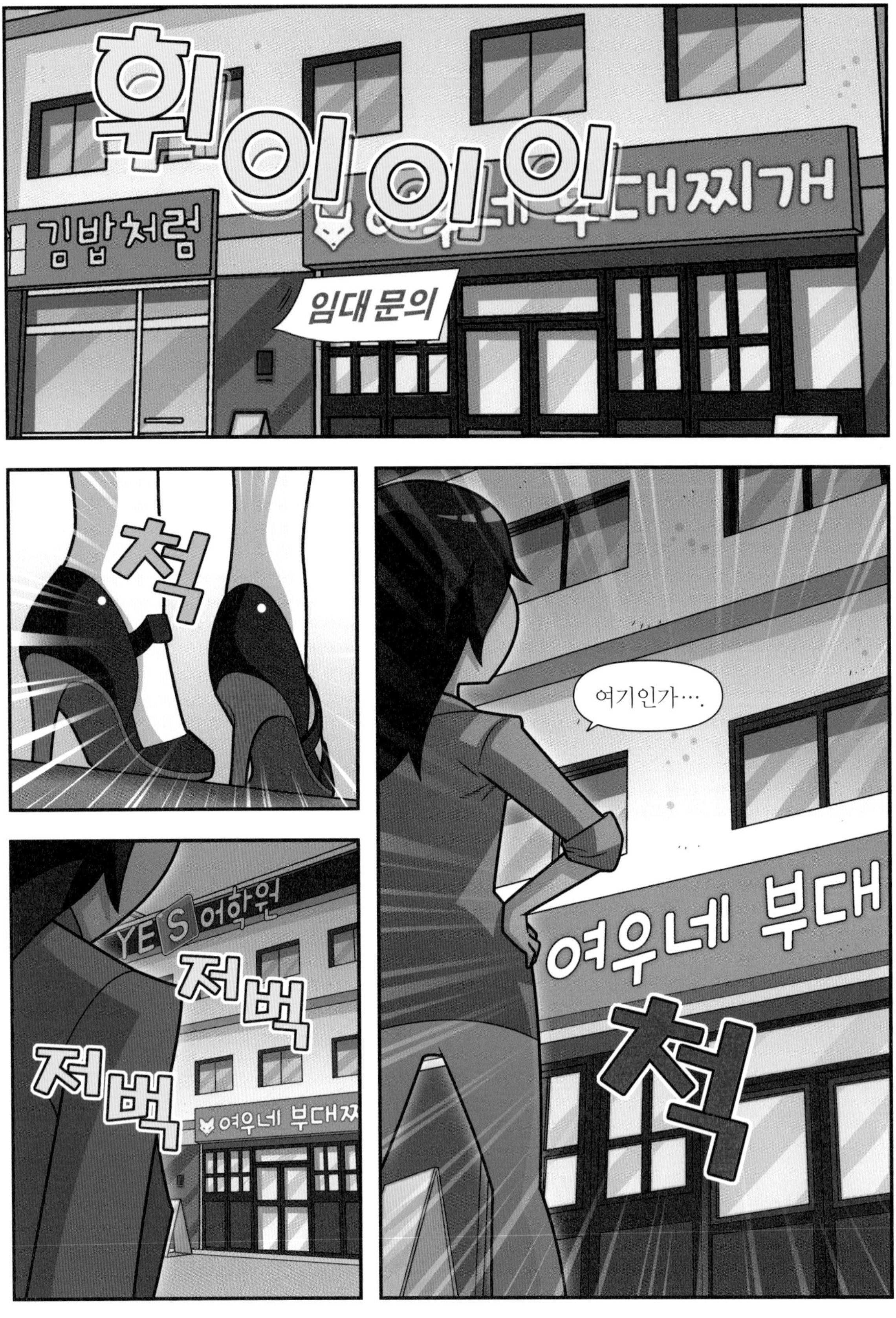

휘이이이
김밥처럼
임대문의
척
여기인가….
여우네 부대
척
YES 어학원
저벅
저벅
여우네 부대찌

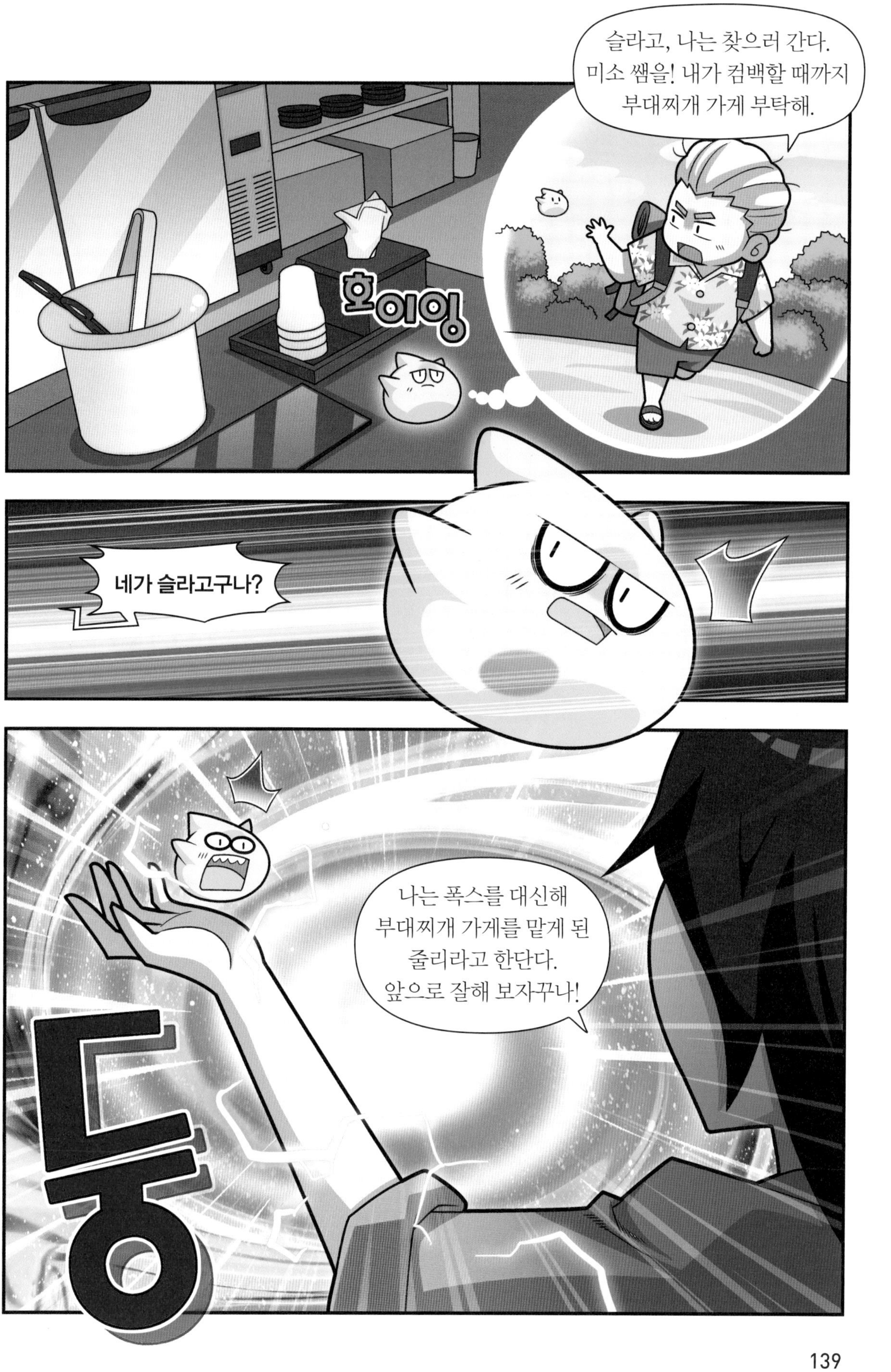
슬라고, 나는 찾으러 간다.
미소 쌤을! 내가 컴백할 때까지
부대찌개 가게 부탁해.
호이잉
네가 슬라고구나?
나는 폭스를 대신해
부대찌개 가게를 맡게 된
줄리라고 한단다.
앞으로 잘해 보자꾸나!
드
둥

예스어학원
수업 시간

	1교시 ·	**단어** Vocabulary 🔊
	2교시 ·	**문법 1, 2, 3** Grammar 1,2,3 ▶
	3교시 ·	**게임** Recess
	4교시 ·	**읽고 쓰기** Reading & Writing
	5교시 ·	**유니버스 이야기** Story
	6교시 ·	**말하기** Speaking
	7교시 ·	**쪽지 시험** Quiz

예스어학원의 수업 시간표야!
공부를 시작하기 전에
시간표 정도는 봐 둬야겠지?

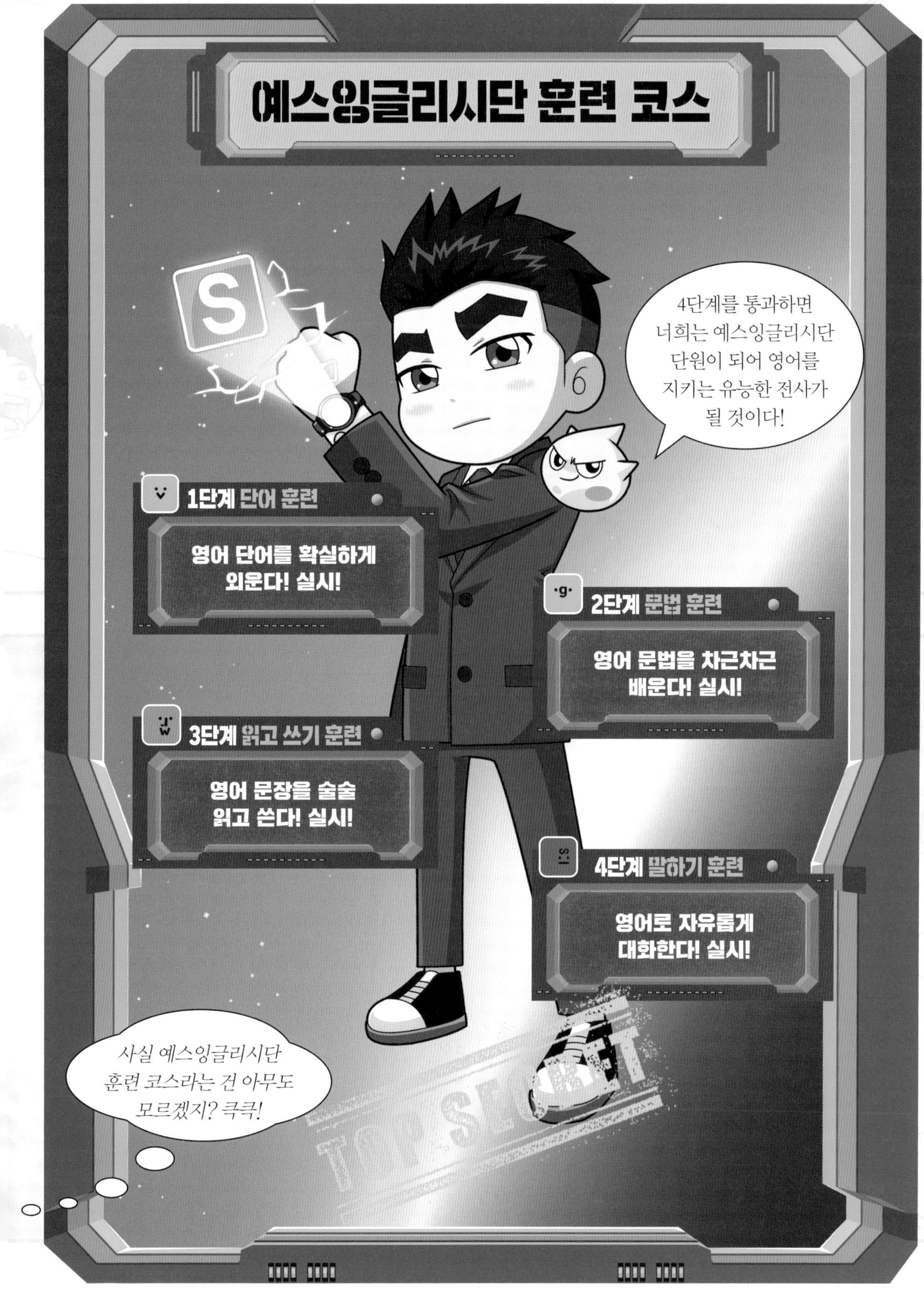
예스잉글리시단 훈련 코스
4단계를 통과하면 너희는 예스잉글리시단 단원이 되어 영어를 지키는 유능한 전사가 될 것이다!
1단계 단어 훈련
영어 단어를 확실하게 외운다! 실시!
2단계 문법 훈련
영어 문법을 차근차근 배운다! 실시!
3단계 읽고 쓰기 훈련
영어 문장을 술술 읽고 쓴다! 실시!
4단계 말하기 훈련
영어로 자유롭게 대화한다! 실시!
사실 예스잉글리시단 훈련 코스라는 건 아무도 모르겠지? 킥킥!
TOP SECRET

step 1. 단어 강의

영어의 첫걸음은 단어를 외우는 것에서부터 시작된단다.
단어를 많이 알아야 영어를 잘할 수 있어. 그럼 14권의 필수 단어를 한번 외워 볼까?

No.	추리	Reasoning	No.	추리	Reasoning
1	경찰	police	11	방문하다	visit
2	탐정, 형사	detective	12	훔치다, 도둑질하다	steal
3	도둑	thief	13	받아들이다	accept
4	단서, 실마리	clue	14	체포하다	arrest
5	범죄, 범행	crime	15	속이다	deceive
6	범인	criminal	16	조언하다, 충고하다	advise
7	용의자	suspect	17	잡다	catch
8	사건, 경우	case	18	추측하다, 알아맞히다	guess
9	사고	accident	19	수상쩍은, 의심스러운	suspicious
10	알아내다, 뚜껑을 열다	uncover	20	틀림없는, 어떤	certain

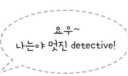

요우~
나는야 멋진 detective!

무슨 소리!
수상한 suspect
같거든?

원어민 발음 듣기
QR코드를 찍어 봐!

No.	시내	Downtown
21	가게, 상점	shop
22	거리	street
23	호텔	hotel
24	시장	market
25	영화관	cinema

No.	to부정사를 목적어로 취하는 동사	
26	동의하다	agree
27	실패하다	fail
28	바라다, 희망하다	hope
29	결정하다	decide
30	필요로 하다	need

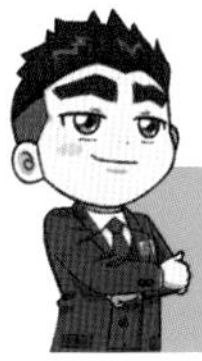

step 2. 단어 시험

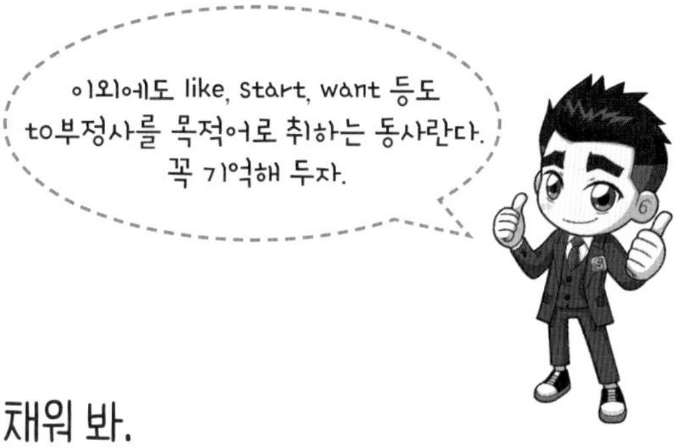
이외에도 like, start, want 등도
to부정사를 목적어로 취하는 동사란다.
꼭 기억해 두자.

단어를 확실하게 외웠는지 한번 볼까? 빈칸을 채워 봐.

- 탐정, 형사 ____________________
- 추측하다, 알아맞히다 ____________________
- 도둑 ____________________
- 가게, 상점 ____________________
- 사건, 경우 ____________________
- 영화관 ____________________
- 조언하다, 충고하다 ____________________
- 동의하다 ____________________
- 틀림없는, 어떤 ____________________
- 필요로 하다 ____________________

* 정답은 162~163쪽에 있습니다.

step 1. 문법 강의

to부정사는 'to + 동사 원형'의 형태로 문장 안에서 명사, 형용사, 부사의 역할을 한단다. 먼저 to부정사의 명사적 용법에 대해 알아볼까? to부정사가 문장 안에서 명사처럼 쓰여 주어, 목적어, 보어 역할을 하는 것을 말해. '~하기', '~하는 것' 등으로 해석할 수 있어.

to부정사가 주어 역할을 할 때는 보통 문장 맨 앞에 두고, '~하는 것은'으로 해석하지. 그런데 영어 문장을 쓸 때는 주어를 길게 쓰지 않는 것이 좋아. 그래서 to부정사 구를 뒤로 보내고 그 빈자리에 it을 넣는데, to부정사 구를 '진주어', it을 '가주어'라고 해.

to부정사가 주어 역할을 할 때

to부정사(주어)	나머지	→	가주어	나머지	to부정사(진주어)
To help people	is good.	→	It	is good	to help people.

사람들을 돕는 것은 좋다.

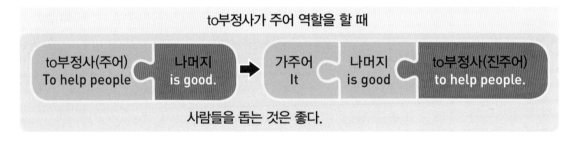

to부정사가 목적어 역할을 할 때는 일반 동사 뒤에 위치하고, '~하는 것을'로 해석해.

to부정사가 목적어 역할을 할 때

주어	일반 동사	to부정사(목적어)
He	hopes	to become a doctor.

그는 의사가 되기를 희망한다.

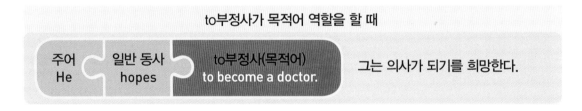

to부정사가 보어 역할을 할 때는 주로 Be 동사 뒤에 위치하며, 주어를 보충 설명해 준단다. '~하는 것'이라고 해석할 수 있지.

to부정사가 보어 역할을 할 때

주어	Be 동사	to부정사(보어)
My job	is	to catch criminals.

나의 직업은 범인을 잡는 것이다.

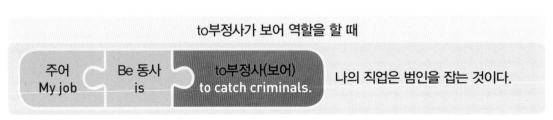

동영상 강의 보기
QR코드를 찍어 봐!

step 2. 문법 정리

to부정사가 명사로 쓰인 문장을 살펴보자.

to부정사의 명사적 용법 – 주어	
영어를 공부하는 것은 도움이 된다.	To study English is helpful.
피아노 치는 것은 흥미롭다.	To play the piano is interesting.
집을 짓는 것은 어렵다.	To build a house is hard.

to부정사의 명사적 용법 – 목적어	
나우는 햄버거를 먹길 원한다.	Nau wants to eat a hamburger.
루시는 파리를 방문하기로 결정했다.	Lucy decided to visit Paris.
리아는 여기에 머물 필요가 있다.	Lia needs to stay here.

to부정사의 명사적 용법 – 보어	
나의 꿈은 탐정이 되는 것이다.	My dream is to be a detective.
그녀의 숙제는 부모님에 대해 쓰는 것이다.	Her homework is to write about her parents.

step 3. 문법 대화

to부정사가 명사로 쓰인 대화를 한번 들어 봐!

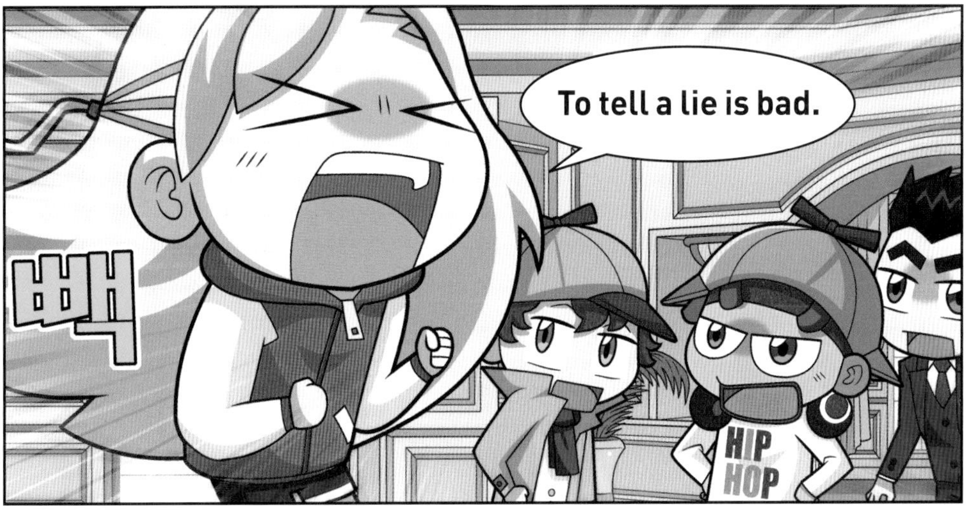
빽
To tell a lie is bad.
HIP HOP

step 1. 문법 강의

이번에는 to부정사의 **형용사적 용법**에 대해 알아보자.

to부정사가 문장 안에서 형용사처럼 쓰여 명사, 대명사를 꾸며 주는 역할을 하는 것을 말해.

'~할', '~하는' 등으로 해석할 수 있지.

단, 일반적으로 형용사는 꾸며 주는 명사의 앞에 오지만 to부정사가 형용사 역할을 할 때는 꾸며 주는 명사의 뒤에 온다는 것을 잊지 말자.

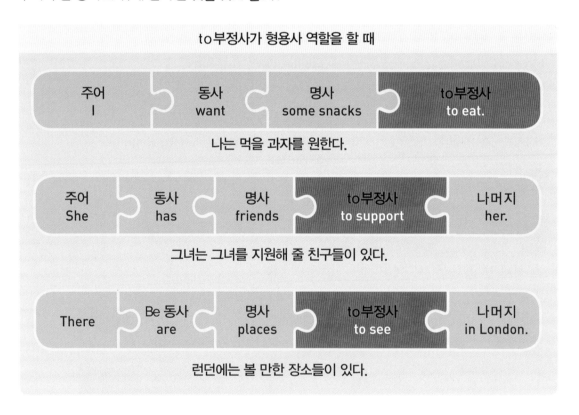

to부정사가 형용사 역할을 할 때

| 주어 I | 동사 want | 명사 some snacks | to부정사 to eat. |

나는 먹을 과자를 원한다.

| 주어 She | 동사 has | 명사 friends | to부정사 to support | 나머지 her. |

그녀는 그녀를 지원해 줄 친구들이 있다.

| There | Be 동사 are | 명사 places | to부정사 to see | 나머지 in London. |

런던에는 볼 만한 장소들이 있다.

여기서 잠깐! there은 '거기에', '그곳에'라는 뜻의 부사이지만,

There + Be 동사가 문장 맨 앞에 함께 온다면 '~가 있다'라는 뜻으로 해석해야 한단다.

동영상 강의 보기
QR코드를 찍어 봐!

step 2. 문법 정리

to부정사가 형용사로 쓰인 문장을 살펴보자.

to부정사의 형용사적 용법 – 명사 수식

그는 읽을 책을 가지고 있다.	He has a book to read.
우리는 사랑할 누군가를 필요로 한다.	We need someone to love.
자러 갈 시간이다.	It is time to go to bed.
이번 주말에는 볼 만한 영화가 없다.	There is no movie to see this weekend.
그녀는 감자를 요리하는 특별한 비법을 가지고 있다.	She has a special way to cook potatoes.
나우는 그를 도와줄 친구가 없었다.	Nau had no friends to help him.
그녀는 마실 것을 원했다.	She wanted something to drink.

step 3. 문법 대화

to부정사가 형용사로 쓰인 대화를 한번 들어 봐!

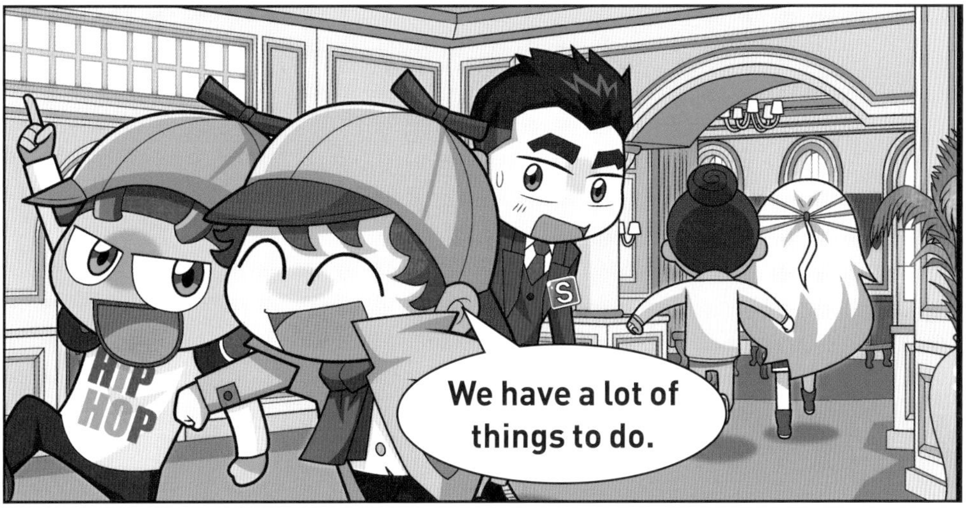
HIP HOP
S
We have a lot of things to do.

step 1. 문법 강의

마지막으로 to부정사의 부사적 용법에 대해 알아보자. to부정사는 문장 안에서
부사처럼 쓰여 형용사나 동사, 다른 부사를 꾸며 주는 역할을 할 수도 있어.
주로 목적이나 원인 등을 나타내기도 하는데, '~하기 위해', '~해서' 등으로 해석하지.

목적을 나타내는 to부정사는 주로 앞에 위치한 동사를 꾸며 주는데,
'~하기 위해'라고 해석한단다.

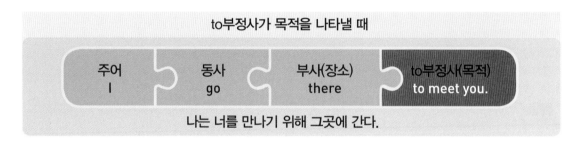

to부정사가 목적을 나타낼 때

주어	동사	부사(장소)	to부정사(목적)
I	go	there	to meet you.

나는 너를 만나기 위해 그곳에 간다.

원인을 나타내는 to부정사는 주로 happy, sad, glad 등과 같이 감정을 표현하는
형용사 뒤에서 그 감정이 나온 이유를 뒷받침해 준단다. '~해서', '~하다니' 라고
해석할 수 있어.

to부정사가 원인을 나타낼 때

주어	Be 동사	형용사(감정)	to부정사(원인)
I	am	glad	to meet you.

나는 너를 만나서 기쁘다.

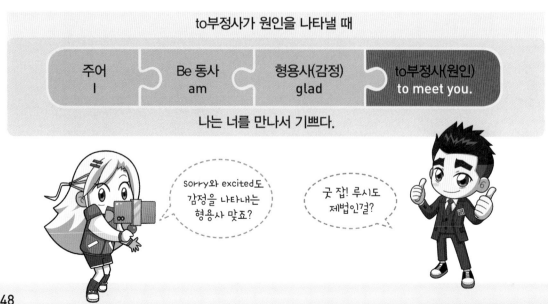

sorry와 excited도
감정을 나타내는
형용사 맞죠?

굿 잡! 루시도
제법인걸?

동영상 강의 보기
QR코드를 찍어 봐!

step 2. 문법 정리

to부정사가 부사로 쓰인 문장을 살펴보자.

to부정사의 부사적 용법 – 목적	
그는 학교에 가기 위해 일찍 일어난다.	**He gets up early to go to school.**
그녀는 지하철을 타기 위해 역으로 갔다.	**She went to the station to take a subway.**
내일 너를 보기 위해 와도 될까?	**May I come to see you tomorrow?**

to부정사의 부사적 용법 – 감정의 원인	
그 소식을 들어서 유감이다.	**I am sorry to hear the news.**
그는 네 편지를 받아서 행복해했다.	**He was happy to get your letter.**
그녀는 마지막 버스를 놓쳐서 화가 났다.	**She was angry to miss the last bus.**

step 3. 문법 대화

to부정사가 부사로 쓰인 대화를 한번 들어 봐

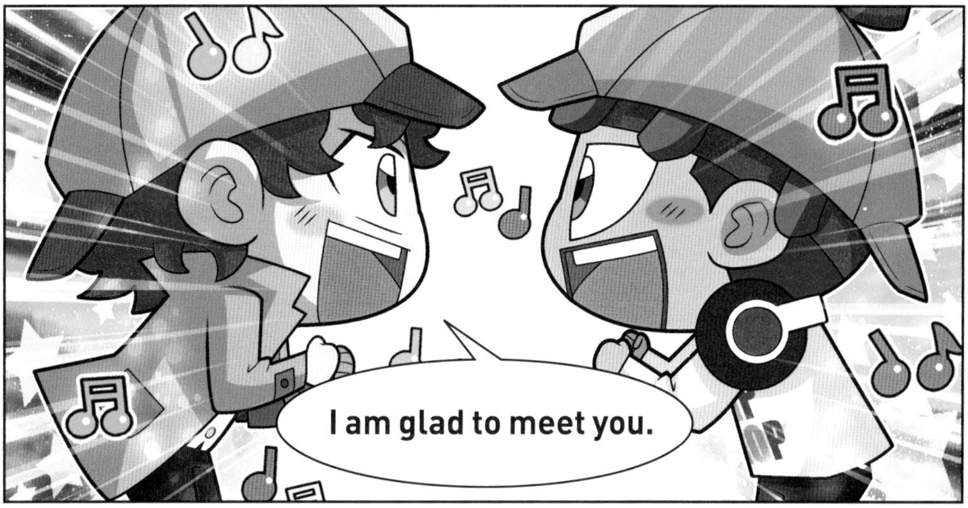
I am glad to meet you.

3교시 게임 • Recess

여기는 셜록의 탐정 사무실이야.
사무실 곳곳에 숨겨진 알파벳을 찾아 봐.
그 알파벳을 조합해서 영어 단어를
만들어 보자.

우아~
저 자신 있어요!

c
s
a
e
r
o
t
h
S
HIP HOP
NY
f
u
p

a b c d e f g h i j k l m
n o p q r s t u v w x y z

1. 경찰 _ _ _ _ _ _
2. 도둑 _ _ _ _ _
3. 용의자 _ _ _ _ _ _ _
4. 체포하다 _ _ _ _ _ _
5. 잡다 _ _ _ _ _

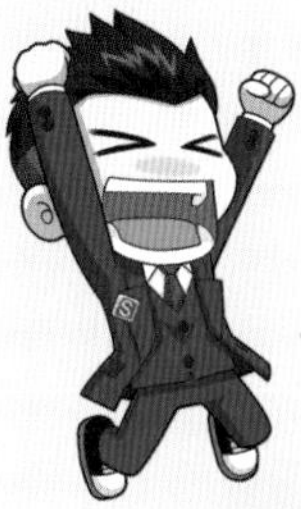

다음 문장을 보고, 각 문장에서 to부정사가 어떤 품사의 역할을 하는지 찾아보자.
to부정사가 명사 역할을 하는 문장에는 동그라미를, 형용사 역할을 하는 문장에는 세모를,
부사 역할을 하는 문장에는 네모를 그려 볼까?

명사 역할 ○ · 형용사 역할 △ · 부사 역할 □

To study English is helpful. □

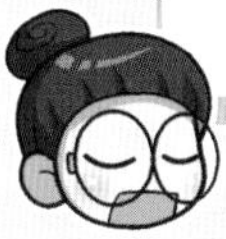

I am sorry to hear the news. □

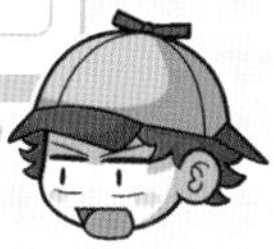

My dream is to be a detective. □

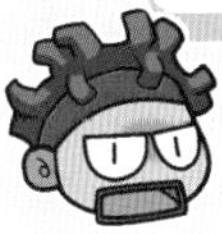

He gets up early to go to school. □

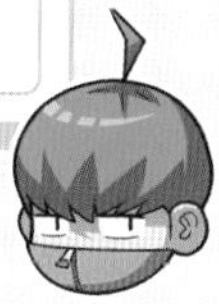

He has a book to read. □

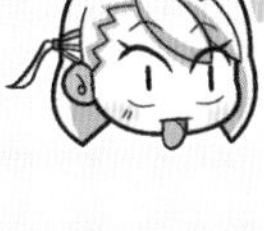

It is time to go to bed. □

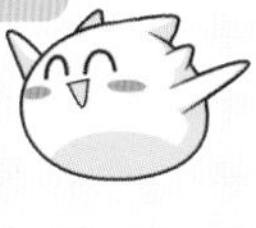

* 정답은 162~163쪽에 있습니다.

4교시 읽고 쓰기 • Reading & Writing

step 1. 읽기

자유자재로 영어를 읽고, 쓰고 말하고 싶다면 문장 만들기 연습을 반복해야 하지.
먼저 다음 문장들이 익숙해질 때까지 읽어 볼까?

• 영어를 공부하는 것은 도움이 된다.	To study English is helpful.
• 피아노 치는 것은 흥미롭다.	To play the piano is interesting.
• 집을 짓는 것은 어렵다.	To build a house is hard.
• 나우는 햄버거를 먹길 원한다.	Nau wants to eat a hamburger.
• 루시는 파리를 방문하기로 결정했다.	Lucy decided to visit Paris.
• 리아는 여기에 머물 필요가 있다.	Lia needs to stay here.
• 나의 꿈은 탐정이 되는 것이다.	My dream is to be a detective.
• 그녀의 숙제는 부모님에 대해 쓰는 것이다.	Her homework is to write about her parents.
• 나의 남동생은 의사가 되기를 원치 않는다.	My brother doesn't want to be a doctor.
• 케이크를 만드는 것은 나에게 쉽지 않다.	To make a cake isn't easy for me.
• 너의 취미는 추리 소설을 읽는 것이니?	Is your hobby to read mystery novels?
• 마리아는 그 시험에 통과하는 데 실패했니?	Did Maria fail to pass the test?
• 그는 읽을 책을 가지고 있다.	He has a book to read.
• 우리는 사랑할 누군가를 필요로 한다.	We need someone to love.
• 자러 갈 시간이다.	It is time to go to bed.

문장 만들기 연습

1회 ☐ 2회 ☐ 3회 ☐

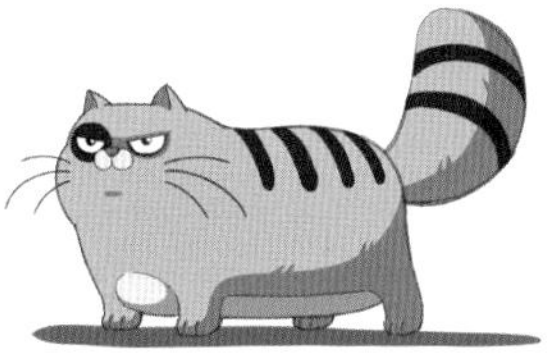

• 이번 주말에는 볼 만한 영화가 없다.	**There is no movie to see this weekend.**
• 그녀는 감자를 요리하는 특별한 비법을 가지고 있다.	**She has a special way to cook potatoes.**
• 나우는 그를 도와줄 친구가 없었다.	**Nau had no friends to help him.**
• 그녀는 마실 것을 원했다.	**She wanted something to drink.**
• 그는 마실 물을 사지 않았다.	**He didn't buy water to drink.**
• 너는 이 문을 여는 열쇠를 갖고 있니?	**Do you have a key to open this door?**
• 나한테 생각할 시간을 좀 줄 수 있니?	**Can you give me some time to think?**
• 그는 학교에 가기 위해 일찍 일어난다.	**He gets up early to go to school.**
• 그녀는 지하철을 타기 위해 역으로 갔다.	**She went to the station to take a subway.**
• 그 소식을 들어서 유감이다.	**I am sorry to hear the news.**
• 그는 네 편지를 받아서 행복해했다.	**He was happy to get your letter.**
• 그녀는 마지막 버스를 놓쳐서 화가 났다.	**She was angry to miss the last bus.**
• 내일 너를 보기 위해 와도 될까?	**May I come to see you tomorrow?**
• 나는 그 장난감 차를 사기 위해 돈을 모으지 않았다.	**I didn't save money to buy the toy car.**
• 너는 TV를 보기 위해 일찍 온 거니?	**Did you come early to watch TV?**

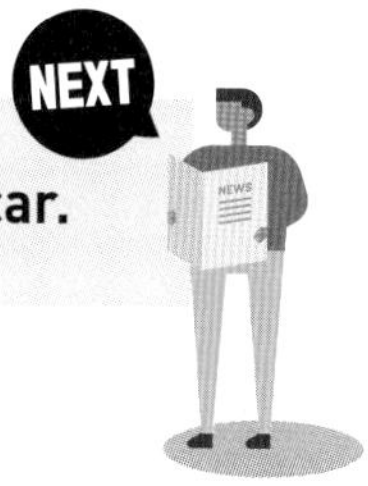
NEXT

4교시 읽고 쓰기 • Reading & Writing

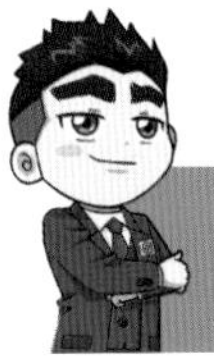

step 2. 쓰기

익숙해진 문장들을 이제 한번 써 볼까? 괄호 안의 단어를 보고, 순서에 맞게 문장을 만들어 보자.

❶ 피아노 치는 것은 흥미롭다. **(is, interesting, To, the, piano, play)**

❷ 나우는 햄버거를 먹길 원한다. **(wants, Nau, eat, to, a, hamburger)**

❸ 나의 꿈은 탐정이 되는 것이다. **(a, dream, be, My, is, to, detective)**

❹ 그는 읽을 책을 가지고 있다. **(to, book, He, has, a, read)**

❺ 우리는 사랑할 누군가를 필요로 한다. **(to, someone, need, love, We)**

❻ 그는 학교에 가기 위해 일찍 일어난다. **(gets, up, He, go, to, early, to, school)**

❼ 그 소식을 들어서 유감이다. **(the, sorry, to, I, am, hear, news)**

❽ 리아는 여기에 머물 필요가 있다. **(to, here, stay, Lia, needs)**

이제 to부정사가 쓰인 문장을 영어로 써 볼까? 영작을 하다 보면 실력이 훨씬 늘 거야.
잘 모르겠으면, 아래에 있는 WORD BOX를 참고해!

❶ 집을 짓는 것은 어렵다.

_____ .

❷ 루시는 파리를 방문하기로 결정했다.

_____ .

❸ 너의 취미는 추리 소설을 읽는 것이니?

_____ ?

❹ 자러 갈 시간이다.

_____ .

❺ 그녀는 마실 것을 원했다.

_____ .

❻ 그는 마실 물을 사지 않았다.

_____ .

❼ 그는 네 편지를 받아서 행복해했다.

_____ .

❽ 내일 너를 보기 위해 와도 될까?

_____ ?

WORD BOX

• To	• build	• It	• time	• go	• bed	• water
• was	• happy	• She	• wanted	• letter	• I	• you
• get	• didn't	• a	• house	• is	• hard	• Lucy
• decided	• drink	• He	• hobby	• read	• visit	• Paris
• your	• novels	• something	• mystery	• buy	• come	• May
• see	• tomorrow					

• 정답은 162~163쪽에 있습니다.

우리가 열네 번째로 다녀온 곳은 바로 221 유니버스란다. 세계적으로 유명한 탐정, 셜록 홈스가 있는 유니버스이지. 어떤 곳인지 좀 더 자세히 알아볼까?

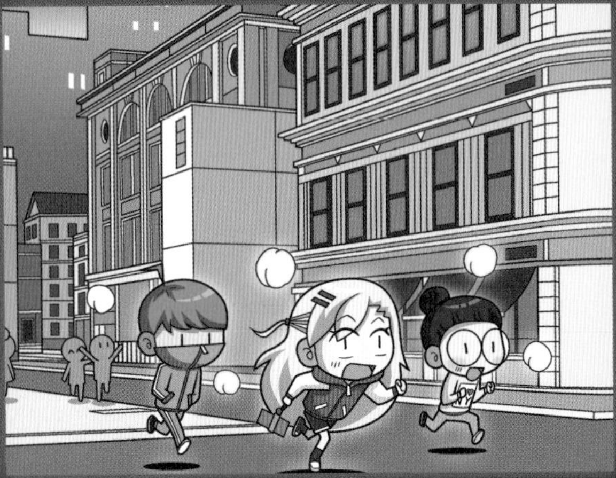

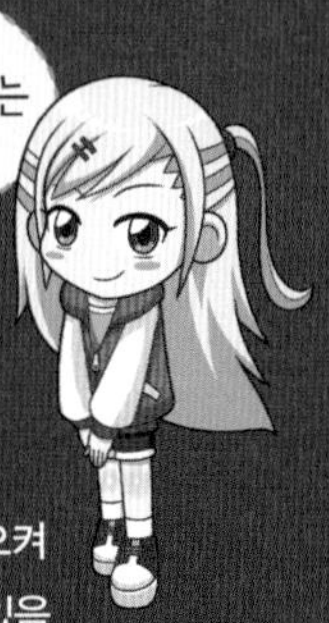
셜록 홈스가 추리에 대한
자신감을 잃어버렸다면 221 유니버스는
어떻게 되었을까요?

◀221 유니버스
위치 지구와 가까운 곳
상황 스마일이 왕실 보석 도난 사건을 일으켜 탐정 셜록의 사건 추리를 방해하고 있음.
키 문장 "You failed to deceive me!"

221 유니버스 이야기: to부정사

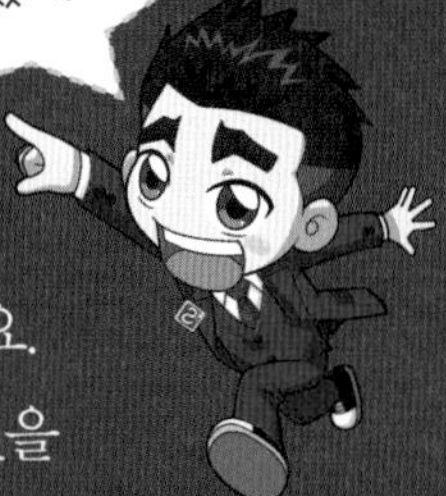
탐정 문학이 인기를 끌지 못해 관련
영어가 퍼지지 못하고, 지구에선
추리 관련 영어도 사라졌겠지?

221 유니버스는 탐정 유니버스예요. 시원 쌤과 친구들은 길에서 우연히 만난 사람이 건네준 사건 의뢰서를 받고 탐정 유니버스로 오게 돼요. 이 유니버스에 와서, 소설 속 인물인 셜록 홈스를 실제로 만나 깜짝 놀랐지요. 이곳의 셜록 홈스는 예스잉글리시단 친구들과 비슷한 또래로, 이제 막 탐정으로서 이름을 날리고 있었어요. 때마침 런던 경찰청의 레스트레이드 경감이 찾아와 셜록에게 왕실 보석 도난 사건을 해결해 달라고 부탁해요. 예스잉글리시단은 셜록과 함께 보석을 훔친 범인을 찾기 위해 고군분투하지요. 낮잠을 잤다고 거짓말을 한 경호원 해리와 갑자기 과한 치장을 한 직원, 소피아가 용의자로 지목돼요. 하지만 보석을 훔친 진짜 범인은 따로 있었어요. 악당 스마일이 직원, 샬롯으로 변장해 왕실 보석을 훔치고 다른 사람을 용의자로 몰아갔던 거예요. 셜록은 뛰어난 관찰력과 추리력으로 그 사실을 밝혀내지요. 셜록이 진짜 범인인 스마일을 향해 외친 "You failed to deceive me!"는 221 유니버스의 키 문장이자, 왕실 보석 도난 사건을 멋지게 해결해 준 명대사예요.

우리 지구의 실제 이야기: 명탐정 캐릭터의 대명사, 셜록 홈스

셜록 홈스(Sherlock Holmes)는 작가 아서 코난 도일의 추리 소설에 등장하는 주인공이에요. 19세기 말에서 20세기 초, 영국을 무대로 활동하는 가상의 탐정이지요. 19세기 영국 사람들은 읽을거리에 대한 욕구를 점점 키워 갔어요. 이로 인해 인쇄물 출판이 폭발적으로 늘어나게 되지요. 이 시기에 〈셜록 홈스〉 시리즈가 최고의 인기를 끌면서 일반 대중도 eye witness(목격자), evidence(증거), smoking gun(움직일 수 없는, 명백한 증거)과 같은 생소한 범죄 수사 용어를 접할 수 있었어요. 그러면서 자연스레 언어적 소양도 기를 수 있었지요. 한편, 〈셜록 홈스〉 시리즈는 전 세계적으로 인기를 끌면서 수없이 재창조되기도 했어요. 일

▲ 셜록 홈스

본의 유명한 만화인 〈명탐정 코난〉도 〈셜록 홈스〉를 모티브로 만들어졌다고 해요. 이외에도 수차례 리메이크(remake)되거나 스핀 오프(spin-off) 작품이 탄생하는 등 '셜록 홈스'라는 캐릭터는 지금까지도 많은 사랑을 받고 있답니다.

▲ 아서 코난 도일

아서 코난 도일(Arthur Conan Doyle)

〈셜록 홈스〉 시리즈를 쓴 영국의 대표적인 추리 소설 작가예요. 그는 원래 의사였지만 글에 대한 열망을 늘 품고 있었어요. 그러다 1887년, 〈비튼의 크리스마스 연감〉에 발표한 《주홍색 연구》를 통해 '셜록 홈스'라는 인물을 처음으로 선보였어요. 이후 셜록 홈스의 다른 모험들을 〈스트랜드 매거진〉에 연재했고, 많은 사람들에게 사랑을 받게 되지요. 사실 그는 추리 소설보다 역사 소설을 쓰는 데에 관심이 더 많았다고 해요. 그래서 《마지막 사건》에서 셜록 홈스의 죽음을 다뤄 〈셜록 홈스〉 시리즈의 집필을 그만두려고 했지요. 하지만 독자들의 거센 항의와 반발 때문에 결국 셜록 홈스를 다시 부활시키게 된답니다.

6교시 말하기 • Speaking

step 1. 대화 보기

만화에서 나오는 대사, '웨잇 어 세컨드(Wait a second).'는 어떨 때 쓰는 말일까?

웨잇 어 세컨드!

빨리 오라고~.
웨잇 어 세컨드!

step 2. 대화 더하기

'웨잇 어 세컨드(Wait a second).'는 '잠깐만 기다려 봐요.'라는 뜻으로 쓰여. 그렇다면 이와 비슷한 의미로 쓰이는 영어 표현들은 뭐가 있을까? 친구들이 하는 말을 듣고 따라 해 보렴.

Just a moment.
Hold on a minute.
Stay put.

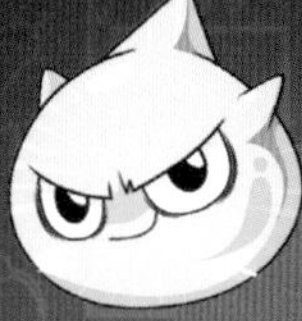

한눈에 보는 이번 수업 핵심 정리

여기까지 열심히 공부한 여러분 모두 굿 잡!
어떤 걸 배웠는지 떠올려 볼까?

1. to부정사의 명사적 용법에 대해 배웠어.

to부정사가 문장 안에서 명사처럼 쓰여 주어, 목적어, 보어 역할을 하는 것을 말해. '~하기', '~하는 것' 등으로 해석하면 돼.
주어 역할을 할 때는 문장 맨 앞에, 목적어 역할을 할 때는 일반 동사 뒤에, 보어 역할을 할 때는 주로 Be 동사 뒤에 위치해.

2. to부정사의 형용사적 용법에 대해 배웠어.

to부정사가 문장 안에서 형용사처럼 쓰여 명사, 대명사를 꾸며 주는 역할을 해. '~할', '~하는' 등으로 해석할 수 있어. 이때, to부정사는 명사 뒤에 와야 해.

3. to부정사의 부사적 용법에 대해 배웠어.

to부정사가 문장 안에서 부사처럼 쓰여 형용사나 동사, 다른 부사를 꾸며 주는 역할을 해. 주로 목적이나 원인 등을 나타내는데, '~하기 위해', '~해서' 등으로 해석할 수 있어.

어때, 쉽지? 다음 시간에 또 보자!

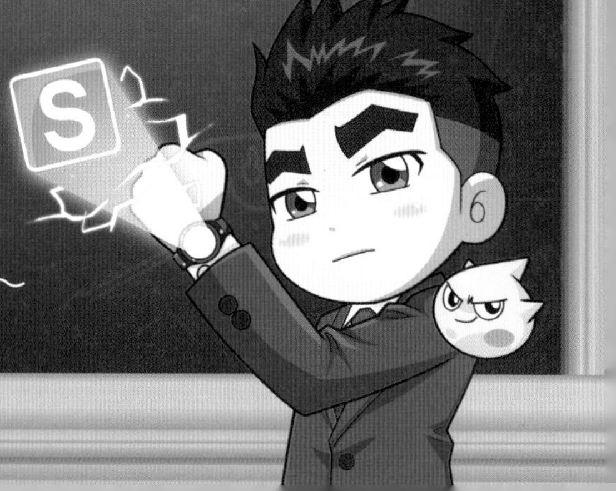
S

7교시 쪽지 시험 • Quiz

수업 시간에 잘 들었는지 쪽지 시험을 한번 볼까?

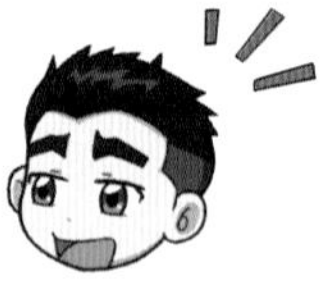

1. 추리와 가장 관련이 없는 단어는 무엇일까요?

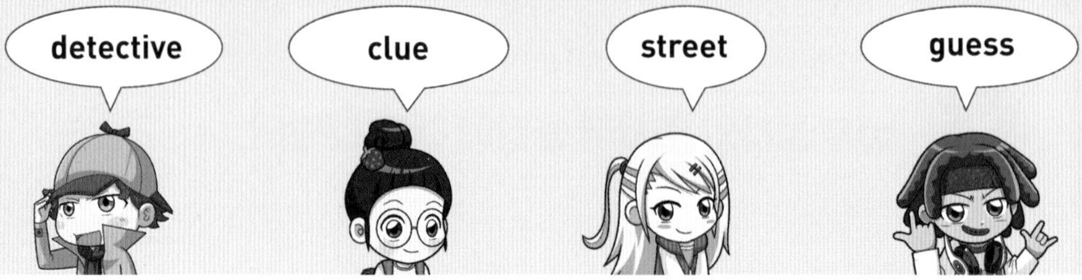
detective
clue
street
guess

2. to부정사와 가장 어울리지 않는 단어는 무엇일까요?

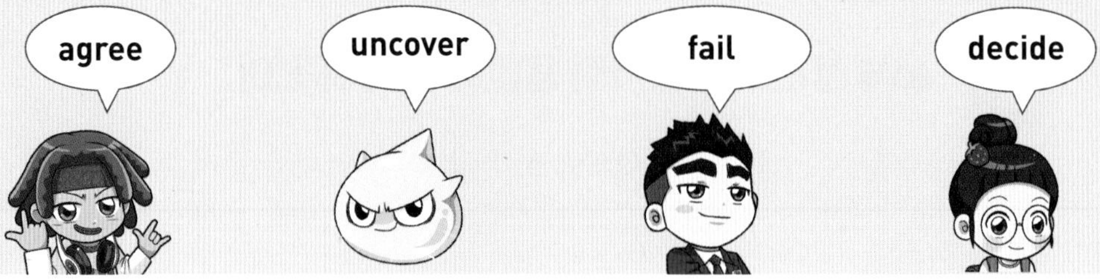
agree
uncover
fail
decide

3. 다음 중 범인을 잡는 일을 하는 사람은 누구일까요?

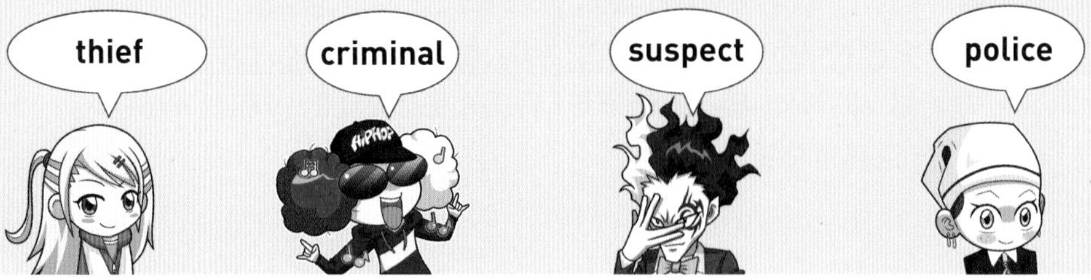
thief
criminal
suspect
police

4. 다음 중 틀린 말은 어느 것일까요?

① 원인을 나타내는 to부정사는 주로 감정을 나타내는 형용사 뒤에 온다.
② to부정사는 문장 안에서 명사, 형용사, 부사 역할을 한다.
③ to부정사는 to + 동사 원형의 형태로 이루어져 있다.
④ to부정사는 주어 자리에 절대 올 수 없다.

5. 다음 중 올바른 문장은 무엇일까요?

① My dream is to be a detective.
② I am sorry to heared the news.
③ Lucy decided visit to Paris.
④ He was happy to your letter.

6. 다음 중 틀린 문장은 무엇일까요?

① He didn't buy water to drink.
② Do you have a key to open this door?
③ Lia needs to staying here.
④ I didn't save money to buy the toy car.

7. 문장의 빈칸을 완성해 보세요.

① 나한테 생각할 시간을 좀 줄 수 있니?　**Can you give me some time (　　) think?**
② 케이크를 만드는 것은 나에게 쉽지 않다. **To (　　) a cake isn't easy for me.**
③ 그녀는 지하철을 타기 위해 역으로 갔다. **She went to the station (　) take a subway.**
④ 영어를 공부하는 것은 도움이 된다.　　**To (　　) English is helpful.**

8. 다음 문장을 완성해 보세요.

Our job is (　) (　　　) criminals.

* 정답은 162~163쪽에 있습니다.

수업 끝!

정답 • Answer

P 143

• 탐정, 형사	detective	• 추측하다, 알아맞히다	guess
• 도둑	thief	• 가게, 상점	shop
• 사건, 경우	case	• 영화관	cinema
• 조언하다, 충고하다	advise	• 동의하다	agree
• 틀림없는, 어떤	certain	• 필요로 하다	need

P 150~151

1. 경찰 p o l i c e
2. 도둑 t h i e f
3. 용의자 s u s p e c t
4. 체포하다 a r r e s t
5. 잡다 c a t c h

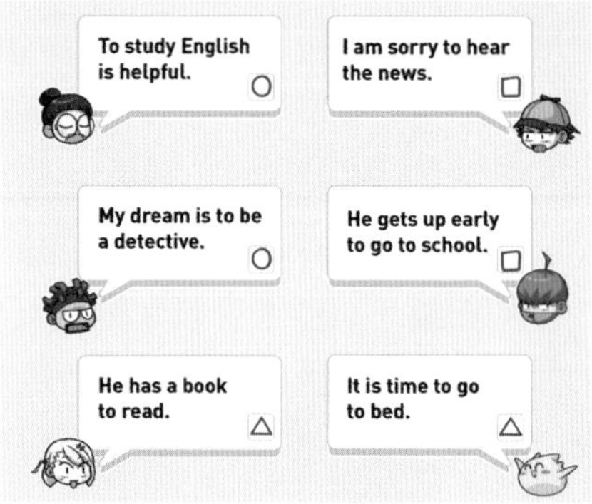

To study English is helpful. ○
I am sorry to hear the news. □
My dream is to be a detective. ○
He gets up early to go to school. □
He has a book to read. △
It is time to go to bed. △

P 154

❶ To play the piano is interesting

❷ Nau wants to eat a hamburger

❸ My dream is to be a detective

❹ He has a book to read

❺ We need someone to love

❻ He gets up early to go to school

❼ I am sorry to hear the news

❽ Lia needs to stay here

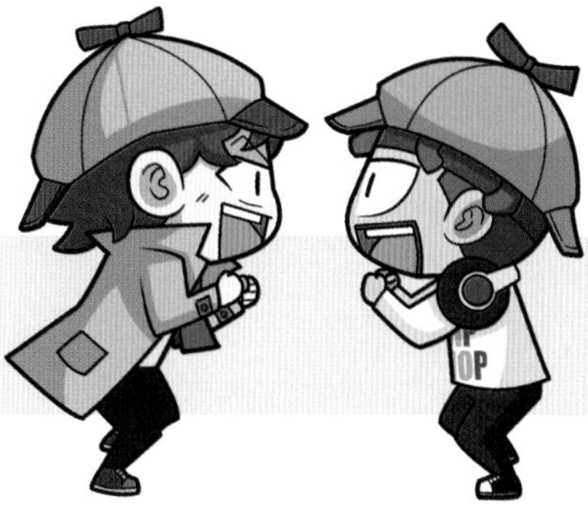

P 155

1. To build a house is hard
2. Lucy decided to visit Paris
3. Is your hobby to read mystery novels
4. It is time to go to bed
5. She wanted something to drink
6. He didn't buy water to drink
7. He was happy to get your letter
8. May I come to see you tomorrow

P 160

1.

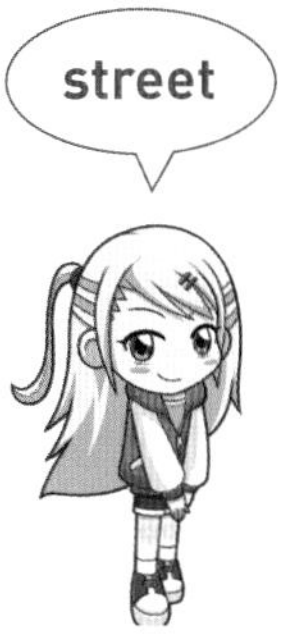
street

2.

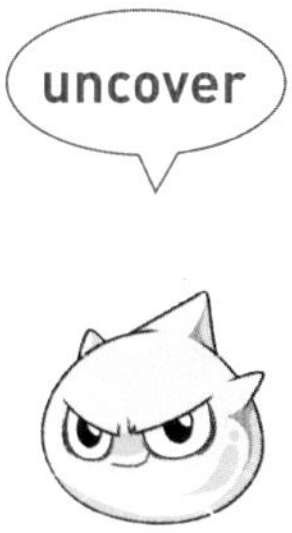
uncover

3.

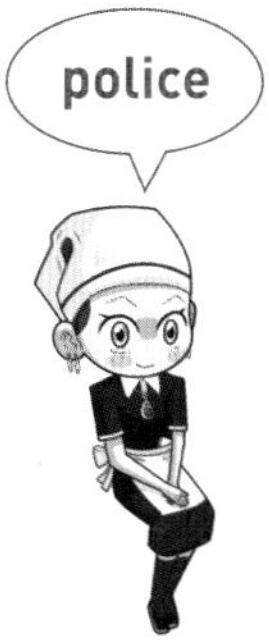
police

4. ④

P 161

5. ①

6. ③

7. ① (to)
② (make)
③ (to)
④ (study)

8. (to) (catch)

다음 권 미리 보기

지령서

WARNING

노잉글리시단의 중간 보스 트릭커!
마지막 기회마저 날려 버린 배신자,
스마일을 대신해 너에게 다시 기회를 주겠다!
다음 목적지는 787 유니버스다! 당장 떠나라!

목적지: 787 유니버스
위치: 지구와 멀리 떨어진 곳
특징: 다윈이 갈라파고스 제도를 탐사하고 있다.

보스가 주는 지령

787 유니버스는 세상에 진화론을 알린 다윈이
갈라파고스 제도를 탐사하고 있는 곳이다!
가서 다윈의 탐구를 방해해 영어가 발전하지 못하도록 만들어라!
탐사를 하고자 하는 다윈의 의지를 꺾어 진화론의 탄생을
막는다면 진화론과 관련된 영어도 사라지겠지!
자, 가서 노잉글리시단 중간 보스의 진정한 위력을 보여 주고 와라!

추신: 노잉글리시단이 새롭게 개발한 특별 무기를
　　　제공하겠다! 그 위력이 어마어마하니 사용에
　　　주의하도록!

노잉글리시단
Mr. 보스

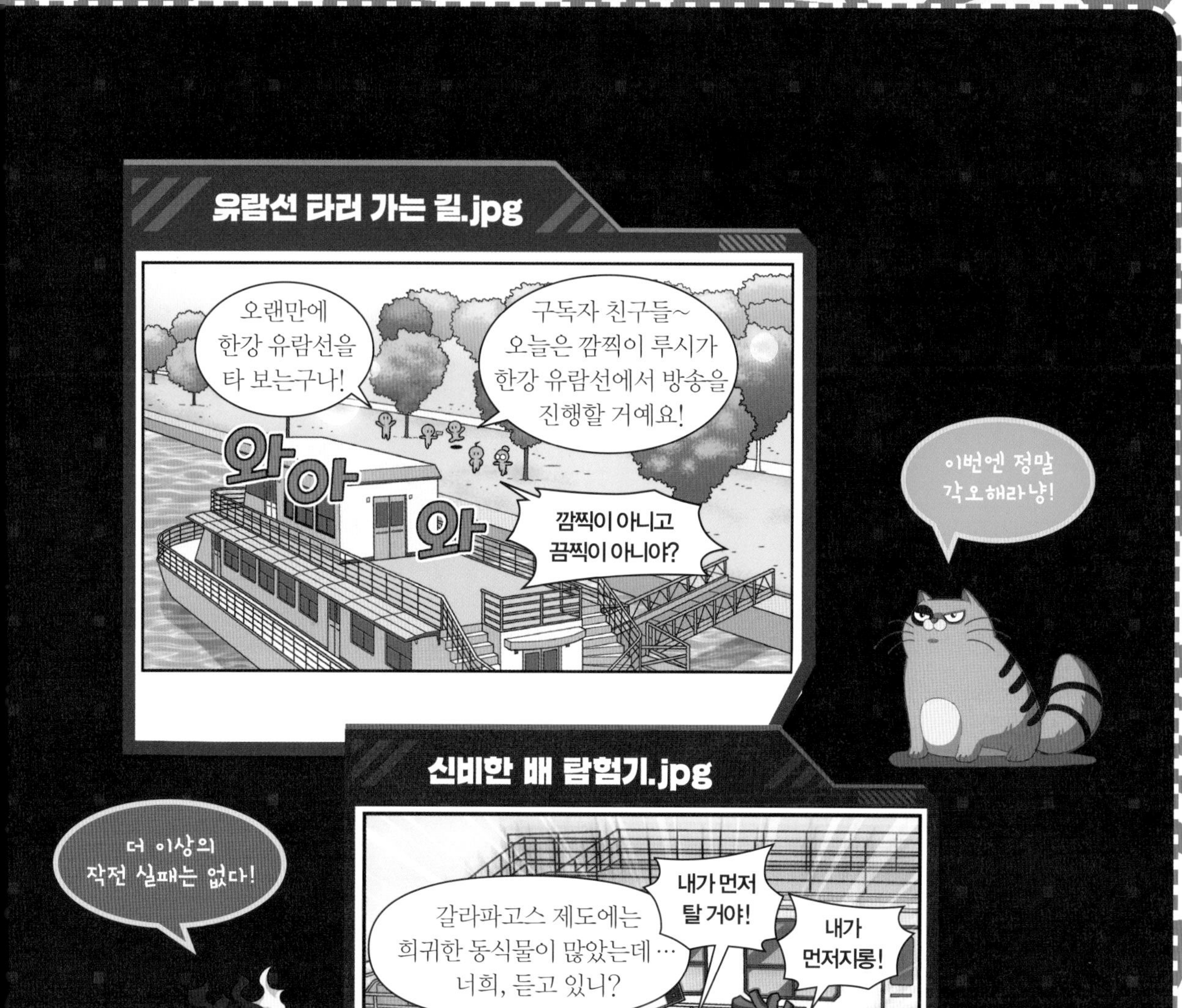
유람선 타러 가는 길.jpg
오랜만에 한강 유람선을 타 보는구나!
구독자 친구들~ 오늘은 깜찍이 루시가 한강 유람선에서 방송을 진행할 거예요!
와아 와
깜찍이 아니고 끔찍이 아니야?
이번엔 정말 각오해라냥!
신비한 배 탐험기.jpg
더 이상의 작전 실패는 없다!
갈라파고스 제도에는 희귀한 동식물이 많았는데… 너희, 듣고 있니?
내가 먼저 탈 거야!
내가 먼저지롱!
다 다 다

만화로 읽는 초등 인문학
그리스 로마 신화

글 박시연 | 그림 최우빈 | 정보 글·감수 김헌
1~23권 12,000원 | 24~26권 14,000원

신화는 계속 됩니다!

기획 김헌 | 글 서지원 | 그림 최우빈 | 값 13,000원

그리스 로마 신화 속 인물들도
나와 같은 고민을 했다고?

서양 고전 전문가 김헌 교수님이 들려주는
고민 해결 인문학 동화!

그리스 로마 신화 속 수많은 고민과 갈등을 해결하는 과정 속에 인문학적 해답이 숨겨져 있지요.

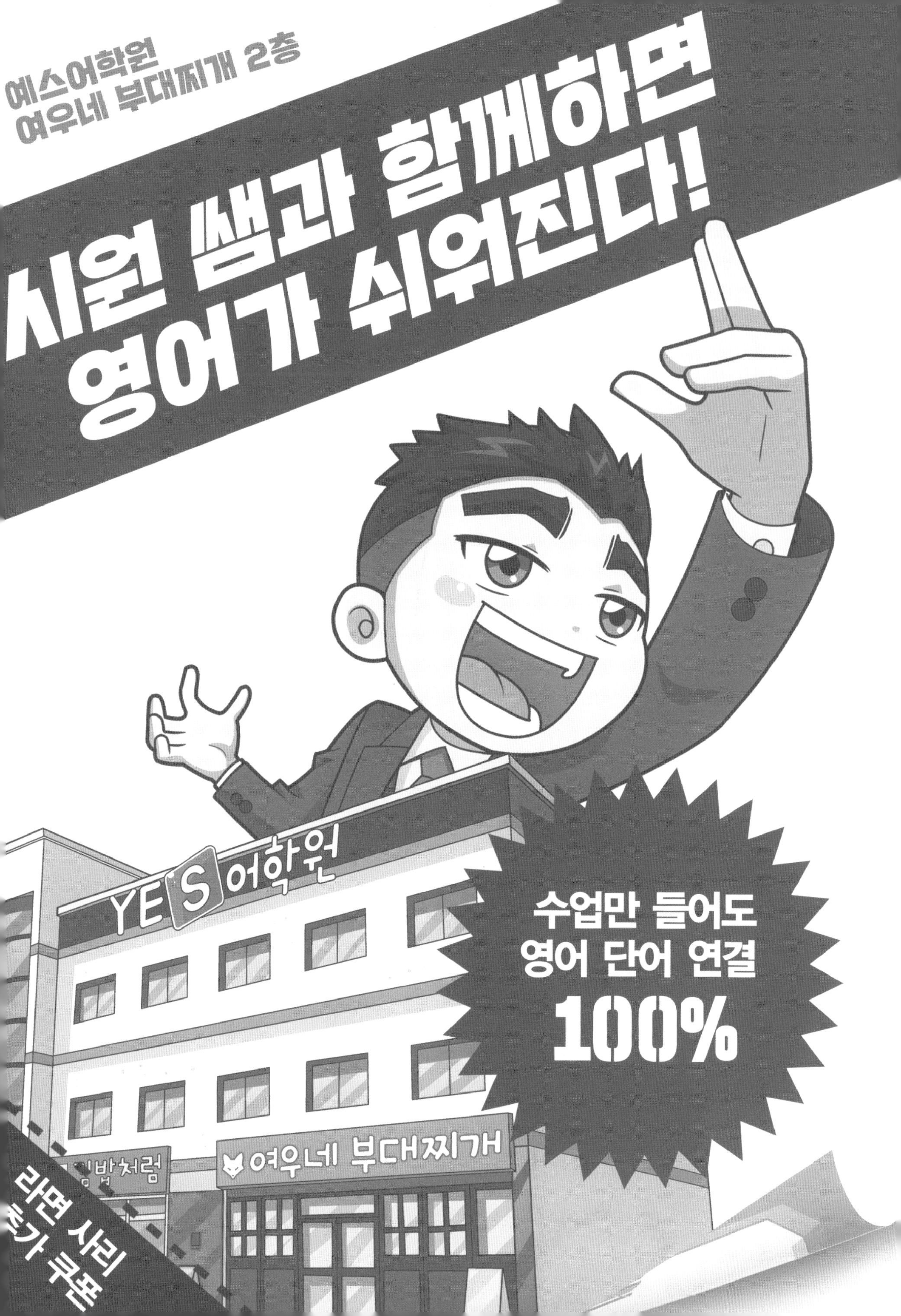
예스어학원
여우네 부대찌개 2층
시원 쌤과 함께하면
영어가 쉬워진다!
YES 어학원
수업만 들어도
영어 단어 연결
100%
여우네 부대찌개
라면 사리
추가 쿠폰

예스잉글리시 신입 단원 모집

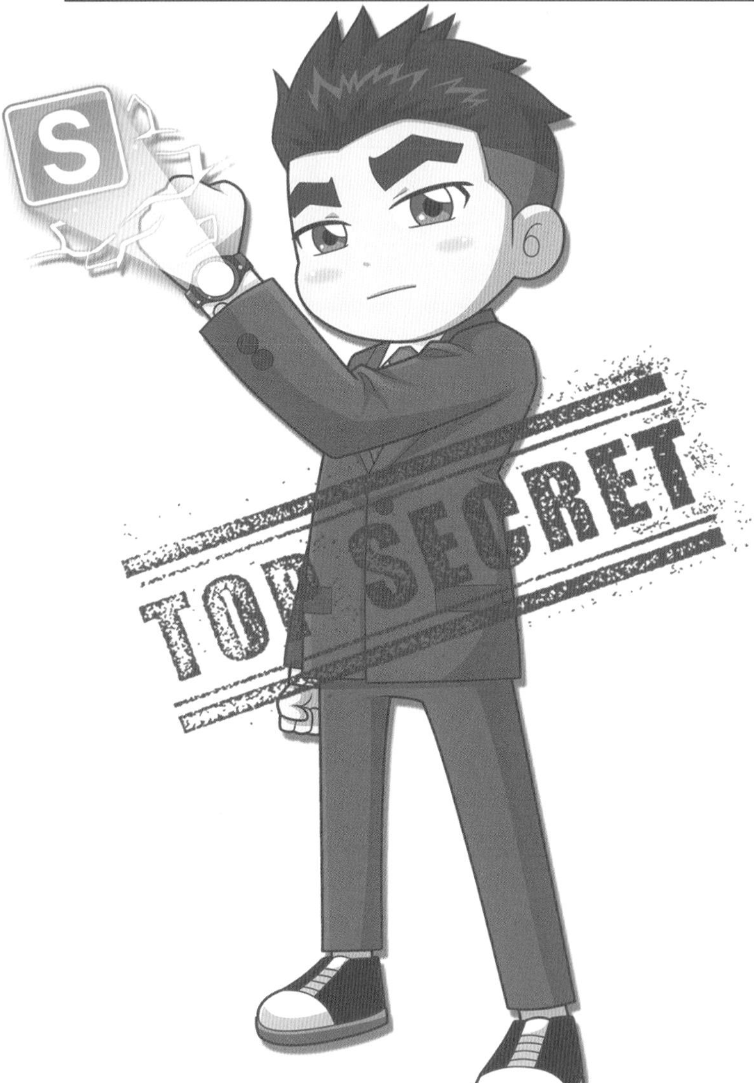
S
TOP SECRET

코드 네임 : 에스원 요원과 영어 유니버스를 구하라!